PRIVATIZACIONES Y PODER ECONÓMICO

UNIVERSIDAD NACIONAL DE QUILMES

Rector
Julio M. Villar

Vicerrector de Gestión y Planeamiento
Julián Echave

Vicerrector de Asuntos Académicos
Luis Wall

Vicerrector de Investigaciones
Mariano Narodowski

Vicerrector de Posgrado
Daniel Gomez

Vicerrector de Relaciones Institucionales
Mario Greco

PRIVATIZACIONES Y PODER ECONÓMICO

La consolidación de una sociedad excluyente

Daniel Azpiazu (editor)
Enrique O. Arceo
Camila Arza
Eduardo M. Basualdo
Marisa Duarte
Martín Schorr

Colección Economía Política Argentina
Dirigida por Eduardo M. Basualdo

Privatizaciones y poder económico.
La consolidación de una sociedad excluyente,
Daniel Azpiazu (editor)
Universidad Nacional de Quilmes
Primera edición, 2002

Diseño de interiores: CaRol-Go
Diseño de tapa: Hernán Morfese

ISBN: 987-9173-84-8

Queda hecho el depósito que marca la ley 11.723

Impreso en Argentina

En este libro se presentan algunas de las principales conclusiones que surgen de diversos estudios realizados en el marco del Proyecto "Privatización y Regulación en la Economía Argentina" (BID 1201/OC-AR PICT 99-02-07523) dirigido por el Lic. Daniel Azpiazu y patrocinado por la Agencia Nacional de Promoción Científica y Tecnológica y por el CONICET.

ÍNDICE

PRESENTACIÓN

POR DANIEL AZPIAZU[*]

"Haré, señor mío, cuando de mí dependa en el sentido que usted me indica, y me será permitido anticiparle que podré servirlo cumplidamente no sólo en esas negociaciones, sino en otras que pudieran presentarse en condiciones ventajosas... Respecto de lo que usted me dice de manisfestarle lo que entiendo que debe asignarme por retribución a mis servicios, creo que podremos fijar como base una cuarta parte de las comisiones o beneficios que usted perciba en las operaciones."
Extractado de una carta de Victorino de la Plaza dirigida a la casa bancaria de barón Emile de Erlangher, de París. Citado en Peña, Milcíades, *Alberdi, Sarmiento, el 90. Límites del nacionalismo argentino en el siglo XIX*. Buenos Aires, Ediciones Fichas, 1970, pág. 9

"...Y el Bankers Magazine *explicaba así la mecánica de la corrupción: 'Financistas y promotores europeos arribaban continuamente [en la época de Juárez] compitiendo en obtener concesiones para ferrocarriles, docks, obras corrientes, tranvías, y toda clase de empresas públicas. Los 'doctores' argentinos fueron rápidos en valerse de estas espléndidas oportunidades tan tentadoramente ofrecidas...Hoy día existen en Buenos Aires docenas de hombres que son publicamente acusados de malas prácticas, que en cualquier país civilizado serían rápidamente penados con la cárcel y todavía ninguno de ellos ha sido llevado ante la justicia. Celman mismo está en libertad de gozar el confort de su estancia, nadie piensa castigarlo a él o a los titiriteros que estaban tras de él. (...) Pero si los* argentinos han pecado no han sido ellos los únicos pecadores. Los financistas europeos han sido el genio del mal durante todo el drama. *Posando como pioneros del progreso pero buscando solamente sus propios intereses han envuelto en una ruina común al deudor y al prestamista".* (Londres, marzo 1891.)
Peña, Milcíades, *Alberdi, Sarmiento, el 90. Límites del nacionalismo argentino en el siglo XIX*. Buenos Aires, Ediciones Fichas, 1970, pág. 11-12

"(...) La economía de cada nación es analizada individualmente y, ense-

[*] Investigador principal del Área de Economía y Tecnología de la FLACSO, director del Proyecto "Privatización y Regulación en la Economía Argentina", FLACSO/ Agencia Nacional de Promoción Científica y Tecnológica/CONICET, y miembro de la Carrera de Investigador Científico y Tecnológico del CONICET. Se agradece, muy especialmente, la inestimable colaboración, así como las prolíficas sugerencias, de Julieta Pesce.

> *guida, el Banco entrega a cada ministro el mismo programa de cuatro pasos. El paso 1 es la privatización. En lugar de oponerse a la venta de industrias estatales, –sostuvo Stiglitz– los líderes nacionales –usando como excusa 'las exigencias del FMI'– liquidan alegremente sus empresas de electricidad y de agua. Podías ver cómo se les abrían los ojos ante la posibilidad de una 'comisión' del 10%, pagada en cuentas suizas, por el simple hecho de haber bajado 'unos cuantos miles de millones' del precio de venta de los bienes nacionales."*

Palast, Greg, "El globalizador que desertó" (nota a Joseph Stiglitz, premio nobel de Economía), *El Observador*, Londres, 10 de octubre de 2001

A fines del año 2001, el país atravesó una de sus recurrentes crisis político-institucionales, correlato natural de la profunda debacle económica y social que se veía reflejada por, entre otras manifestaciones, cuatro años consecutivos de recesión económica, crecientes y alarmantes niveles de pobreza (más del 40% de sus habitantes), niveles inéditos de indigencia (cuatro millones de argentinos, más del 10% de la población), elevadísimas tasas de desocupación y subocupación de la fuerza de trabajo, insostenible déficit fiscal, desequilibrios crecientes en su sector externo, permanentes renegociaciones de una deuda externa impagable –tanto en los términos en que fuera acordada originalmente, como en sus opacas renegociaciones posteriores–, ingentes transferencias de recursos al exterior por parte del capital concentrado local, plena sumisión a los dictados de los organismos multilaterales de crédito.

En ese contexto, tuvo lugar una masiva movilización popular, de carácter policlasista –con las naturales excepciones–, espontánea, pacífica (incluso, a pesar de haber sido violentamente reprimida, con más de dos decenas de manifestantes asesinados), pero con una sólida e inquebrantable resolución en cuanto a la exigencia de cambios radicales en la propia institucionalidad gubernamental y, naturalmente, en las orientaciones estratégicas de las políticas públicas (en particular, en la económica y en la social).

De resultas de ello, el 20 de diciembre de 2001, renunció el presidente De la Rúa y todo su gabinete. A partir de allí, y siempre en el marco de la institucionalidad republicana, se sucedieron cinco presidentes constitucionales en apenas doce días. Finalmente, el 1ro. de enero de 2002, y ya habiéndose anunciado la declaración unilateral de la ce-

Daniel Azpiazu

sación de pagos de los intereses de la deuda externa *(default)*, la Asamblea Legislativa designó como presidente provisional, hasta el año 2003, al senador Duhalde quien juró como tal un día más tarde.

Es en ese clima de profunda crisis político-institucional en el que deben ser interpretadas algunas de las primeras –y trascendentes– políticas del nuevo gobierno que, como se verá, conllevan –o podrían traer aparejados– cambios sustantivos en la relación entre el Estado y las empresas privatizadas; segmento, este último, que durante todo el decenio de los años noventa realizó un considerable aporte a la conformación de ese estado de *emergencia* de la economía nacional (tanto por sus impactos regresivos sobre la competitividad de la economía y la distribución del ingreso, como por el incumplimiento de diversas normas legales y, en síntesis, por la apropiación de porciones cuantiosas y crecientes del excedente económico y por el papel de las privatizaciones en la consolidación de un modelo económico-social cada vez más concentrador y excluyente).

En este plano, ya declarada la situación de *default* de la deuda externa, la nueva administración Duhalde envió al Congreso un proyecto de Ley de Emergencia que, contando con el apoyo parlamentario de la mayor parte del gobierno saliente –parte sustantiva de los legisladores de la Alianza–, fue sancionado y convertido en ley el 6 de enero de 2002.

Esta nueva norma legal de "Emergencia pública y reforma del régimen cambiario" (Ley N° 25.561) determinó cambios decisivos en el plano macroeconómico (como el abandono del régimen de la Convertibilidad a partir de la devaluación del peso, con la modificación del régimen de paridad un peso = un dólar estadounidense), tendientes a la "pesificación" de la economía local; así como también un replanteo de las relaciones contractuales con las empresas privatizadas durante los años noventa que, en principio, y atento a la propia devaluación, apuntaban a –por lo menos– revisar y renegociar algunos de los privilegios de los que las mismas gozaron durante la década pasada.

En primer lugar, y como antecedente esencial para interpretar la trascendencia del tema, cabe resaltar que –como se desprende de la totalidad de los ensayos que dan lugar a la presente publicación– las

11

empresas privatizadas han venido internalizando una multiplicidad de privilegios, desconocidos para los restantes agentes económicos locales. Se trata de, entre otros, el de contar con reservas de mercados monopólicos, una manifiesta "debilidad" regulatoria (plenamente funcional a los intereses empresarios), la "dolarización" de las tarifas, la aplicación de ajustes –en rigor, alzas– sistemáticos asociados –*ilegalmente*, atento a las prohibiciones explícitas de la propia Ley N° 23.928 de Convertibilidad– a la evolución de índices de precios estadounidenses, en contraposición a la deflación de precios y, fundamentalmente, de los salarios domésticos y recurrentes renegociaciones contractuales violatorias de, por un lado, las propias condiciones bajo las que se concursaron o licitaron tales empresas/servicios y, por otro, de la normativa vigente, aun aquella de orden público. Al respecto, cabe resaltar que sólo considerando la *ilegal* (como se desprende de diversos fallos judiciales, así como también del Dictamen N° 153/00 de la Procuración del Tesoro) recurrencia a los distintos tipos de actualización tarifaria –violando las taxativas disposiciones de la Ley de Convertibilidad– por índices de precios de los EE.UU., las empresas privatizadas se han apropiado –vale reiterarlo, *ilegalmente*– de beneficios extraordinarios que superaron, hacia fines de 2000, los 9.000 millones de dólares.

De allí que no resulte casual que, durante la década de los noventa, la rentabilidad media del conjunto de las empresas privatizadas fuera entre siete u ocho veces superior a las del resto de las mayores firmas del país. Sin duda, tal asimetría de comportamiento, sumada a la sistematicidad y homogeneidad del fenómeno (se reproduce cualquiera sean el año y el indicador de tasa de beneficio que se considere), sólo puede ser atribuible a los muy disímiles contextos operativos en que ambos subconjuntos de empresas han debido desenvolverse durante el decenio pasado. Ello resulta particularmente notorio si se lo confronta, en especial, con el que ha venido sirviendo de entorno operativo al desempeño de los sectores productores de bienes transables (acelerada apertura, omisiones en materia de legislación y regulación *antidumping*, contracción del mercado, elevadísimos costos financieros locales e imposibilidad de acceso al crédito internacional, etc.).

El propósito de reconfigurar la relación Estado-empresas privatizadas emerge, así, como un paso que debería trascender el simple intento de eliminar determinados privilegios exclusivos, en tanto se trata, fundamentalmente, de un elemento central de cualquier política macroeconómica que tienda, como uno de sus objetivos ineludibles, a recomponer la distorsionada –y distorsionante– estructura de precios y rentabilidades relativas de la economía que quedó como uno de los tantos legados críticos de la Convertibilidad.

Allí se inscribe una primera reflexión en torno de lo dispuesto en el artículo 8 de la Ley de Emergencia, por el que se elimina la dolarización de las tarifas –y el consiguiente seguro de cambio del que gozaban las empresas privatizadas–, así como también la indexación periódica de las mismas. En este punto, la ley dispone que "quedan sin efecto las cláusulas de ajuste en dólar o en otras divisas extranjeras y las cláusulas indexatorias basadas en índices de precios de otros países y cualquier otro mecanismo indexatorio. Los precios y tarifas resultantes de dichas cláusulas quedan establecidos en pesos a la relación de cambio un peso = un dólar estadounidense"[1]. Como se analiza en varios de los

---

1 Sobre la base de lo dispuesto en el artículo 8 de la Ley de Emergencia, durante el mes de febrero de 2002 fueron sancionados los Decretos N° 293 (el día 12) y N° 370 (el día 22). En el primero de ellos, se encomienda al Ministerio de Economía la "misión de llevar a cabo el proceso de renegociación de los contratos", se reafirman los criterios básicos sobre los que deberá estructurarse el mismo, se crea la Comisión de Renegociación que asistirá a dicho Ministerio, y se definen las áreas o sectores comprendidas en la renegociación. Asimismo, se estableció que las propuestas a elevar al Poder Ejecutivo Nacional (P.E.N.) deberán presentarse dentro de los *120 días* desde la sanción del Decreto (en otras palabras, a principios de junio 2002). Por su parte, el decreto N° 370/02 establece la conformación que tendrá tal Comisión de Renegociación (donde se invita a participar al defensor del Pueblo de la Nación, al tiempo que se incluye un representante de las asociaciones de usuarios y consumidores). Finalmente se establece que "los acuerdos alcanzados o en su defecto las recomendaciones de rescisión de los contratos de concesión serán suscriptos por el Ministerio de Economía, ad referéndum del P.E.N.". Los mismos serán luego elevados a la Comisión Bicameral de Seguimiento de la Emergencia, creada por dicha ley; aunque los dictámenes de esta última no tendrán carácter vinculante.

ensayos que conforman el presente libro, tal privilegio emana de una peculiar interpretación que, en última instancia, tuvo su origen en la sanción del Decreto N° 2.585/91. El mismo, recurriendo a una artimaña de más que dudosa juricidad consideró que la prohibición de indexar tarifas dispuesta por la Ley de Convertibilidad constituía un "obstáculo legal insalvable por el que quedan sin efecto las disposiciones del mecanismo de actualización automática del valor del pulso telefónico". En función de ello "era conveniente expresar el valor del pulso telefónico en dólares estadounidenses", ya que "es *legalmente aceptable* contemplar las variaciones de precios en otros países de economías estabilizadas como, por ejemplo, los Estados Unidos de América" (cursivas propias).

En otros términos, en una interpretación que no sólo va en contra del espíritu del legislador sino, también, contra la propia letra de la ley, se consideró que como esta última nada dice respecto de la moneda para la que rige la prohibición de indexación (como si existiera alguna legislación, en cualquier país del mundo, que al referirse a alguna disposición relacionada con valores monetarios deba explicitar que se trata de su propia moneda), se asumía que su ámbito de aplicación quedaría circunscripto a aquellos precios y tarifas fijados en moneda local. De allí que bastaría con expresarlos en cualquier otro signo monetario (como el dólar –bajo ese mismo criterio, también podría haberse recurrido a cualquier otra unidad monetaria como, por caso, el yen, la peseta o el marco alemán–) para quedar eximidos de los alcances de la ley. Sin duda, la sustentabilidad jurídica de esta interpretación resulta, cuando menos, harto dudosa pero, sin embargo, fue replicada en otras privatizaciones y recién comenzó a ser cuestionada y prohibida por algunos fallos judiciales (y por la Procuración del Tesoro) en el año 2000 (es decir, mucho tiempo después de que las empresas se apropiaran de una cuantiosa masa de recursos extraordinarios –y, por todo lo expuesto, *ilegales*–).

Esta supresión de los privilegios privativos de tales empresas ("dolarización e indexación") se vio reforzada, incluso, al reformarse el texto del artículo 10 de la Ley de Convertibilidad (por el artículo 4

Daniel Azpiazu

de la Nº 25.561), donde se reafirma que la prohibición de indexar precios y tarifas rige desde el primero de abril de 1991. El nuevo texto del artículo 10 de la Ley de Convertibilidad queda así redactado: *"Mantiénense derogadas, con efecto a partir del 1° de abril de 1991,* todas las normas legales o reglamentarias que establecen o autorizan la indexación por precios, actualización monetaria, variación de costos o cualquier otra forma de repotenciación de las deudas, impuestos, precios o tarifas de los bienes, obras o servicios" (cursivas propias). Ello parecería viabilizar, incluso, la revisión de todos aquellos ajustes tarifarios que, vía decretos y resoluciones de dudosa juridicidad, han conllevado rentas extraordinarias para las empresas privadas que se hicieron cargo de los servicios públicos. Se trata, sin duda, de uno de los elementos esenciales de la Ley de Emergencia que, si la administración Duhalde se propone instalarlo en la mesa de negociación con las firmas prestatarias, debería dar lugar a una revisión integral –a la baja, por el resarcimiento implícito que debería conllevar– de las actuales –y por demás elevadas– tarifas de los servicios públicos privatizados. En otras palabras, del nuevo texto reformado del artículo 10 de la Ley de Convertibilidad se desprende que todas las indexaciones tarifarias han sido ilegales y que, como tales, deberían ser compensadas a los usuarios y consumidores que se han visto afectados por las mismas.

Una segunda reflexión remite a lo dispuesto en el articulo 9 de la Ley Nº 25.561, donde queda planteada la renegociación de los contratos con el conjunto de las empresas privatizadas. Si bien uno de los rasgos distintivos de las privatizaciones argentinas ha sido la recurrente –y por demás opaca– renegociación de los contratos (en general, vinculadas con ajustes tarifarios, condonación de incumplimientos en materia de inversión, concesión de nuevos privilegios, etc.), en este caso se incorpora, como hecho novedoso, la fijación de ciertos criterios básicos sobre los que deberán estructurarse tales revisiones, que en poco o nada se asemejan a los que sustentaron las anteriores "readecuaciones" de diversas cláusulas contractuales. En ese sentido, la ley dispone que en las renegociaciones deberá considerarse "el impacto de las tarifas en la competitividad de la economía y en la distribución de los ingresos; la

15

calidad de los servicios y los planes de inversión, cuando ellos estuviesen previstos contractualmente; el interés de los usuarios y la accesibilidad de los servicios; la seguridad de los sistemas comprendidos; y la rentabilidad de las empresas".

El contemplar los efectos de las tarifas sobre la competitividad y la distribución del ingreso –sin duda, los más perniciosos acumulados durante los años noventa como resultado de las modalidades de las privatizaciones y de las posteriores renegociaciones–, los más que insatisfactorios grados de cumplimientos en materia de calidad y compromisos de inversión (lo cual perjudicó fundamentalmente a la población de menores ingresos), la protección de los intereses de los usuarios y la preocupación por la universalización de los servicios, así como por la seguridad –en realidad, en muchos casos, ha venido primando la inseguridad, en diversos campos– en la prestación de los servicios, constituyen fenómenos novedosos y más que legítimos en cuanto a la defensa de los intereses sociales frente a la precedente permisividad –y/o captura– oficial ante las empresas privatizadas.

Por otra parte, y es de esperar que así sea, contraponiéndose a las recurrentes renegociaciones contractuales previas que, sistemáticamente, han tendido a preservar –cuando no, a acrecentar– los beneficios de privilegio de las empresas privatizadas; la consideración de la rentabilidad de las mismas debería atender, pura y exclusivamente, a convertir la prestación de servicios públicos en una actividad económica que conlleve, como las restantes, los consiguientes riesgos empresarios, sin que ello suponga –como sucediera durante los noventa– la concesión de garantías –incluso, formalizadas bajo la usual recurrencia a la "necesidad" de mantener inalterada la ecuación económico-financiera de las empresas–. Es más, la consideración de las tasas de rentabilidad de las empresas privatizadas debería convertirse en un elemento constitutivo decisivo al momento de concretarse las revisiones tarifarias periódicas que, en el atípico ejemplo privatizador local, sólo están contempladas en algunos –pocos– de los servicios privatizados. Asimismo, por las propias características de muchos de esos servicios –mono u oligopólicos, reservas legales de mercado, baja elasticidad de la demanda, etc.–, la justicia y razonabilidad de las tarifas –y de los beneficios que las mismas llevan aparejadas– remitiría, seguramente, como lo demuestra la experiencia internacional, a tasas de ganancia inferiores a las predominantes en la mayor parte de los restantes sectores de la economía.

En realidad, de satisfacerse plenamente los criterios fijados en la Ley N° 25.561, los resultados de las renegociaciones de reciente inicio deberían constituirse en la antítesis de lo acaecido en las precedentes donde, sistemáticamente, se privilegió el mantener o, incluso incrementar, los beneficios extraordinarios de las empresas privatizadas, frente a la inseguridad jurídica –y los intereses reales– de los usuarios y consumidores de los servicios privatizados.

Sin embargo, cabe incorporar una tercera reflexión que se vincula, en última instancia, con el demorado –y, atento a las urgencias político-institucionales de la actual administración, acotado a ciertos temas específicos como el tarifario y el de la calidad de los servicios[2] – inicio de la renegociación con las empresas privatizadas dispuesta por la Ley N° 25.561. En realidad, ello remite a una serie de reflexiones que, seguramente, según sea la forma de resolución de las mismas, permitiría revertir –o no– una de las mayores inequidades –económico-sociales– instauradas bajo la administración Menem, y mantenidas durante el gobierno de la Alianza. Se trata, tal vez, de una de las más trascendentes: la consideración de las relaciones de poder que terminarán por verse re-

---

2   Sin duda, el resultado de estas renegociaciones, que en principio se circunscriben al plano tarifario y a las condiciones mínimas de prestación de los respectivos servicios, condicionará, en gran medida, la necesaria reconstrucción de todo el entramado normativo y regulatorio en el que se inscribe la operatoria de las empresas privadas que se hicieron cargo de los servicios públicos durante el pasado decenio (desde la sanción de leyes "marco" de carácter general, y las específicas para cada ámbito sectorial, que establezcan los respectivos marcos regulatorios, pasando por, entre otros aspectos la definición precisa de, por ejemplo, el papel, las misiones, las funciones, el desempeño y las formas de financiamiento de los entes reguladores –autárquicos, autónomos y auditados de forma de evitar todo riesgo de captura por parte del poder político y/o de las empresas privadas sujetas a regulación– responsables, fundamentalmente, de la protección de los intereses de los usuarios y consumidores).

flejadas en tales renegociaciones. El histórico poder de *lobbying* de las empresas involucradas, la sistemática recurrencia –desde el mismo día de promulgación de la ley– a las tradicionales operaciones de prensa – hasta amenazantes– y, fundamentalmente, la presión que han venido ejerciendo –casi a niveles inescrupulosos, según trascendidos periodísticos– las máximas autoridades nacionales de muchos de los países de origen de las empresas privatizadas, plantean serios interrogantes en cuanto a las formas definitivas de resolución de las renegociaciones en curso.

Es más, la debilidad estatal frente al poder económico de las compañías prestatarias y sus cuadros de *lobbistas*, y esa no-urgencia (contrastante con la demostrada por la administración Menem) por encarar desde una posición sólida, que incorpore la revisión de los últimos diez años de privilegios, parecería conspirar contra los éxitos de las renegociaciones en curso. La presión de las empresas privatizadas (el *default* declarado por algunas de ellas y/o la convocatoria de acreedores –y/o la amenaza de solicitarla– por parte de otras) se inscribe en esa estrategia que, más allá de sus matices, involucra al conjunto de las empresas privatizadas, en una suerte de cuasi-chantaje frente a la nueva administración gubernamental.

Ello se articula claramente con las propias condiciones macroeconómicas que esta última debe enfrentar. Más aún en un contexto internacional donde las presiones de los organismos multilaterales de crédito resultan decisivas, tornándose muy poco propicias para el país (para ejercitar los principios mínimos de soberanía o autonomía nacional, en un contexto de resguardo pleno de los intereses de sus habitantes que, durante ya varios largos años, se han visto enfrentados a lo que cabría caracterizar como "saqueo" por parte, entre otros, de los diversos propietarios de las empresas privatizadas).

El inicio de las renegociaciones –las primeras reuniones formales recién comenzaron en la segunda mitad de marzo de 2002– previstas en la Ley de Emergencia se conjuga con el despliegue, por parte de las empresas privatizadas, de una muy activa campaña en torno de reclamos o cuasi-exigencias que tienden a inscribirse en la preservación de sus exorbitantes rentas de privilegio.

A título ilustrativo, basta con resaltar algunos de esos condicionantes (enmarcados, cabe enfatizar, en la decisión de declararse en cesación de pagos frente a sus acreedores externos, en la "amenaza" de declararse en convocatoria de acreedores o de abandonar el país) donde, naturalmente, no se incorpora mención alguna a, por ejemplo, la licuación de sus pasivos con el sistema financiero local[3]:

- la suspensión y/o la reducción de los –poco exigentes y, en numerosos casos, incumplidos– compromisos de inversión y de expansión y universalización de los servicios, al igual que en lo relativo a los índices de calidad comprometidos contractualmente;
- la condonación efectiva –en la generalidad de los casos, ya consumada en opacas renegociaciones, como aconteció con los concesionarios viales de las rutas nacionales a poco de hacerse cargo del servicio– del pago del canon a tributar por las empresas privadas concesionarias de activos públicos (como en el ámbito del correo, de los ferrocarriles de carga, y de los aeropuertos);
- la prórroga de los plazos de concesión (como ya sucediera con las concesiones viales de las rutas nacionales, de algunas de las redes de acceso, de líneas ferroviarias de pasajeros, etc);
- el otorgamiento de un seguro de cambio para las deudas empresarias con el exterior (los pasivos externos de Aguas Argentinas alcanzan casi los 700 millones de dólares –el 20% de esa deuda corresponde a créditos otorgados por la Corporación Financiera Internacional/Banco Mundial que, como tal, controla parte de las tenencias accionarias de la compañía–, los de Telecom Argentina y Telefónica de Argentina superan, en conjunto, los 6.000 millones de dólares, mientras que el endeudamiento externo global de las empresas que actúan en los sectores gasífero y eléctrico se ubica, en cada caso, en el orden de los 3.000 millones de dólares);

---

3   En este sentido, cabe mencionar que entre los 50 mayores deudores que recientemente vieron licuados sus pasivos, pueden reconocerse 25 empresas privatizadas que, por ese medio, obtuvieron un beneficio –2.000 millones de pesos– equivalente al de las ganancias obtenidas por las mismas en el año 2000.

- la traslación automática a las tarifas de los incrementos en los costos derivados de la maxidevaluación y/o la implementación de un tipo de cambio preferencial (bastante más reducido que el oficial –la aspiración de las firmas es el reconocimiento de la vieja paridad convertible 1 dólar = 1 peso–) para las importaciones de bienes de capital y/o de insumos (todas estas empresas tienen un muy elevado componente importado que, en buena medida, proviene de compañías vinculadas, sin control ni consideración oficial alguna sobre los –más que presuntos– precios de transferencia);
- la indexación de las tarifas en función de la evolución de los precios internos (que, bajo el actual esquema macroeconómico, seguramente crecerán holgadamente por encima de sus similares de los EE.UU., por los cuales vinieron ajustando sus tarifas hasta la reciente sanción de la Ley N° 25.561); y
- la instrumentación de mecanismos de subsidio estatal a la, seguramente, creciente cartera de morosos de las empresas (como podría ser una tarifa de interés social pero costeada con recursos fiscales).

¿Cederá el gobierno también a estas "sugerencias" de las firmas privatizadas, tal como lo hizo con la –innecesaria– licuación de sus pasivos con el sistema financiero local? ¿O apuntará, por primera vez después de una larga década neoconservadora, a desarticular tales privilegios y, por esa vía, a garantizar la "seguridad jurídica", y a favorecer los intereses de los usuarios y consumidores?

En ese sentido, cabe destacar las presiones –cuando no extorsiones– de los *lobbies* empresarios que remiten, ni más ni menos, a uno de los artículos fundamentales de la Constitución Nacional (artículo 42), en el que se establece que "Los consumidores y usuarios de bienes y servicios tienen derecho.... a la protección de su salud, seguridad, e intereses económicos; a una información adecuada y veraz; a la libertad de elección y a condiciones de trato equitativo y digno. Las autoridades proveerán la protección de esos derechos, a la educación para el consumo, a la *defensa de la competencia contra toda forma de distorsión de los mercados, al control de los monopolios naturales y legales, al de la calidad y eficiencia de los servicios públicos*, y a la constitución de asociaciones de consumidores y usuarios. La legislación establecerá procedimientos eficaces para la prevención y solución de conflictos, y *los marcos regulatorios de los servicios públicos de competencia nacional, previendo la necesaria participación de las asociaciones de consumidores y usuarios y de las provincias interesadas, en los organismos de control"* (cursivas propias).

Para satisfacer plenamente estos postulados constitucionales, el gobierno dispone de instrumentos suficientes. Al respecto, y a simple título ilustrativo, bastaría con incorporar a la mesa de negociaciones una serie de temas y problemas que demandan una urgente revisión en el marco de la propia normativa vigente:

- la señalada ilegal indexación tarifaria según variaciones en los índices de precios de los Estados Unidos –una maniobra elusoria de la Ley de Convertibilidad, tal como lo reconocen diversos fallos judiciales e, incluso, el artículo 4 de la Ley Nº 25.561, de la que no gozó ninguno de los restantes precios de la economía argentina–;

- una proporción no despreciable del abultado endeudamiento externo de las empresas (en muchos casos, con firmas vinculadas) no se canalizó hacia la inversión sino que se destinó al mercado financiero local aprovechando las diferencias existentes en las tasas de interés vigentes a nivel internacional y en el plano local;

- una parte importante de las compras en el exterior de insumos y/o maquinarias y equipos de las privatizadas se vinculó con transacciones con empresas relacionadas societariamente (lo cual no sólo trajo aparejado el desmantelamiento del entramado local de proveedores, en el marco de una absoluta despreocupación oficial por hacer cumplir las leyes de "compre argentino" y de "contrate nacional", sino que también conllevó la recurrencia a precios de transferencia y a la sobrefacturación de sus importaciones intracorporativas);

- los incumplimientos en cuanto a la transferencia a tarifas (tal como lo dispone la normativa referida a la "neutralidad tributaria" o "estabilidad impositiva" incorporada en la casi totalidad de los contratos) de buena parte de las reducciones impositivas, "sacrificio fiscal" que terminó por engrosar sus muy elevadas tasas de rentabilidad; y
- el no cumplimiento de las metas de expansión o de universalización de los servicios que, naturalmente, afectó a los hogares y a las regiones del país de menores ingresos.

Sin duda, está en manos de la administración Duhalde integrar estos elementos –y algunos más, de similares características– en la "mesa de negociación" y cumplimentar, así, con los enunciados de la Ley Nº 25.561, donde –en consonancia con lo fijado por la Constitución Nacional– la protección de usuarios y consumidores debe asumir *el* papel protagónico, sumado al imprescindible enfrentamiento con los *lobbies* empresarios que emergen como uno de los beneficiarios fundamentales de la experiencia extrema del neoliberalismo argentino.

Es en este último marco donde se inscriben los objetivos perseguidos por esta recopilación de algunos de los estudios realizados en los últimos años en el ámbito del Área de Economía y Tecnología de la FLACSO, que parten del reconocimiento previo de considerar al programa privatizador instrumentado bajo la administración Menem como uno de los ejes claves y determinantes en la profundización de un patrón de acumulación crecientemente concentrador en lo económico y excluyente en lo social. Las principales modalidades que adoptó dicho proceso tendieron a conformar –y/o preservar– ámbitos privilegiados de acumulación y reproducción del capital, caracterizados por un nulo riesgo empresario, y ganancias extraordinarias (de las más altas a nivel local e, incluso, en el plano internacional) que fueron internalizadas por un núcleo muy reducido –aunque sumamente poderoso en términos económicos, políticos y sociales– de grandes grupos empresarios de origen nacional y extranjero. Sin duda, estas consideraciones deberían tenerse en cuenta a la hora de servir de punto de partida para encarar las actuales renegociaciones con el conjunto de las empresas privatizadas.

En ese sentido, el objetivo central de esta publicación[4] es el de aportar una caracterización del proceso privatizador, haciendo especial hincapié no sólo en sus principales aspectos y sus impactos de mayor significación, sino también en su trascendencia en la profundización de la política de desguace del Estado y de la sociedad argentinas que los sectores dominantes han venido aplicando con particular intensidad desde mediados de los años setenta, así como de la "revancha clasista" resultante de la misma. A tal fin, se han escogido (revisado y actualizado) algunos de los mencionados ensayos que tienden a reflejar los rasgos más importantes del programa desestatizador desarrollado en el país durante los años noventa. Con ello se procura, por un lado, identificar y precisar algunas de las tantas irregularidades normativas y regulatorias que tienen como denominador común la preservación de las rentas de privilegio de las empresas privatizadas y, por otro, fundamentalmente, incorporar al debate asociado a las renegociaciones en curso temas que, en principio, parecerían no formar parte de la "agenda" de trabajo en el actual proceso de renegociación del conjunto de los contratos con las empresas prestatarias de los servicios públicos privatizados.

Antes de incorporar una breve reseña de cada uno de los ensayos que conforman el presente libro, vale la pena rescatar parte sustantiva del documento elaborado por Daniel Azpiazu y Eduardo M. Basualdo[5], que se discutiera en el Seminario "Hacia el Plan Fénix. Una estrategia de reconstrucción de la economía argentina hacia el crecimiento con

---

4   Donde se integran diversos ensayos derivados de las investigaciones realizadas en el marco del Proyecto "Privatización y Regulación en la Economía Argentina", patrocinado por la Agencia Nacional de Promoción Científica y Tecnológica y el CONICET y desarrollado en el Área de Economía y Tecnología de la FLACSO.

5   El mismo retoma y sintetiza buena parte de los resultados de las investigaciones desarrolladas en el ámbito del Proyecto "Privatización y Regulación en la Economía Argentina". Ciertas temáticas centrales, como tales, quedan también incluidas en algunos de los artículos de este volumen.

equidad", que se realizó los días 6 y 7 de septiembre de 2001 en la Facultad de Ciencias Económicas de la Universidad de Buenos Aires. Dicha ponencia quedó integrada en el documento final que se conociera finalmente como "Hacia el Plan Fénix. Diagnósticos y propuestas", y en él se incorporan algunas medidas que ya han sido adoptadas por la administración Duhalde (como la "desdolarización" y la "desindexación" de las tarifas de los servicios públicos privatizados), al tiempo que, probablemente, algunas otras puedan –o deberían– integrarse al actual proceso de renegociación. De cualquier manera, todo hace presumir que es mucho el camino que, igualmente, quedará por recorrer en procura de "alinear" a tales firmas en un sendero de desarrollo con equidad creciente. En tal sentido, a continuación se transcriben las propuestas que emanaban de ese texto elaborado y presentado, naturalmente, en el contexto crítico de la Convertibilidad:

ALGUNOS LINEAMIENTOS DE POLÍTICA ECONÓMICA EN EL ÁREA DE LOS SERVICIOS PÚBLICOS PRIVATIZADOS.

- REVISIÓN TARIFARIA INTEGRAL DE LOS SERVICIOS PÚBLICOS PRIVATIZADOS EN EL MARCO DE LAS DISPOSICIONES LEGALES QUE EMANAN DE LAS LEYES Nº 23.696 (DE REFORMA DEL ESTADO), 17.520 (DE PEAJES), 24.065 (MARCO REGULATORIO ELÉCTRICO), 24.076 (MARCO REGULATORIO DEL GAS) Y 23.928 (CONVERTIBILIDAD).

- *Eliminación de las atípicas e ilegales cláusulas de ajustes periódicos de las tarifas de los servicios públicos, y "desdolarización" de las mismas.*

Los privilegios de las prestatarias de los servicios públicos se han visto potenciados ante la aplicación de atípicas cláusulas de ajuste periódico de las tarifas que, incluso, convierten a la experiencia privatizadora argentina en un caso único a nivel internacional (como el de aplicar, como "precios correctores" en la utilización del mecanismo de *"price cap"*, la evolución de índices de precios ajenos a la economía local). Se trata, en la generalidad de los casos, de la recurrencia a una artimaña normativa: la "dolarización" de las tarifas como paso previo al establecimiento de cláusulas de indexación de las mismas, asociadas a las variaciones en índices de precios al consumidor, mayoristas, o una combinación de ambos, de los EE.UU., lo cual supone la contravención de las explícitas disposiciones de la Ley de Convertibilidad. De allí la imperiosa necesidad de que tal como se desprende del Dictamen N° 153/00 de la Procuración del Tesoro, se eliminen todas aquellas cláusulas de ajuste periódico de las tarifas que contravienen lo dispuesto por la Ley de Convertibilidad.

- *Reajuste de los llamados "precios base" de las tarifas, como medio para limitar las ganancias extraordinarias de las prestadoras de servicios públicos.*

La premura en la realización de las privatizaciones derivó, entre otras cosas, en la fijación de "precios tope" que desde los mismos inicios de la actividad de las empresas en manos privadas les garantizaron a las mismas la obtención de márgenes de beneficio sumamente elevados. De resultas de ello, los precios de partida de la actividad privada superaron con holgura a los establecidos, incluso, al momento del llamado a licitación pública. De allí la necesidad de proceder a una revisión tarifaria integral que derive en la obtención –tal como se desprende de la legislación vigente (en especial, la Ley N° 23.696 de Reforma del Estado)– de tarifas y rentabilidades "justas" y "razonables".

- *Eliminación de las demoras regulatorias y aplicación efectiva de los factores de eficiencia.*

La "demora regulatoria" asociada al traslado a las tarifas abonadas por los distintos tipos de usuario de los servicios públicos del coeficiente de "eficiencia empresaria" ha sido, en la Argentina, por demás significativa. Ello merece ser resaltado porque se trata de una de las principales "fallas normativas" que contribuyeron a desvirtuar buena parte de las ventajas que, en teoría, se desprenden de regular precios en mercados monopólicos u oligopólicos a través del mecanismo de *"price cap"* y, como tal, ha jugado un papel decisivo en la evolución –creciente– de las tarifas de los distintos servicios privatizados, y en la notable expansión económica que experimentaron las empresas privatizadas en el transcurso de los años noventa.

- *Aplicación efectiva de la figura de la "neutralidad tributaria" en el ámbito de los servicios públicos privatizados*

Los marcos que regulan los distintos servicios públicos privatizados establecen que las empresas prestadoras pueden (deben) trasladar a las tarifas finales abonadas por los usuarios las variaciones de costos originadas en cambios en las normas tributarias (excepto en el impuesto a las ganancias). Al respecto, durante el decenio de los años noventa, en el marco de una creciente regresividad de la estructura tributaria, se han ido sucediendo diversas disposiciones legales que en materia impositiva conllevaron reducciones de consideración en la carga fiscal que afecta al conjunto de las empresas prestatarias de los servicios públicos privatizados (reducción en las cargas patronales, en el impuesto a los sellos y a la importación de bienes de capital, etc.). No obstante, el seguimiento de la evolución de las tarifas de los distintos servicios, en su relación con las respectivas cláusulas normativas vinculadas a los ajustes periódicos de las mismas, indica la no observancia empresaria –y la inexistencia de control regulatorio alguno al respecto– de la correspondiente transferencia a los usuarios de las reducciones en las cargas impositivas derivadas de la exención y/o supresión de diversos gravámenes y de las menores alícuotas impositivas y/o bases imponibles de determinados tributos.

- *Reglamentar, en el ámbito de los servicios públicos privatizados, la legislación de Defensa de la Competencia. Aplicar la normativa referida a restricciones a la propiedad en aquellos sectores (esencialmente, gas y electricidad) en los que se encuentra contemplada, ampliando, al mismo tiempo, la normati-*

va regulatoria en el sector petrolero y avanzando en la constitución de un ente regulador único en el campo de la energía.

Las actuales inconsistencias de la Ley de Defensa de la Competencia (N° 25.156) dan lugar a omisiones regulatorias que derivan, en última instancia, en la inacción pública en materia de defensa de la competencia en el campo de los servicios públicos. Ello obliga a precisar el marco de injerencia de la misma en el ámbito de los servicios públicos. Asimismo, en los casos en los que existen normas específicas de carácter sectorial vinculadas con limitaciones en la propiedad entre los distintos eslabones de las respectivas cadenas (gas y electricidad) resulta imperioso exigir a los Entes Reguladores el cumplimiento pleno de la normativa legal vigente, en términos de las respectivas incumbencias respecto al órgano de aplicación de la Ley N° 25.156.

Asimismo, atento a la recurrente violación de las normas vigentes por parte de las empresas petroleras, sumada a los amplios márgenes de libertad que cuentan para el ejercicio pleno de prácticas abusivas de su poder de mercado (con sus consiguientes efectos en cascada), surge la indispensable necesidad de formular un marco regulatorio específico para dicho sector que, fundamentalmente, impida la apropiación de las exorbitantes rentas de privilegio sobre recursos naturales no renovables. En este sentido, sería imprescindible avanzar en la creación de un ente regulador que comprenda al conjunto de las actividades que conforman el sector energético y que tenga especial injerencia en, entre otros temas, la fijación de los precios relativos, la estructura del mercado y la propiedad de las firmas sectoriales, y el manejo racional –desde una perspectiva intergeneracional– de los recursos naturales no renovables.

En función de lo anterior, y considerando el creciente grado de concentración en los distintos eslabones de la cadena energética, así como la fuerte integración vertical y/u horizontal de las empresas líderes, cobra particular interés avanzar en la conformación de un "ente regulador de la energía", que se articule institucionalmente tanto con los organismos de defensa de la competencia que existen en el país como con la Secretaría de Energía.

- *Dotar de independencia y autarquía plena a las agencias de regulación y control de los servicios públicos privatizados, y garantizar el cumplimiento de las normas que emanan de la Constitución Nacional en lo atinente a los entes reguladores.*

Al respecto, resulta imprescindible la constitución de agencias de regulación y control, autárquicas e independientes del poder político, con una clara diferenciación de sus misiones, funciones y responsabilidades tendientes a, por un lado, verificar el cumplimiento pleno y satisfactorio de las obligaciones a cargo de las empresas prestadoras de servicios públicos y, por otro, y en aquel marco, a proteger los intereses y derechos de usuarios y consumidores.

Asimismo, deberían cumplimentarse las disposiciones que surgen del artículo 42 de la Constitución Nacional que, en procura de la protección de los derechos de los usuarios y consumidores de bienes y servicios dispone, por ejemplo, la participación de representantes de las provincias y de organizaciones de usuarios en los entes de control (de forma de garantizar el efectivo control social de su desempeño).

- *Integrar en la problemática regulatoria y, en particular, en los respectivos marcos sectoriales, una visión dinámica de la incorporación del desarrollo científico-tecnológico en el ámbito de los servicios públicos privatizados; recuperando o preservando el poder de decisión del Estado en la definición de lineamientos estratégicos en la materia.*

Esto último es muy importante por cuanto, si bien durante la década pasada se han introducido nuevas tecnologías, los sectores prestadores de servicios públicos se han transformado, en la generalidad de los casos, en importadores de paquetes tecnológicos sobre los cuales casi no tienen participación alguna en su elaboración y posterior gestión. Es más, a partir de los noventa muchas empresas prestatarias han tendido a externalizar sus áreas de ingeniería local, reemplazándolas por la incorporación de tecnología importada y prácticamente sin desarrollo local alguno. Sin duda, avanzar desde el Estado en la promoción de políticas de Investigación y Desarrollo (I&D) en el ámbito de los sectores privatizados tendría múltiples "externalidades" positivas.

- *En estrecha relación con el punto anterior, consensuar con las empresas reguladas la implementación de programas de desarrollo de proveedores locales, en el marco del cumplimiento de la legislación vigente del "compre nacional" (Ley N° 23.697).*

Esto contribuiría, en primer lugar, a promover el crecimiento de un actor económico (las PyMEs) que en los años noventa resultó particularmente afectado por la orientación de la política económica (estas empresas tenían una significativa gravitación en los distintos mercados dedicados a la elaboración de bienes utilizados por las empresas prestatarias de servicios públicos —en particular, bienes de capital–.

- *Propender a la universalización de los servicios públicos básicos, sobre la base de principios de equidad social y equilibrios espaciales ineludibles. Garantizar la prestación de aquellos servicios que hacen a la salud de la población.*

Se trata de una problemática ineludible que, en el marco del programa de privatizaciones desarrollado durante los años noventa, se ha visto totalmente subordinada frente a los objetivos perseguidos en —y por– las llamadas "urgencias" privatizadoras.

En ese marco, y atento a las peculiaridades que revelan los distintos marcos regulatorios y/o los respectivos contratos de concesión, se torna ineludible la jerarquización del objetivo de integrar al conjunto de la sociedad al acceso a tales servicios públicos.

En esta breve síntesis de propuestas, basadas en los criterios rectores que surgieron después de largos debates en el ámbito del llamado "Grupo Fénix" se sintetiza parte importante de los resultados de las investigaciones realizadas en el Área de Economía y Tecnología de la FLACSO vinculadas con el estudio del programa de privatizaciones desarrollado en el país. Buena parte de esos resultados son los que se presentan en los ensayos que conforman la presente publicación.

El primero de ellos, elaborado por Enrique Arceo y Eduardo Basualdo ("Las privatizaciones y la consolidación del capital en la economía argentina"), remite al contexto histórico ineludible como para interpretar el programa de privatizaciones desarrollado bajo la administración Menem. A lo largo del proceso de sustitución de importaciones, que se despliega en la Argentina entre 1930 y 1976, la concentración de la producción de las principales ramas industriales en poder de unas pocas firmas oligopólicas fue un rasgo estructural inalterable que tendió a definir una distribución inequitativa del ingreso y la multiplicidad de contradicciones sociales que caracterizaron el desarrollo industrial del país.

Sin embargo, la última dictadura militar puso en marcha un modelo económico que revierte la industrialización y replantea el poder dominante dando lugar a una modificación cualitativa en el grado de concentración económica preexistente. No sólo se incrementa la misma sino que, a través de adquisiciones, fusiones y absorciones de empresas, cobra forma, a nivel de la economía en su conjunto, un proceso en el cual los medios de producción pasan a ser controlados, crecientemente, por una reducida cantidad de capitales locales y extranjeros. De esta manera, la centralización del capital deviene en uno de los ejes ordenadores de la nueva situación de dominación.

En esta problemática se inserta este ensayo, que presta especial atención al tránsito entre la sustitución de importaciones y la emergencia del nuevo modelo basado en la valorización financiera y, especialmente, al momento en que se consolida la centralización del capital a partir de la privatización de las empresas estatales, la cual, por su trascendencia, constituye una de las modificaciones estructurales más importantes de la historia argentina contemporánea.

Sin duda, la notable influencia del proceso de endeudamiento externo en la conformación de la nueva dinámica económica y el despliegue de la centralización del capital constituyen una problemática que, inicialmente, está presente en este trabajo. Sin embargo, el núcleo analítico está fundamentado en la manera en que se consolida y articula dicho proceso a partir de la transferencia de las empresas estatales que, con la activa complicidad del sistema político, les permite a las distintas fracciones de los sectores dominantes conformar, a partir del Plan de Convertibilidad y, en particular, durante el primer quinquenio de la década pasada, una privilegiada "comunidad de negocios".

No menos relevancia asume el análisis de la etapa en que se produce la denominada "extranjerización" de la economía argentina que denota un drástico replanteo de la situación anterior. Nuevamente, las transferencias de propiedad son el eje de esta nueva modificación estructural, pero las mismas ya no comprometen a los activos públicos sino que se desarrollan en la esfera privada, entre los grupos económicos locales, como principales vendedores, y los conglomerados extranjeros, como compradores de los activos de parte de aquellos. Se trata de una reestructuración estrechamente vinculada con la valorización financiera, donde buena parte de los grupos económicos locales venden parte de sus activos físicos (entre ellos, sus participaciones accionarias en numerosas empresas privatizadas), y remiten esos fondos al exterior dando lugar a un nuevo auge de la fuga de capitales locales al resto del mundo.

Por su parte, los dos estudios siguientes remiten a la problemática social de las privatizaciones. Si bien la Ley de Reforma del Estado planteaba la necesidad de proteger el empleo en las empresas públicas a privatizar, así como también las propias condiciones de trabajo en las mismas, las formas bajo las que fuera implementada la política privatizadora en poco se condice con esas argumentaciones político-institucionales originales. Muy por el contrario, uno de los principales efectos del proceso de reformas estructurales que vivió la Argentina durante el decenio de los años noventa fue el notable deterioro registrado en el mercado de trabajo, donde la privatización de empresas públicas cumplió un papel clave. En este ensayo, elaborado por Marisa Duarte ("Los impactos de las privatizaciones sobre el mercado de trabajo. Desocupación y creciente precarización laboral"), se intenta elucidar el papel que le correspondió a la política privatizadora en la explicación de dos de los aspectos distintivos del mercado de trabajo urbano durante la década pasada: un inédito nivel de desempleo y una cada vez más acentuada precarización de las condiciones laborales de los trabajadores en actividad.

En este sentido, se pasa revista a la evolución del empleo en las empresas públicas privatizadas, de donde surgen, en principio, dos fenomenologías fundamentales. La primera de ellas deriva del "trabajo sucio" estatal previo a la transferencia de las empresas públicas donde, a partir de la "racionalización" del personal, los "retiros voluntarios", las jubilaciones anticipadas y otros mecanismos de expulsión de mano de obra (en su mayoría financiados por los organismos multilaterales de crédito, con el consiguiente incremento de la deuda externa pública), se procuró "sanear" el costo laboral –abaratándolo– de quienes resultaran adjudicatarios de las "prendas de paz" ofrecidas por la administración Menem a la comunidad de negocios.

La segunda se vincula con la política de empleo implementada por las nuevas prestatarias de los servicios donde, en principio, se conjuga la persistente expulsión de mano de obra directa, la creciente intensificación de la jornada de trabajo, la terciarización de aquellas actividades que, por diversas razones –según sea el sector de actividad de que se trate–, tienden a minimizar los costos y/o los riesgos empresarios.

A partir del minucioso análisis de la evolución del empleo en los períodos pre y postprivatización, de los factores que explican los importantes aumentos en la productividad de la mano de obra, de sus consiguientes impactos sobre la tasa de desempleo global, se concluye que "la política de privatizaciones instrumentada en la Argentina ha tenido un papel central en la explicación de dos de los rasgos característicos que presentó el mercado de trabajo urbano local en el transcurso de la década pasada: un incremento de significación en la tasa de desempleo, en la precarización de la mano de obra ocupada y, de resultas de ello, una creciente regresividad en materia de distribución del ingreso".

Desde una distinta, aunque complementaria, perspectiva de análisis, el siguiente ensayo procura delimitar los principales impactos distributivos que surgen de la privatización de los servicios públicos domiciliarios.

El principal objetivo de este trabajo ("La privatización de los servicios públicos y sus impactos distributivos"), elaborado por Camila Arza es la identificación de los impactos distributivos del proceso de privatizaciones, tomando como unidad de análisis a los hogares. Al margen de otros impactos macro (sobre el mercado de trabajo por ejemplo), los efectos de la privatización de los servicios públicos sobre el bienestar de los hogares y su distribución se centran en dos ejes explicativos: la evolución tarifaria y del gasto de los hogares, por un lado, y la extensión de las redes y la consecuente expansión de la cobertura, por otro. El primero se refiere a los precios relativos de la economía y sus efectos distributivos, mientras que el segundo se centra en el acceso a servicios básicos y, con ello, en el nivel y calidad de vida de los hogares.

Ambos aspectos forman el eje central sobre el que se estructura el presente ensayo, a partir del análisis de los impactos de las privatizaciones sobre los hogares pertenecientes a distintos estratos de ingreso. Ello implica, en un primer plano, la estimación del gasto total familiar en cada uno de los servicios públicos y su comparación para los períodos pre y postprivatización. En un segundo plano, se evalúa la evolución de acceso a cada uno de los servicios (es decir, el nivel de cobertura) en cada estrato social, con la finalidad de identificar a los principales beneficiarios de la extensión de redes.

Uno de los principales resultados del análisis refiere a la creciente importancia de los servicios públicos en el presupuesto familiar. En general, aunque con diferencias entre servicios, se concluye que la proporción del gasto total familiar destinada al consumo de servicios públicos aumenta de manera notable en poco más de una década (entre 1986 y 1997). En los hogares de menores ingresos los incrementos son los más acentuados (sin contar el aumento del gasto por expansión de la cobertura), ya que destinan al pago de servicios públicos una proporción tal (14,5% del –por cierto, reducido y declinante– presupuesto total del hogar) que corresponde a más de la cuarta parte de lo que el mismo decil destina al consumo de alimentos y bebidas.

En lo que respecta a la cobertura de los servicios, la investigación demuestra que, a pesar de haber sido de significativa magnitud, fundamentalmente en telefonía básica y gas natural, sólo tiene carácter progresivo en el sector de energía eléctrica. En el servicio de provisión de agua potable la extensión de la red fue muy pobre, y en el servicio de desagües cloacales se registró un retroceso en la cobertura en todos los deciles de ingreso.

Los impactos distributivos de las privatizaciones que surgen del análisis (una mayor proporción del gasto en los sectores sociales más pobres y una despareja y regresiva extensión de la cobertura en algunos servicios) constituyen una clara evidencia de la necesidad de una eficaz regulación pública de los servicios básicos cuando éstos son prestados por empresas privadas de carácter monopólico. Los costos de la debilidad regulatoria son soportados en mayor medida (en términos relativos) por los hogares de menores ingresos, que no sólo son los principales perjudicados por los incumplimientos en materia de extensión de redes (como en el caso de aguas y cloacas), sino que al mismo tiempo son quienes más sufren los perjuicios de la política tarifaria ya que en sus presupuestos el gasto en servicios públicos tiene una importancia relativa mucho mayor que en el resto de los hogares.

En suma, el ensayo concluye que la privatización de los servicios públicos abre una nueva gama de lineamientos de las políticas públicas que no se limita a la función de contralor, sino que se extiende a la definición de las prioridades sociales en materia de prestación de servicios básicos. El rol del Estado como garante del interés público no debería restringirse solamente a "controlar" que la empresa cumpla con las obligaciones previamente pactadas, sino que implica, además, definir con un criterio que priorice la eficiencia social, y los derechos y obligaciones de las empresas prestatarias e, incluso, tome a su cargo la prestación del servicio cuando así lo indiquen las circunstancias.

La renegociación de distintas cláusulas, o como "eufemísticamente" se las ha dado por denominar las "readecuaciones", contractuales (en especial, las referidas a ajustes *ilegales* de las tarifas, postergación de las revisiones tarifarias, condonación de incumplimientos empresarios en materia de inversiones comprometidas y/o en cuanto a la calidad de los servicios ofrecidos, plazos de extensión de las concesiones, transferencia a los usuarios del financiamiento efectivo de las inversiones, etc.) emergen como un fenómeno recurrente en el ámbito de la mayor parte de las privatizaciones desarrolladas en el país.

En ese marco, la figura de la "seguridad jurídica" –en su sentido más amplio, involucrando tanto a la de las empresas adjudicatarias como, en particular, la de los usuarios y consumidores– se ha visto crecientemente desvirtuada, en tanto la revisión de las principales renegociaciones contractuales (como, entre otras, las concretadas en el ámbito de las concesiones viales, del servicio de aguas y saneamiento, de los ferrocarriles –tanto de pasajeros como de carga–, o de las telecomunicaciones) han alterado las condiciones originales bajo las que se licitaron o concesionaron los diversos servicios públicos. Ello, incluso, ha afectado, en la generalidad de los casos, la "seguridad jurídica" de aquellas empresas que habiéndose presentado a los concursos originales no resultaron favorecidas a partir de la aceptación oficial de ofertas "oportunistas" que, al poco tiempo fueran renegociadas, alterando las condiciones bajo las que diversos consorcios quedaron marginados aún cuando la variable decisiva de la adjudicación fuera, precisamente, la modificada al poco tiempo de la concesión (los ejemplos que ofrecen algunas concesiones viales de las redes de acceso a Buenos Aires o el de aguas y saneamiento resultan por demás ilustrativos). En tal sentido, la única "seguridad jurídica" que se ha venido priorizando en forma excluyente ha sido la de mantener o acrecentar las –en muchos casos– extraordinarias tasas de rentabilidad de las empresas privatizadas.

A partir del análisis de tales renegociaciones, el ensayo de Daniel Azpiazu ("La recurrente renegociación de los contratos en los servicios privatizados. Rasgo distintivo del proceso y priorización sistemática de los privilegios empresarios") identifica ciertos rasgos comunes a tales "readecuaciones", siempre en detrimento de los intereses y derechos de los usuarios y consumidores. La flexibilidad normativa que viabilizó la concreción de las privatizaciones a partir de decretos y resoluciones del Poder Ejecutivo Nacional, la imprevisión sobre cambios exógenos que inciden sobre los respectivos desempeños sectoriales, la laxitud y permeabilidad de las agencias reguladoras y del propio poder concedente, emergen como denominadores comunes que, de hecho, han derivado en renegociaciones contractuales en las que sistemáticamente se han visto privilegiados los intereses y los "derechos adquiridos" de los prestatarios de los servicios públicos privatizados (léase, fundamentalmente, la preservación del equilibrio de la ecuación económica-financiera original –en otras palabras, de las rentas de privilegio concedidas por una administración gubernamental que demandaba la confianza de la comunidad de negocios–) por sobre la seguridad jurídica de los usuarios y consumidores de los mismos (y la de quienes, habiéndose presentado a los concursos originales, no resultaron adjudicatarios).

El ensayo elaborado por Daniel Azpiazu y Martín Schorr ("Las privatizaciones argentinas. Reconfiguración de la estructura de precios y de rentabilidades relativas en detrimento de la competitividad y la distribución del ingreso") analiza, en primer lugar, la evolución de las tarifas de los principales servicios públicos durante la vigencia de la Convertibilidad, y los factores que explican su respectivo comportamiento. En este sentido, se observa que, con escasas excepciones, el incremento de las tarifas se ubica muy por encima de las variaciones registradas por los principales índices agregados de precios (minoristas y, sobre todo, mayoristas), y ello aparece estrechamente asociado a la funcionalidad –por acción u omisión– de la política de regulación tarifaria respecto de los intereses de las empresas prestatarias de los servicios (dolarización de las tarifas, indexación de las mismas en función de índices de precios ajenos a los domésticos, diversas cláusulas de ajuste tarifario, etc.). En conjunción con esta favorable modificación de los precios relativos se constata en todos ellos una alteración sustancial de la estructura tarifaria que deben enfrentar los distintos usuarios, a través de la cual se ven perjudicados sistemáticamente los sectores sociales más débiles (los usuarios residenciales).

El segundo gran bloque de análisis es el que se vincula con uno de los principales rasgos distintivos de las privatizaciones en la Argentina: las profundas asimetrías que se manifiestan, cualquiera sea el indicador que se utilice, entre los márgenes de rentabilidad obtenidos por las empresas privatizadas y los alcanzados, incluso, por las mayores empresas del país. Así, en un contexto de nulo riesgo empresario (garantizado, generalmente, por los propios marcos normativos –y/o, según los casos, por recurrentes renegociaciones contractuales siempre inscriptas en una misma lógica: la de preservar los beneficios extraordinarios de las firmas prestatarias–), las tasas de ganancia de las prestatarias de los servicios privatizados no sólo superan holgadamente a las de las firmas más grandes del ámbito doméstico sino, incluso, a las que se registran en el escenario internacional en los sectores involucrados. Las marcadas discrepancias en cuanto a los niveles de rentabilidad empresaria según sea su vínculo con las privatizaciones relega a un segundo plano todo tipo de hipótesis que pudiera basarse en diferencias de eficiencia microeconómica estática, como en aquellas de carácter "schumpeterianas", asociadas a la innovación, el progreso técnico y la inversión. Muy por contrario, es el entorno normativo y regulatorio de privilegio el que explica, en última instancia, esas profundas asimetrías en las tasas de rentabilidad y en la respectiva capacidad de acumulación y reproducción del capital.

Al respecto, se enfatiza que "la correspondencia inversa que se verifica entre el –nulo– riesgo empresario que subyace a la operatoria de las firmas privatizadas y las –extraordinarias– tasas de rentabilidad internalizadas por las mismas encuentra como principal elemento explicativo al privilegiado entorno normativo y regulatorio –y/o de violación de la legislación vigente– en el que se inscribe el desenvolvimiento de este conjunto acotado de grandes empresas".

La urgencia privatizadora, la amplitud de sus realizaciones, los elevados niveles de concentración de la propiedad de las empresas privatizadas, las garantías –normativas y/o regulatorias– de obtener beneficios extraordinarios, la transferencia de capacidades decisivas en cuanto a la delimitación de la estructura de precios y rentabilidades relativas de la economía, las discontinuidades normativas y regulatorias, las fragilidades institucionales son, en última instancia, algunos de los componentes esenciales y funcionales –en el campo normativo, regulatorio e institucional– al exitoso intento de conformar y afianzar sólidas articulaciones de intereses hegemónicos en la reconfiguración de los sectores de poder en la Argentina, como expresión de un régimen de acumulación del capital crecientemente concentrador en lo económico, y excluyente en lo social.

En ese marco, el ensayo de Daniel Azpiazu ("La captura institucional y los privilegios de las empresas privatizadas: ¿premura inicial o una constante en los noventa?") pasa revista a algunos temas centrales en el ámbito de las privatizaciones. En primer lugar, en tanto se suelen adjudicar muchas de las debilidades e imprecisiones normativas y regulatorias a la celeridad con que se encaró el programa, se analizan los factores determinantes de tal premura y, bajo ese encuadre, se delimitan algunas de esas deficiencias. En segundo lugar, se retoman los dos ejes centrales de la regulación pública (la referida a la propiedad y la tarifaria), con el objetivo de indagar si las problemáticas que se plantean en dichos ámbitos responden a esa premura original o si, por el contrario, las deficiencias regulatorias trascienden la llamada primera "fase" de las privatizaciones argentinas. Con idénticos objetivos, se pasa revista a las principales características que subyacen en las principales renegociaciones contractuales celebradas no sólo bajo la administración Menem sino, también, durante el gobierno de la Alianza, que antes de asumir cuestionó duramente la mayor parte de las renegociaciones del menemismo.

A partir de un exhaustivo estudio de tales dimensiones analíticas se concluye que, en realidad, en el ejemplo argentino "la regulación pública de los servicios privatizados ha sido débil si se considera su significativa incapacidad –cuando no falta de voluntad– para promover distintas medidas tendientes a introducir competencia y a proteger a los usuarios y consumidores, mientras que reveló una gran fortaleza para garantizar y potenciar el elevado poder de mercado que adquirieron, así como los ingentes beneficios que internalizaron, las firmas que tomaron a su cargo la prestación de los diferentes servicios públicos transferidos al ámbito privado en el transcurso del decenio de los noventa".

En suma se demuestra que, por un lado, "la captura institucional parecería comprender –e involucrar– diversas instancias de la regulación pública" y, por otro, fundamentalmente, que esa "captura institucional" por parte de la "comunidad de negocios" trasciende sobremanera las urgencias privatizadoras iniciales.

15 de abril de 2002

LAS PRIVATIZACIONES Y LA CONSOLIDACIÓN DEL CAPITAL EN LA ECONOMÍA ARGENTINA[*]

POR ENRIQUE ARCEO Y EDUARDO M. BASUALDO

I. EL NUEVO PATRÓN DE ACUMULACIÓN Y LA DINÁMICA CONTRAPUESTA DE LA CÚPULA EMPRESARIA Y LOS SALARIOS

Los cambios experimentados en la centralización del capital y la concentración de la producción y del ingreso durante la década de los noventa en la Argentina sólo pueden ser comprendidos a partir de las transformaciones impuestas en el patrón de acumulación por la dictadura militar[1]. Se trata del reemplazo de uno centrado en la industrialización sustitutiva por otro que puede caracterizarse como de valorización financiera[2]. Este último, a su vez, presenta diferencias entre el

[*] Se trata de una versión revisada y resumida del artículo "Las tendencias a la centralización del capital y la concentración del ingreso en la economía argentina durante la década del noventa", publicado en *Cuadernos del Sur*, N° 29, 1999.

1 Se entiende que la concentración de la producción consiste en la incidencia que tienen las mayores firmas de una actividad económica (cuatro u ocho según la metodología utilizada) en el valor de producción de la misma. La centralización del capital, por su parte, alude a los procesos en los cuales unos pocos capitalistas acrecientan el control sobre la propiedad de los medios de producción con que cuenta una sociedad, mediante la expansión de su presencia en una o múltiples actividades económicas basándose en una reasignación del capital existente (compras de empresas, fusiones, asociaciones, etc.). Cuando la centralización del capital no se produce en una rama, sino prioritariamente a través de la compra de empresas, fusiones o asociaciones que aumentan el control por un mismo capital de diversas actividades, se considerará como centralización diversificada.

2 Se entiende por valorización financiera a la colocación de excedente por parte de las grandes firmas en diversos activos financieros (títulos, bonos, depósitos, etc.) en el mercado interno e internacional. Este proceso, que irrumpe y es predominante en la economía argentina desde fines de la década de los años setenta, se expande debido a que las tasas de interés, o la vinculación entre ellas, supera la rentabilidad de las diversas actividades económicas, y a que el acelerado crecimiento del endeudamiento externo posibilita la remisión de capital local al exterior al operar como una masa de excedente valorizable y/o al liberar las utilidades para esos fines.

período que se extiende de 1976 a 1990, donde prevalece la valorización financiera interna y externa, y el posterior de 1990 en adelante, cuando la valorización financiera externa es acompañada de una acelerada centralización diversificada del capital. Pese a ello, en ambas etapas predomina una unidad económica (grupos económicos y conglomerados extranjeros) derivada de la nueva lógica que preside el proceso de acumulación, generada, a su vez, por un drástico cambio en la relación de fuerzas entre el trabajo y el capital en su conjunto.

Durante el período comprendido entre 1958 y 1976, la producción industrial es la actividad central y la más dinámica de la economía y su realización se concreta prioritariamente en el mercado interno. En esa etapa, el núcleo del capital concentrado está constituido básicamente por empresas industriales oligopólicas de origen extranjero que lideran sus respectivas actividades. A su vez, al ser la producción industrial destinada al mercado interno la actividad más relevante de la economía y de la cúpula empresaria[3], la concentración del ingreso se ve limitada estructuralmente porque los salarios no sólo son un elemento de los costos, sino también un componente relevante de la demanda interna. Consecuentemente, todas las fracciones del capital industrial, e incluso la clase trabajadora, coinciden en la necesidad de abaratar los productos agropecuarios limitando la renta agropecuaria, puesto que la reducción del precio de estos productos posibilita disminuir el costo del trabajo o elevar los salarios reales, o bien combinar en alguna medida ambos efectos. Esto da origen a la pugna urbano-rural que es característica de esta etapa del desarrollo económico argentino, particularmente aguda en la medida que la producción agropecuaria genera las divisas que son indispensables para sostener las importaciones que demanda el proceso de industrialización[4].

---

3   La cúpula empresaria está constituida por las 200 empresas de mayores ventas de la economía doméstica, tomando en cuenta todos los sectores de actividad, salvo la actividad financiera y la producción agropecuaria. Para cada una de ellas se consideran los datos de balance acerca de las distintas variables que permiten analizar su comportamiento económico (ventas, utilidades, endeudamiento externo, etc.) para el período comprendido entre 1991 y 1997.

4   Sobre la segunda etapa de la industrialización sustitutiva ver, entre otros, a Diamand (1988); Braun y Joy (1968); y Nochteff (1994).

Sin embargo, el empresariado industrial está lejos de ser un conjunto homogéneo sino que, por el contrario, en su interior también se despliegan profundas disputas que están vinculadas con el tipo de bienes elaborados y los diferentes sectores sociales que los demandan. Así, mientras que las empresas transnacionales jerarquizan el salario como costo, porque el núcleo central de su demanda está compuesto por los sectores de mayores ingresos, las empresas locales le dan mayor importancia como factor de demanda porque son, principalmente, productores de bienes de consumo masivo. Esta diferenciación de intereses dentro del sector empresario plantea la primera base de sustentación para la alianza entre la fracción local del empresariado industrial y los asalariados, alianza "defensiva"[5] cuyo poder bloquea la posibilidad de un acuerdo perdurable entre las empresas transnacionales y el capital agrario sobre la base de una reducción de los salarios y de una acelerada concentración en el ingreso, hecho que posibilitó el mantenimiento del patrón de acumulación más allá de los cambios coyunturales en las alianzas a que da lugar el desarrollo del ciclo económico.

A este rasgo estructural se le agrega otro igualmente trascendente: el control extranjero sobre la producción industrial tiende a subordinar el comportamiento estatal, restringiendo su capacidad tanto para orientar el proceso de acumulación de capital y la generación de tecnología, como para imponer una integración del sistema fabril desvinculado de la importación de bienes por parte de las subsidiarias extranjeras. Impide, asimismo, la posibilidad de acceder al mercado externo de productos manufacturados debido a las limitaciones que imponen las casas matrices a sus filiales radicadas en el país. El dominio que ejerce el poder transnacional aparece entonces como el obstáculo fundamental para lograr un desarrollo acelerado que sea controlado nacionalmente, reforzando, de esta manera, la consolidación de la alianza policlasista.

Durante la industrialización sustitutiva predomina además la concentración de la producción sobre la centralización del capital. El afianzamiento de las firmas extranjeras en la producción metalmecánica,

5 Véase O'Donnell (1977).

química y petroquímica –que son las ramas industriales más dinámicas y de mayor rentabilidad en esos años– implica el desplazamiento de un nutrido conjunto de empresas locales. Pero la implantación y reproducción del capital transnacional no sólo impulsa la concentración de la producción sino que tiende, adicionalmente, a reproducir ese mismo proceso en términos de la redistribución del ingreso. La expansión de las empresas extranjeras está ligada a la consolidación de un patrón de consumo que en países de ingresos medios, como es el caso de la Argentina, se vincula con la demanda de los sectores sociales de mayores ingresos[6]. Esta convergencia de la concentración económica con la del ingreso, al afectar al empresariado local y a los asalariados, se transforma en otro de los factores que impulsa la constitución y la perdurabilidad de la alianza policlasista.

En síntesis, tanto la inserción productiva de las empresas locales y extranjeras como la subordinación del Estado y la tendencia a la concentración económica y la redistribución del ingreso que impulsa el patrón de acumulación dominante durante la segunda etapa de la industrialización sustitutiva, hacen que el dominio que ejerce el capital transnacional aparezca como el principal obstáculo para un desarrollo acelerado y con control nacional. De allí entonces que la principal línea de contradicciones se establezca –en condiciones en las que la relación de fuerzas excluye la posibilidad de éxito de una alianza perdurable entre el capital transnacional y el gran capital agrario y sus aliados a fin de sustituir el patrón de acumulación– entre el capital extranjero y los sectores nacionales que constituyen la alianza policlasista. La oligarquía agropecuaria pampeana, por su parte, queda en una situación de aislamiento y enfrentada con todos ellos, situación que da lugar a las transferencias de recursos intrasectoriales que sustentan ese régimen de acumulación.

Las transformaciones impulsadas por la dictadura militar determinaron la interrupción del proceso sustitutivo en el marco de un profun-

---

6   Para un tratamiento detenido de estas cuestiones, consultar Cimillo, Khavisse, Lifschitz y Piotrkowski (1972).

do cambio en la relación de fuerzas entre el capital y el trabajo y, a partir de éste, entre las diversas fracciones del capital, hecho que se traduce en las modificaciones que experimenta la composición y el comportamiento de la cúpula empresarial.

La posición dominante pasó a ser asumida por los conglomerados extranjeros y un conjunto de grupos económicos locales. En ambos casos se trata de capitales que están insertos en una multiplicidad de actividades donde sus firmas controladas y/o vinculadas ejercen un poder oligopólico y su desempeño se encuentra crecientemente independizado del resto de la economía, tanto por la índole de los mercados en que actúan como por la internacionalización financiera que concretan a través de la transferencia de recursos al exterior.

A su vez, el comportamiento económico de la elite empresaria pasa a estar signado por una serie de características que, con distinta importancia según los períodos, están presentes a lo largo de las últimas décadas: la transferencia de recursos estatales y de los activos públicos hacia el capital concentrado interno; la obtención de ganancias extraordinarias vinculadas con su poder oligopólico en la producción de bienes y la prestación de servicios; la exportación de productos vinculados con las ventajas comparativas naturales y la realización en el mercado interno de aquellos demandados por los sectores de altos ingresos; y la valorización financiera resultante del vertiginoso endeudamiento externo, que deviene en factor decisivo para la consolidación del capital concentrado durante el último cuarto de siglo.

Este cambio en la composición y el comportamiento de la cúpula refleja la impotencia de la alianza policlasista para defender un patrón de acumulación ligado al consumo de los asalariados y donde la industria reviste un papel decisivo. En términos secuenciales, el proceso de acumulación se consolida entonces sobre la base de la disminución de los salarios reales y la concentración del ingreso, lo cual garantiza el incremento de las exportaciones de productos primarios, aumenta la producción de los bienes demandados por los sectores de altos ingresos y expande la valorización financiera tanto como lo permita el crecimiento del endeudamiento externo. Desaparecidas las condiciones económicas, políticas y sociales que le otorgaban a la alianza entre los sectores nacionales un poder de veto decisivo, el salario pierde cada vez más trascendencia como un factor de la demanda, incidiendo estructuralmente, sobre todo, como un costo de producción que es necesario reducir para garantizar la reproducción del capital concentrado.

La progresiva consolidación del nuevo patrón de acumulación supone una profunda "desindustrialización" (que se expresa en la caída de la importancia relativa de las manufacturas en el conjunto de las actividades económicas y en una generalizada disminución del grado de integración nacional de la producción[7]) resultante no sólo de la reducción en la demanda de los bienes industriales de consumo masivo, sino también de una política de apertura y liberalización financiera que empuja a la disgregación de los capitales nacionales que confluían en la alianza policlasista. De allí que muchos de ellos desaparezcan, mientras que otros son desplazados hacia la comercialización y el resto queda fuertemente subordinado a la lógica del capital concentrado interno. El nuevo patrón de acumulación del capital también exige una redefinición del Estado, en la medida que su estructura y sus funciones reflejan aún la cristalización de la anterior relación de fuerzas sociales.

La disolución de la alianza entre los sectores nacionales y el nuevo comportamiento del núcleo central del capital concentrado posibilita asimismo concluir con el aislamiento anterior del sector agropecuario y con las pugnas entre los sectores urbanos y rurales. Así, el estancamiento productivo del agro pampeano, típico de la industrialización sustitutiva, es reemplazado por una tendencia expansiva de la producción y de la productividad que se basa en cambios sustantivos tanto en la tecnología incorporada y el proceso de trabajo, como en la composición de la producción agropecuaria.

Esta recomposición de la producción se articula férreamente con las

---

7 Es importante recordar que, como resultado de este proceso, la relación valor agregado/valor de producción de 1993, año del último relevamiento censal realizado en el país, es una de las más bajas de la historia industrial argentina (incluso inferior a la de 1935, momento en que había un escaso desarrollo industrial).

distintas transformaciones económicas globales que impulsa el nuevo proceso de acumulación dominante. Por un lado, las nuevas tendencias productivas están estrechamente vinculadas con la creciente expansión de la exportación de bienes primarios con ventajas comparativas naturales y con la notable disminución relativa del consumo asalariado. Por otra parte, todo parece indicar que la disolución, o la profunda alteración, del comportamiento tradicional de la producción pampeana basado en el "ciclo ganadero" está directamente relacionada con la consolidación de la valorización financiera. El comportamiento sectorial, especialmente el de los terratenientes pampeanos, ya no se define exclusivamente en base a la relación de precios agrícolas y ganaderos, sino que ahora se les agrega la tasa de interés[8].

En síntesis, ahora, el sector agropecuario, al mismo tiempo que se expande, se articula heterogéneamente con el proceso de acumulación dominante y esa vinculación se establece fundamentalmente a través de los grandes terratenientes pampeanos. Estos últimos logran superar el poder oligopsónico de los sectores fabriles y comerciales que integran los complejos agroindustriales gracias a una notable capacidad de negociación que les permite eludir, apoyados en un acelerado proceso de concentración y transformación de la producción, la principal restricción sectorial: el nivel de los precios y el acceso a los mercados

---

8   La existencia de tres precios relevantes –y no solamente dos: el agrícola y el ganadero– hace que en determinadas etapas (por ejemplo, a fines de los años setenta y comienzos de los ochenta) se canalice una parte sustancial de la renta hacia distintas formas de valorización financiera, mientras que en otras (en los años recientes) se incorporen recursos de fuera del sector (como es el caso de los Fondos de Inversión Agrícola) debido a que la rentabilidad del campo compite favorablemente con las diversas tasas de interés. Finalmente, la desregulación económica y la reestructuración estatal de los últimos años no sólo dan por terminadas las retenciones sobre las exportaciones, sino que al potenciar las economías de escala acentúan la heterogeneidad interna dando lugar a una alta rentabilidad para los terratenientes pampeanos y a una situación crítica de los pequeños y medianos propietarios rurales. Respecto de estas transformaciones recientes en la propiedad y la producción agropecuaria pampeana, ver Basualdo y Khavisse (1993); y Basualdo (1995).

internacionales. El resto de los productores, al no contar con esos atributos, apenas sobreviven o son expulsados de la actividad. Es decir, el capital más concentrado y diversificado pasa a hegemonizar un nuevo bloque en el poder que incorpora a las distintas fracciones del gran capital.

Estos cambios en el patrón de acumulación tienen una poderosa palanca en el endeudamiento externo. La desregulación financiera y la liberalización de los movimientos de capitales impulsan el rápido endeudamiento en el exterior. En 1983 casi el 70% de la deuda externa privada correspondía a 30 grupos económicos y poco más de cien conglomerados extranjeros y empresas transnacionales (Basualdo, 1987). Para esos capitales, el endeudamiento externo opera, sobre todo en el período 1976-1991, como una masa de capital líquido que se valoriza en el mercado interno debido a las notables diferencias que se registran entre las tasas de interés internas (a la cual colocaban los fondos) y las vigentes en el mercado internacional (a las que se endeudaban). De esta manera, la renta financiera obtenida se remite al exterior cumpliendo dos funciones. Por un lado, opera como una garantía ante los bancos del exterior que les permite obtener nuevos créditos y, por otro, es un capital que genera nuevas rentas financieras.

En esas circunstancias el Estado cumple un papel insustituible. En un primer momento, el endeudamiento estatal en el mercado interno mantiene las acentuadas diferencias positivas entre las tasas de interés internas y externas, mientras que su endeudamiento con el exterior permite obtener las divisas que el capital concentrado interno adquiere en el mercado cambiario y luego remite al exterior. Posteriormente, la importancia del Estado sigue siendo decisiva porque mediante los regímenes de seguro de cambio se hace cargo de una parte mayoritaria de la deuda externa de los grupos económicos, los conglomerados extranjeros y un conjunto de empresas transnacionales[9]. En consecuencia,

---

9   Es pertinente señalar que los subsidios derivados de la estatización de la deuda externa privada son sumamente significativos, en tanto involucran, hasta 1984, un monto equivalente a 9.000 millones de dólares de 1998.

esos capitales no pagan la deuda externa que contrajeron y logran eximir a sus depósitos en el exterior de funcionar como garantía de su endeudamiento con el exterior.

La asunción por el Estado de la deuda externa privada pone además en crisis su estructura de financiamiento, crecientemente agravada por las múltiples transferencias que realiza al capital más concentrado local bajo la forma de sobreprecios en sus compras, regímenes de promoción industrial, etc., al tiempo que su demanda de fondos en el mercado local mantiene las diferencias entre las tasas internas y externas de interés, realimentando el proceso de valorización financiera. Simultáneamente, la necesidad de divisas para pagar los servicios de la deuda impulsan la promoción de las exportaciones y el freno al nivel de actividad, así como una creciente dependencia de los organismos financieros internacionales, que se torna central en la definición de las políticas económicas.

Sin embargo la situación de los acreedores externos de la Argentina hacia fines de la década de los ochenta no deja de ser paradojal. Es indudable que, a través de los organismos internacionales de crédito, tenían capacidad como para delimitar las características globales de la política económica. No obstante, también hay claras evidencias de que las condiciones específicas que adoptan las políticas estatales estaban fuertemente influenciadas por los intereses particulares del capital concentrado interno. Esto determina que los acreedores externos sólo logren una participación secundaria en la redistribución del excedente interno, situación que alcanza su punto culminante en mayo de 1988, cuando la Argentina asume una moratoria externa de hecho, al suspender el pago de las obligaciones vinculadas con su endeudamiento con el exterior.

Esta contradicción entre el capital concentrado interno y los acreedores externos va a incidir acentuadamente en el estallido de la crisis hiperinflacionaria de 1989. Tanto es así que los bancos extranjeros son los que inician, en febrero de dicho año, la "corrida" en el mercado cambiario, desatando la primera crisis hiperinflacionaria que termina con el gobierno constitucional del radicalismo, adelantándose la asunción de la nueva gestión por el peronismo.

No se trata empero de un enfrentamiento entre los acreedores externos y una alianza de los sectores internos que buscan potenciar un proceso de acumulación de corte nacional; dicho conflicto se materializa, a partir de los intereses encontrados de los acreedores externos y de un capital concentrado interno que está internacionalizado financieramente, y conduce el proceso económico interno subordinando al Estado, centralizando el capital y concentrando el ingreso.

En el momento de la crisis, la relación entre el capital concentrado interno y los acreedores externos era compleja, porque involucraba acuerdos y discrepancias. Ambos coincidían en que, para dejar atrás la inédita crisis que afectaba a la economía argentina, se debía acentuar la concentración del ingreso y encarar la privatización de las empresas públicas. Esta última era insustituible para los acreedores externos, como una forma de recuperar, mediante la capitalización (rescate) de los bonos de la deuda externa, buena parte del capital adeudado, pero también era fundamental para la cúpula empresaria local porque de esa manera accedería a la propiedad de activos de gran magnitud, que exhibían una elevada rentabilidad potencial[10]. Más todavía si el Estado alentaba la transferencia de las empresas privatizadas al capital concentrado y, a la vez, establecía –como lo hizo posteriormente– condiciones para el funcionamiento de los servicios públicos que garantizarían la obtención de ganancias extraordinarias mediante la fijación de precios oligopólicos, el otorgamiento de diversos subsidios, y una regulación que –por acción u omisión– beneficiaría a los nuevos consorcios prestadores de esos servicios[11].

Las principales discrepancias entre ambos sectores del gran capital giraban en torno del destino que debían tener las transferencias estata-

10 La Ley de Reforma del Estado (N° 23.696 de 1989) estableció que las empresas públicas podían privatizarse mediante decretos del Poder Ejecutivo (artículo 9), y que los acreedores del Estado y/o sus empresas podían capitalizar sus créditos, lo cual permitió la posterior capitalización de títulos de la deuda externa por parte de diversos actores extranjeros y también de ciertos grupos económicos locales.
11 A este respecto, consultar Proyecto "Privatización y Regulación en la Economía Argentina" (1999).

les y al grado de exposición externa de las diferentes producciones locales. De allí que estas contradicciones se expresen tanto en el tratamiento y en el contenido de la Ley de Emergencia Económica (N° 23.697) de 1989, cuyo objetivo prioritario era reestructurar el gasto estatal y, en ese sentido, definir las nuevas formas de transferencias de recursos a la cúpula económica, como en la posterior desregulación económica que involucró la liberalización de algunos mercados, la remoción de barreras arancelarias y paraarancelarias, la consolidación de múltiples estructuras oligopólicas, etcétera.

Asimismo, como parte de este mismo proceso, desde 1990 en adelante comienza la negociación por el capital y los intereses adeudados a los acreedores externos privados, que culmina en 1992 con el firma del Plan Brady. A partir del mismo se salda la mencionada deuda, se establece un cronograma de pagos que le garantiza a los acreedores externos que no se repetirán en el futuro los incumplimientos de la década de los ochenta, y se accede nuevamente, en el marco de una acentuada liquidez internacional, a un abundante endeudamiento externo que se incrementa significativamente a partir de allí, tanto por parte del sector público como, especialmente, del propio sector privado.

Por lo tanto, si bien la salida de la crisis implica enfrentamientos entre ambas fracciones de los sectores dominantes, el costo del ajuste recae sobre los trabajadores (disminución en la participación en el ingreso, desocupación, precarización del empleo, etc.) y los activos públicos –capital acumulado socialmente–.

Los capitales que integran la cúpula económica comienzan a superar la profunda crisis desatada en 1989 a partir del Plan de Convertibilidad que se inicia en marzo de 1991. La rápida expansión que experimentan a partir de ese momento es simultanea con un cambio en el perfil sectorial de la cúpula, si bien éste no refleja en toda su magnitud las transformaciones que experimenta la estructura económica (cuadro N° 1).

En este sentido, se incrementa acentuadamente la participación en las ventas globales de las empresas comercializadoras (pasan de explicar el 8% en 1991 al 16% en 1997) como consecuencia del dinamismo de las firmas agroexportadoras tradicionales, que ya integraban la cúpula en los años ochenta, la expansión e incorporación de nuevas firmas en la distribución de medicamentos (droguerías), y la creciente concentración de la actividad comercial mayorista y minorista por parte de los hipermercados. También aumentan su participación (del 3% al 5%) los *holdings*, esto es, empresas cuyo grado de diversificación impide identificar su actividad principal, y entre las que se cuentan las pertenecientes a algunos de los grupos económicos más importantes del país (como Benito Roggio, Pérez Companc, Sideco y Sociedad Comercial del Plata) e, incluso, firmas decisivas en algunos de los conglomerados extranjeros más relevantes (como CEI Citicorp Holdings y Techint).

Cuadro N° 1
La cúpula empresaria en la Argentina
Evolución de las ventas según principal actividad económica, 1991-1997 (millones de dólares y porcentajes)

A) Valores absolutos y tasa anual acumulativa

	1991	1992	1993	1994	1995	1996	1997	T.A.A. 1991-97
Comercial	3.413	6.226	8.299	10.209	12.487	13.364	15.536	28,7
Holdings	1.438	1.692	2.258	2.753	3.177	3.842	4.435	20,6
Industrial	20.421	27.180	29.702	35.972	35.922	37.331	41.489	12,5
Petróleo	8.776	6.936	7.827	8.914	10.193	11.805	12.622	6,2
Servicios	10.209	13.317	13.921	15.725	17.928	18.838	20.785	12,6
Total	**44.257**	**55.351**	**62.007**	**73.573**	**79.706**	**85.180**	**94.867**	**13,6**

B) *Estructura porcentual*

	1991	1992	1993	1994	1995	1996	1997	Promedio 1991-97
Comercial	7,7	11,2	13,4	13,9	15,7	15,7	16,4	14,0
Holdings	3,2	3,1	3,6	3,7	4,0	4,5	4,7	4,0
Industrial	46,1	49,1	47,9	48,9	45,1	43,8	43,7	46,1
Petróleo	19,8	12,5	12,6	12,1	12,8	13,9	13,3	13,6
Servicios	23,1	24,1	22,5	21,4	22,5	22,1	21,9	22,4
Total	**100,0**	**100,0**	**100,0**	**100,0**	**100,0**	**100,0**	**100,0**	**100,0**

Fuente: Área de Economía y Tecnología de la FLACSO en base a Memorias y Balances de las empresas.

En cambio, la incidencia estructural de la industria disminuye de una manera ininterrumpida desde 1994 (pasa del 49% en ese año al 44% en 1997), aunque esta caída no refleja en toda su magnitud el proceso de "desindustrialización" debido a la intensidad que adquiere el proceso de concentración económica y centralización del capital dentro de la misma. Las firmas industriales que se ubican dentro de las 50 más grandes aumentan su facturación a una tasa superior a la de la cúpula en su conjunto (15,9%), mientras que las restantes –las más pequeñas dentro de las grandes firmas– lo hacen a una tasa significativamente más baja. Por lo tanto, la polarización que se produce en las empresas industriales (creciente contribución de las grandes firmas a las ventas sectoriales) oculta, cuando se analiza únicamente la evolución sectorial en su conjunto, el intenso proceso de "desindustrialización" de la cúpula (Basualdo, 2000).

Por otro lado, los servicios, y sobre todo la actividad petrolera, disminuyen también su participación, aunque las causas son diametralmente opuestas a las que caracterizan la situación industrial. La privatización de las empresas públicas contempló, en casi todos los casos, la subdivisión del patrimonio y de las actividades que desarrollaban las empresas estatales en un número variable, pero siempre significativo, de nuevas firmas que siguen siendo monopólicas u oligopólicas en sus respectivas áreas de influencia. Esto tiene un importante impacto sobre la participación de las ventas de estas actividades en la cúpula, porque al subdividirse las empresas originales y generarse otras muchas, algunas de ellas se ubican por debajo de las 200 firmas de mayores ventas y el resto, aunque forma parte de estas últimas, se localiza en posiciones de menor facturación que la empresa estatal privatizada[12]. A ello se agrega, en el caso de los servicios, la incorporación a la cúpula de una serie de firmas relacionadas con la prestación de nuevos servicios cuya demanda está vinculada con los sectores de ingresos relativamente más elevados (telefonía móvil, prestaciones médicas y televisión por cable) y que, por su facturación, también engrosan el número de compañías que se ubican en los tramos menores de la elite, acentuando de esta forma el efecto que resulta de las modalidades que adoptan las privatizaciones. En el caso del petróleo, a estos elementos se agrega la caída de su precio relativo.

La otra manifestación de la recomposición del capital concentrado interno está estrechamente relacionada con la anterior y consiste en el acelerado crecimiento del monto de las ventas realizadas por las 200 empresas de mayor facturación de la economía argentina.

Sin embargo, el aspecto realmente llamativo de este proceso es que los ingresos por ventas de estas empresas no sólo crecen más aceleradamente que el PBI, sino que además se trata de un crecimiento ininterrumpido, lo cual difiere del comportamiento del PBI, que tiene un comportamiento cíclico (en 1995, en un contexto de caída en la activi-

---

12 El caso de la privatización de Gas del Estado permite ilustrar este proceso de segmentación. Esta empresa estatal, que al momento de su privatización en 1992 estaba tercera en el *ranking* de ventas, se subdividió en diez empresas, dos de las cuales se ubican dentro de las primeras 50 en 1994 (Metrogás y Distribuidora de Gas Bs. As. Norte), mientras que otras dos se localizan dentro de las segundas 50 (Distribuidora de Gas Pampeana y Transportadora de Gas del Sur), y finalmente cinco más en las últimas 100 posiciones de la cúpula (Distribuidora de Gas del Sur, Distribuidora de Gas del Centro, Distribuidora de Gas Cuyana, Distribuidora de Gas del Litoral y Transportadora de Gas del Norte). Por lo tanto, hay una empresa descendiente de Gas del Estado que por sus ventas se ubica por debajo de las 200 de mayores ventas (Distribuidora de Gas Noroeste).

dad económica, la facturación agregada de la elite empresaria se expande en más de un 8%)[13].

La diferente evolución del PBI y de las ventas de la cúpula tiene una notable trascendencia en tanto indica que los cambios estructurales de esta década tienden a posibilitarle a esta última independizarse del ciclo económico. Todo parece indicar que esta autonomía de la cúpula empresaria respecto del ciclo se origina en la naturaleza financiera de la crisis de 1995 –en ese sentido, diferente a la que irrumpe a fines de 1998–, y en la notable incidencia en el comercio externo que tienen las grandes firmas[14], puesto que durante ese año la retracción del consumo es acompañada por un crecimiento muy acentuado de las exportaciones. Pero, más allá de esta peculiaridad, que incide en la magnitud de la diferencia entre la evolución del PBI y de las ventas de la cúpula, indica la capacidad que ésta ha adquirido para crecer a una tasa superior a la que exhibe el conjunto de la economía y la notable funcionalidad que asume la conjunción de las privatizaciones y la desregulación con el Plan de Convertibilidad para disciplinar a los trabajadores y conformar un patrón de acumulación que concentra el excedente en la cúpula y que autonomiza en gran medida sus ingresos de la evolución global de la economía.

Esto adquiere mayor relieve aún si se tiene en cuenta que la contrapartida de la independencia de la cúpula con respecto a la evolución de la economía es un proceso que se replica, con un signo inverso, en términos de los salarios. Todo parece indicar que la profunda redistribución del ingreso de las últimas décadas, en particular durante el período analizado, consolida a los sectores de altos ingresos como el componente más dinámico de la demanda agregada, al mismo tiempo

13 Este proceso se analiza con mayor detalle en el artículo de Daniel Azpiazu y Martín Schorr, que forma parte del presente libro.
14 Las doscientas firmas de mayor facturación generan aproximadamente el 60% de las exportaciones totales del país. Dado que sus importaciones rondan el 30% del total, tienen un saldo comercial fuertemente positivo y creciente entre 1993 y 1997, cuando el de la economía en su conjunto es negativo –y también creciente– en el tiempo (Basualdo, 2000).

que merman significativamente los ingresos de los asalariados, y que se incrementa dentro de la estructura del gasto de los hogares (en especial, los de menores recursos) la participación de los servicios en general, y de aquellos que fueron privatizados en particular.

Este creciente protagonismo de los sectores de altos ingresos en la demanda agregada tiende a debilitar el papel de los salarios como factor de demanda, y a jerarquizarlos fundamentalmente como un componente de los costos, lo cual está asociado a una disminución en la incidencia de los salarios en el ingreso nacional, tendencia que se afianza por el efecto "disciplinador" que tienen las crisis hiperinflacionarias de fines de los años ochenta y comienzos de los noventa, y la irrupción posterior de un inédito nivel de desocupación –la masa de desocupados comienza a operar, de allí en más, en el sentido clásico de un "ejército industrial de reserva" (Marx, 1968)–.

En este contexto, las tendencias de largo plazo parecerían abonar la hipótesis de que los salarios van modificando su relación con el ciclo económico de una manera inversa a la del capital concentrado. El inédito nivel de desocupación impulsado por los cambios en la organización del trabajo tendientes a aumentar su intensidad, la "desindustrialización", el perfil de los nuevos sectores dinámicos y el incremento en la tasa de actividad femenina como consecuencia de la caída en los ingresos del hogar y, en muchos casos, de la desocupación de su jefe, presiona –hacia abajo– al nivel promedio del salario independientemente de la evolución del ciclo y convalida un proceso agudo de precarización del empleo. En el contexto actual, la ocupación es la variable que se ajusta a los vaivenes de la actividad económica, elevándose levemente a medida que avanza la fase ascendente del ciclo, y descendiendo marcadamente cuando se contrae la producción, manteniendo el salario su tendencia decreciente.

En estas condiciones la principal línea de contradicciones es, aunque no se exprese en el sistema político, la que se establece entre el capital concentrado y el trabajo. Las bases económicas y sociales en que se sustenta el poder y la perdurabilidad de la alianza policlasista han desaparecido. La orientación del proceso de acumulación es impuesta por un capital concentrado que tiende a hegemonizar al capital en su conjunto y cuyo nivel de ganancias no depende del salario en cuanto factor de demanda, pero sí de su reducción como costo. En estas circunstancias, las demandas básicas de los trabajadores en cuanto a mayores niveles de ocupación y de ingresos quedan acotadas al requerimiento de medidas de emergencia para paliar la situación de los sectores más afectados, o bien se sitúan necesariamente, a diferencia de lo que ocurría en el período sustitutivo, fuera del marco de las contradicciones que enfrentan a las distintas fracciones del capital en el seno del patrón de acumulación dominante.

II. Las transformaciones en la composición de la cúpula durante la década de los noventa

El cambio en el patrón de acumulación que se consolida con el Plan de Convertibilidad está ligado a una modificación no sólo en el perfil sectorial de la cúpula, sino también en su composición, y ello da lugar a oposiciones crecientes en el seno de la misma cuyos alcances y efectos es menester analizar, sobre todo en su relación con la contradicción central entre el trabajo y el capital.

Los cambios estructurales de los años noventa no impulsan, en lo sustancial, una inusitada renovación de las firmas que integran la elite sino una acentuada reconfiguración de su propiedad que, mayoritariamente, no es acompañada por un cambio en la denominación de la empresa. El fenómeno predominante es la centralización del capital a través de la transferencia de las empresas estatales al capital privado y de la redefinición de las relaciones de propiedad en el seno de éste. Se trata de un proceso que se caracteriza por la extrema *celeridad* con que se llevó a cabo la transferencia de la casi totalidad de las empresas estatales al sector privado. Esa premura, que se explica por la necesidad de congregar el apoyo del *establishment* local e internacional, dio lugar a un cúmulo de "inconsistencias" que no sólo perjudicarían al Estado y a los sectores populares, sino que además tenderían a consolidar –bajo condiciones estructurales diferentes– el poderío económico, social y político de la misma fracción dominante del capital que se benefició con las políticas públicas desde la dictadura militar en adelante, ahora asociada a la banca acreedora externa y a determinadas empresas transnacionales.

En este contexto, si se considera a las sociedades que han permanecido en la cúpula durante todo el período 1991-1997 se verifica que éstas representan el 50% del total y alrededor del 70% de las ventas, lo que indica una relativa estabilidad basada en la permanencia de las empresas más grandes. El panorama es distinto si se agrega a la exigencia de permanencia en la cúpula durante todo el período, la de que su propiedad no haya experimentado cambios.

En este caso, las empresas que integraron durante los siete años la cúpula, y no registraron alteraciones en la propiedad de su capital suman 80; cantidad que representa el 40% del total, alcanzando una incidencia en las ventas totales que oscila entre el 40% y el 44%, según los años (cuadro N° 2) . El hecho que el 60% de las ventas totales de la cúpula sean realizadas por empresas que sólo accedieron a integrar la misma durante el período o que experimentaron modificaciones en su propiedad implica una gigantesca reestructuración en la cúspide del poder económico de la Argentina.

Cuadro N° 2
Distribución de la cantidad de empresas y de las ventas de la cúpula empresaria local según los años de permanencia de las firmas y las transferencias de capital, 1991-1997 (porcentajes)

	De 1 a 3 años		De 4 a 6 años		7 años		Total	
	Firmas	Ventas	Firmas	Ventas	Firmas	Ventas	Firmas	Ventas
1991	42,5	46,9	17,5	13,5	40,0	39,6	100,0	100,0
1994	20,0	11,3	40,0	45,0	40,0	43,7	100,0	100,0
1997	45,0	35,8	15,0	20,8	40,0	43,4	100,0	100,0

Fuente: Área de Economía y Tecnología de la FLACSO en base a Memorias y Balances de las empresas.

Esta reestructuración se manifiesta en la aparición de nuevos actores y en un cambio acentuado en la importancia relativa de los restantes. Como se visualiza en el cuadro N° 3, las empresas estatales disminuyen sus ventas muy acentuadamente entre 1991 y 1995 (-32,3% anual), debido a que su número se reduce drásticamente por su acelerada transferencia al sector privado. La contracara de esta desaparición de las firmas estatales está constituida por el crecimiento de las asociaciones, ya que allí se concentran las firmas privatizadas, una vez subdivididas de acuerdo con distintos criterios, según los servicios específicos que prestan en el mercado.

En la propiedad de todas ellas convergen varios de los grupos económicos locales y de los conglomerados extranjeros más importantes de la cúpula empresaria en la década anterior, con capitales foráneos que inician sus actividades en el país. De esta manera, cobra entidad una forma de propiedad inédita en la economía local que impulsa la conformación de una "comunidad de negocios" entre los capitales más poderosos de la economía local; la cual adquiere una notable capacidad para influir sobre el sistema político y el rumbo de la economía en su conjunto (Basualdo, 2001).

Por su parte, los grupos económicos mantienen una importante presencia, superior a la de todos los restantes actores, salvo las asociaciones. La inserción sectorial de las empresas controladas por los conglomerados de origen nacional es fuertemente industrial (con eje en la producción de bienes agroindustriales e intermedios), pero su diversificación estructural se extiende a un amplio espectro de actividades, algunas de las cuales no aparecen representadas –por carencias de información– en la elite empresaria, pese a su indudable importancia económica, como es el caso de la producción agropecuaria. No obstante, su diversificación más importante consiste en las múltiples participaciones de capital que tienen en los consorcios que se constituyen durante esos años, pues son los accionistas más relevantes en las asociaciones.

La facturación de los conglomerados extranjeros crece, durante este primer período, por debajo del promedio, pero algunos de sus integrantes también adquieren participaciones en el capital de los consorcios que se hacen cargo de las empresas privatizadas. Las ventas de las empresas transnacionales aumentan en cambio aceleradamente. Se trata del tipo de capital extranjero que se había retraído acentuadamente en la década de los ochenta y su retorno al país en los primeros años del decenio pasado es acorde con las nuevas circunstancias económicas, sustentándose en la comercialización o los servicios, y no en la producción industrial, que era la actividad típica que desarrollaban durante la sustitución de importaciones. Por lo tanto, la renovada presencia de estos capitales en la economía argentina acompaña al otro cambio en su comportamiento tradicional, como es la tendencia a la asociación con capitales locales.

Cuadro Nº 3
La cúpula empresaria en la Argentina. Tasa de crecimiento de las ventas, participación en la facturación y cantidad de firmas según tipo de empresa, 1991-1997 (porcentajes y valores absolutos)

	Tasa de crecimiento (%)			Participación promedio en las ventas totales (%)			Cantidad promedio de firmas		
	1991/97	1991/95	1995/97	1991/97	1991/95	1995/97	1991/97	1991/95	1995/97
Estatales	-26,6	-32,3	-14,0	7,6	10,5	2,7	8,9	11,0	4,0
ELI	14,0	22,4	-1,1	11,8	12,1	11,6	38,0	40,0	34,7
GG.EE	10,6	16,0	0,6	20,8	21,8	19,9	53,9	57,2	47,7
ET	26,9	28,7	23,3	14,7	12,2	17,7	34,9	29,6	43,7
CE	20,1	14,7	31,7	16,6	14,8	18,1	29,0	29,0	27,7
Asociaciones	27,7	42,9	2,0	28,7	28,6	30,0	35,4	33,2	42,3
Total	**13,6**	**15,8**	**9,1**	**100,0**	**100,0**	**100,0**	**200**	**200**	**200**

ELI: Empresa local independiente.
GG.EE.: Empresa perteneciente a un grupo económico local.
ET: Empresa transnacional.
CE: Empresa perteneciente a un conglomerado extranjero.
Fuente: Área de Economía y Tecnología de la FLACSO en base a Memorias y Balances de las empresas.

Por último, las empresas locales independientes también se expanden a tasas significativamente altas, pero comienzan ya a perder importancia en la producción industrial, orientándose crecientemente hacia la actividad comercial.

A partir de 1995 se alteran drásticamente las tendencias vigentes durante el primer quinquenio de la década. Se trata de un proceso complejo vinculado con cambios acentuados en la propiedad de las empresas líderes, en el cual nuevamente las transformaciones que se registran en la propiedad de las empresas privatizadas cumplen un papel central, al mismo tiempo que dichas firmas mantienen su importancia en términos de las ventas y, especialmente, la rentabilidad de la cúpula, lo cual no se refleja en la evolución de las asociaciones por la influencia que ejerce la disolución de algunos consorcios no relacionados con las privatizaciones (principalmente por la disolución de la empresa automotriz Autolatina).

Por su parte, los dos tipos de capital extranjero exhiben una evolución opuesta a la de los grupos económicos, la cual no es casual ya que se trata de los principales compradores de los activos que enajenan el resto de los tipos de firma. En términos estrictos, el avance de los conglomerados extranjeros y las empresas transnacionales se origina en dos procesos complementarios: la instalación de nuevas compañías y la adquisición de firmas ya instaladas, así como en el dinamismo de sus ventas, especialmente en la comercialización y la producción automotriz, sector industrial que goza de un régimen de protección excepcional.

Asimismo, la participación de los grupos económicos registra un estancamiento que –en el contexto de un aumento de las ventas de la cúpula– trae aparejado un marcado y creciente retroceso relativo que es imputable a la transferencia parcial o total del capital de numerosas firmas, lo cual es acompañado por una acentuada disminución de su importancia dentro de las asociaciones. Finalmente, las empresas locales independientes, también debido a las ventas de capital, pierden relevancia en el trienio 1995-1997 y su contenido comercial se hace patente, llegando a tener una escasa trascendencia industrial incluso en la producción de alimentos y bebidas, que fueron sus pilares históricos durante la sustitución de importaciones.

Estos cambios no implican, empero, que los grupos desaparezcan como actores relevantes de la cúpula. La participación promedio en las ventas de la elite empresaria que alcanzan estos capitales durante los últimos tres años de la serie bajo análisis supera a la que obtienen en ese lapso tanto los conglomerados extranjeros como las empresas transnacionales. Por otra parte, los grupos constituyen la forma de propiedad que obtiene, luego de las asociaciones, la rentabilidad más elevada de toda la cúpula empresaria. Además, en 1997, estos actores se ubican como los segundos accionistas de las asociaciones y parece haberse ampliado su diversificación hacia actividades tradicionalmente relevantes en la economía argentina, como es la producción agropecuaria pampeana y extrapampeana. Finalmente, y no menos importante, hay que destacar que son los integrantes de la cúpula con mayor saldo comercial debido a su notable inserción exportadora.

A todos estos factores hay que agregar otro vinculado con las transferencias de capital. A partir de 1993 –luego del auge de las privatizaciones de las empresas públicas– los grupos económicos reinician una muy acentuada transferencia de recursos al exterior, lo que indica que se está, fundamentalmente, ante una reestructuración entre sus activos fijos y financieros, los que en conjunto se acrecentaron notoriamente durante la década (Basualdo y Kulfas, 2000).

De esta manera, se pone de manifiesto que la consolidación del patrón expansivo de la cúpula no ha desplazado la importancia de la valorización financiera. Sin embargo, las evidencias disponibles parecen indicar que –a diferencia de lo que ocurre en los años ochenta– la remisión de ahorro interno al exterior no es únicamente la contrapartida de un endeudamiento destinado a aprovechar la diferencia existente entre la tasa de interés interna e internacional, sino que además está impulsada por la adopción de otras modalidades para aprovechar las diferenciales entre las mencionadas tasas de interés, así como por la irrupción de otros factores inexistentes en la década anterior.

Respecto de los nuevos mecanismos para usufructuar las diferencias entre la tasa de interés interna e internacional, todo parece indicar que, en el marco de la tasa de cambio fija y de los límites que la misma impone, los grupos económicos destinan una parte significativa del

Enrique Arceo y Eduardo M. Basualdo

excedente fugado al exterior a adquirir bonos y títulos emitidos por el Estado o, incluso, por el propio sector privado local (por ejemplo, las obligaciones negociables), lo cual les permite conjugar la obtención de una renta diferencial y evitar el riesgo cambiario, apareciendo como cualquier otro acreedor externo. El resto del capital fugado lo destinan a realizar inversiones directas en el exterior, siempre que su rentabilidad sea equiparable con la interna, o a efectuar inversiones financieras con una rentabilidad superior a la media internacional.

A su vez, los nuevos factores que inciden en la salida de capital local al exterior están relacionados con las ventas de empresas, especialmente de sus paquetes accionarios pertenecientes a las empresas privatizadas de mayor rentabilidad. Al respecto, cabe señalar que sobre estas transferencias inciden diversos elementos. Por cierto influye, sobre todo en algunos casos, la mayor capacidad económica y financiera de los conglomerados extranjeros y de las empresas transnacionales, y la consiguiente amenaza que ello representa en términos competitivos; pero dichas diferencias existían –y eran aún más acentuadas– a comienzos de la década pasada, momento en el cual los grupos económicos son compradores –y no vendedores– de activos económicos. El incremento y el nivel alcanzado en el endeudamiento interno y externo también parece ser un elemento que influye en las decisiones de venta. Sin embargo, tampoco este elemento parece ser decisivo –salvo en casos como el del grupo económico Soldati– dada la rentabilidad que obtienen los grupos económicos y la significativa masa de capital líquido que mantienen en el exterior.

El punto fundamental parece estar relacionado con el hecho de que los consorcios privados –constituidos en la mayoría de los casos por grupos económicos, conglomerados extranjeros, empresas y bancos transnacionales– se hacen cargo de las empresas públicas pagándole al Estado no sólo precios subvaluados sino con un alto componente en bonos de la deuda externa. Por otra parte, la transferencia de empresas monopólicas u oligopólicas con mercados cautivos es acompañada por marcos regulatorios que por su precariedad, en algunos casos, e intencionalidad, en otros, no hacen más que aumentar la capacidad de estas asociaciones para imponer sus intereses en la estructura de precios relativos y en el funcionamiento general de los mercados, lo cual les garantiza una elevada y creciente rentabilidad. La conjunción de estos dos factores (bajo precio inicial y creciente rentabilidad) da como resultado una acelerada revaluación patrimonial en términos económicos que sólo puede realizarse en el mercado cuando se transfiere la correspondiente participación accionaria en el consorcio[15].

La compraventa implica, para el adquirente, acceder a activos que arrojan beneficios particularmente elevados en términos internacionales y para el vendedor realizar una ganancia patrimonial sustrayéndose al riesgo de que un incremento de la competencia o un cambio en los marcos regulatorios disminuya el monto de sus activos. Se trata, para este último, de una operación destinada a preservar una ganancia patrimonial extraordinaria que tiene una importancia fundamental respecto al total de sus activos, aunque ello implique obtener luego, sobre éstos, una rentabilidad menor.

En consecuencia, se confrontan, en estas ventas, dos lógicas claramente diferenciadas: la de las empresas transnacionales y conglomerados extranjeros que buscan, a través de la adquisición, aumentar su tasa de ganancia a nivel mundial; y la de los grupos económicos locales que procuran consolidar la gigantesca ganancia patrimonial obtenida en razón de las condiciones de compra de las empresas estatales, incrementando con ello, al menos temporalmente, su carácter de inversionistas financieros, pero también el grado de internacionalización de su capital.

Este repliegue de los grupos económicos en la economía real tiene importantes implicancias. Ellos garantizaban la articulación de las grandes firmas entre sí y de todas ellas con el sistema político, y pierden gravitación, especialmente, en el espacio económico en donde confluyen con los otros capitales, es decir en las asociaciones. Por otro lado, los capitales que más se expanden durante estos años –los conglomerados extranjeros– se consolidan fundamentalmente sobre la base de sus

---

15 A este respecto, consultar Azpiazu y Schorr (2001a); y Basualdo (2000).

empresas controladas, debilitando también su ya escasa presencia en las asociaciones. Los cambios estructurales tienden entonces a generar una creciente autonomía de las asociaciones, que constituían un espacio relevante en la articulación y síntesis de las distintas expresiones del gran capital.

Estos elementos indican que se están gestando nuevas contradicciones dentro de los sectores dominantes. Las reformas estructurales de comienzos del decenio pasado permitieron a éstos superar, a costa de los activos estatales y de los ingresos de los asalariados, la profunda brecha que separaba a los acreedores externos del capital concentrado interno y conformar un bloque de poder que exhibía una significativa homogeneidad. A partir de mediados de la década, esta situación empieza a modificarse al comenzar a disgregarse la "comunidad de negocios" que se sustentaba en los consorcios y esbozarse nuevos enfrentamientos entre las distintas fracciones del capital que componen la cúpula empresaria.

Los grupos económicos procuran recrear para sí nuevos espacios de acumulación interna a fin de ampliar su poder dentro de la economía local sobre la base de su patrimonio acrecentado y evitar su transformación de capitalistas con activos fijos en meros rentistas. Dentro de esta línea es que, sobre la base de su importante inserción industrial y de las ventajas políticas e ideológicas que les otorga el origen de su capital, desarrollan posiciones que reflotan las de la "burguesía nacional" durante la sustitución de importaciones. Reivindican, así, su carácter nacional frente al avance del capital extranjero –aspecto esgrimido especialmente por el grupo económico SOCMA– y la necesidad de encarar la reindustrialización en base a los empresarios locales –posición cuyo principal defensor es, *paradójicamente*, el conglomerado extranjero Techint–. Se trata de un discurso que, al confrontar el "capital nacional" contra "el capital extranjero", oculta las acentuadas disparidades que se despliegan, dentro del capital local, entre los grupos económicos y las empresas independientes y, dentro del capital extranjero, entre las empresas transnacionales y los conglomerados.

Estas diferencias aluden a la existencia de agentes económicos tan distintos como lo eran las empresas nacionales de las extranjeras durante la sustitución de importaciones. En la actualidad, existen mayores semejanzas entre los grupos económicos y los conglomerados extranjeros – principales vectores del proceso de extranjerización–, que entre los primeros y las empresas locales independientes. Ello, por cuanto ambos tipos de capital desarrollan una amplia gama de relaciones económicas basadas en las articulaciones que se establecen entre sus múltiples firmas controladas y/o vinculadas radicadas en el país. Esta estructura les posibilita realizar transacciones entre sociedades cuyas actividades están relacionadas mediante operaciones de compraventa y que, al concretarse a través de precios de transferencia, permiten canalizar recursos hacia una u otra empresa; facilita también el financiamiento directo entre las empresas controladas, incluso en los casos que las sociedades desarrollan actividades absolutamente desvinculadas entre sí, o el indirecto, mediante la transferencia de acciones entre las empresas controladas. Es más, sus semejanzas llegan al punto que ciertos conglomerados extranjeros integran dentro de su estructura de empresas a diversas firmas agropecuarias, las cuales obviamente funcionan articuladamente con el resto de las firmas controladas y/o vinculadas pero realizando también transacciones propias de la actividad agropecuaria posibilitadas por la acentuada diversificación de sus producciones (sus campos se sitúan en distintos partidos de diferentes regiones productivas)[16].

Estas semejanzas estructurales otorgan a los grupos y a los conglomerados extranjeros una alta independencia de la coyuntura y de las limitaciones que pretendiera imponerles la política económica estatal, ventaja de la que carecen otros actores. Asimismo, la similitud entre ellos se ha visto particularmente acentuada por la internacionalización de los grupos mediante la fuga de capitales, lo cual expresa que ambos

---

16 Más aún, algunos conglomerados extranjeros tradicionales controlan la propiedad de sus tierras combinando las sociedades y otras formas de propiedad que son peculiares del sector agropecuario. El caso más notorio, en este sentido, es el conglomerado perteneciente a la familia Bemberg, que controla una parte de sus tierras mediante diversos condominios (Basualdo y Khavisse, 1993).

actores operan sobre la base de parámetros que exceden largamente la escena local.

En consecuencia, se está en presencia de un hecho fundamental. Durante el proceso sustitutivo de importaciones, la contradicción entre el capital transnacional y la alianza policlasista suponía, por parte del capital nacional que integraba esta última, una conducta diferenciada en cuanto al destino del excedente y a la estrategia de expansión. En el marco del actual patrón de acumulación, en cambio, no sólo la cúpula tiende a independizar su evolución de la del conjunto de la economía, lo que resultaba imposible en el anterior patrón, sino que además adquiere una nueva homogeneidad en cuanto a la estructura y el comportamiento de sus principales actores, reforzando, así, el desplazamiento de la contradicción dominante hacia la oposición capital-trabajo.

Obviamente, esto no excluye que existan, en algunos terrenos, confrontaciones objetivas entre los grupos locales y el capital extranjero. Esto es claro en la discusión, que tiende a plantearse como producto de las reiteradas crisis que se suceden desde 1995, en torno de la manera que deben modificarse algunos de los factores centrales del Plan de Convertibilidad, como es la tasa de cambio fija. Desde esta óptica específica, es evidente que para los conglomerados extranjeros y las empresas transnacionales una eventual modificación de la tasa de cambio traería aparejada una caída de sus ventas, en términos de dólares y, fundamentalmente, en el valor de sus activos, equivalente a la proporción en que se devalúe el signo monetario. Por el contrario, para los grupos económicos, y todos los que han vendido activos y los han transformado en activos líquidos dolarizados, la mayoría de los cuales se encuentra invertido en el exterior, una eventual modificación del tipo de cambio implica una ganancia de capital en términos de pesos proporcional a la modificación en el valor del signo monetario local.

Por supuesto, dentro de cada una de estas situaciones se despliega un conjunto de diferencias vinculadas con el tipo de inserción externa, los montos invertidos en capital fijo, etc. Sin embargo, parece poco discutible que este factor ha influido para que las empresas transnacionales y los conglomerados extranjeros impulsaran el proyecto de "dolarización" de la economía argentina, mientras que los grupos económicos apoyaran las distintas variantes que proponían una modificación del tipo de cambio. No obstante, debe subrayarse que el terreno común en que se sitúan ambas posiciones es la intención de superar los problemas que enfrenta la economía argentina mediante una nueva caída de los salarios.

LOS IMPACTOS DE LAS PRIVATIZACIONES SOBRE EL MERCADO DE TRABAJO: DESOCUPACIÓN Y CRECIENTE PRECARIZACIÓN LABORAL[*]

POR MARISA DUARTE[**]

I. INTRODUCCIÓN

Uno de los postulados planteados en la Ley de Reforma del Estado era la necesidad de proteger el empleo en las empresas públicas a privatizar, así como también las propias condiciones de trabajo. Sin embargo, las formas bajo las que se desarrolló la acelerada política privatizadora en poco se condice con esas argumentaciones político-institucionales originales. Muy por el contrario, uno de los principales efectos del proceso privatizador fue su notable impacto en términos de expulsión de mano de obra y de deterioro de las condiciones de trabajo.

II. LA PRIVATIZACIÓN Y EL VOLUMEN DE EMPLEO DE LAS EMPRESAS

El empleo de las empresas estatales representaba en 1985 el 36,1% del empleo total del sector público, en 1992 el 21,3% y en 1997 sólo el 6,5% (comprendiendo a los entes residuales). Como puede verse en el cuadro N° 1, la reducción calculada sobre el total del empleo de las empresas de servicios públicos es de casi el 70% entre 1985 (100) y 1998 (31,7). No obstante, la evolución del índice es desigual según los sectores de actividad variando no sólo en su contemporaneidad sino también en su intensidad.

* Este trabajo es una versión resumida del artículo "Los efectos de las privatizaciones sobre la ocupación en las empresas de servicios públicos", publicado en *Realidad Económica*, N° 182, 2001.
** La autora agradece los comentarios de Daniel Azpiazu, Martín Schorr, Ricardo Ortiz y Miguel Khavisse.

El sector de telecomunicaciones, cuya privatización se realizó en noviembre de 1990, redujo a más de la mitad su planta de personal operándose el grueso de la disminución entre 1990 y 1994 pero manteniendo una tendencia homogéneamente decreciente desde aun antes de la privatización (más precisamente desde 1988). Ello responde, en lo sustantivo, al "trabajo sucio" (Abeles, 2001) previo a la privatización de ENTel que se realizó desde el Estado consistente en el despido de trabajadores, el incremento de la deuda de la empresa y el aumento de las tarifas. Ese proceso persistió una vez privatizada la empresa estatal, en tanto las prestadoras privadas (Telefónica de Argentina y Telecom Argentina) continuaron con la política de expulsión de trabajadores y de terciarización de diversas actividades.

La empresa de correo postal disminuye empleos en forma gradual pero con un pico de caída entre 1991 y 1992, luego mantiene la magnitud del empleo hasta la brusca contracción, de 1997/98 contemporánea con su privatización. Por su parte, la firma estatal de aeronavegación incorporó empleados en forma gradual hasta 1990 cuando se produjo su transferencia al sector privado; a partir de allí se inició un acelerado proceso de expulsión de personal (muy particularmente entre 1991 y 1993)

El comportamiento de la empresa de aguas y cloacas, privatizada en mayo de 1993, es diferente debido a lo temprana de la primera reducción que se opera entre 1989/90 e involucra diez puntos del índice. De todas maneras, es en el marco de la privatización de Obras Sanitarias de la Nación y de la posterior gestión privada cuando se profundiza esa política de expulsión de mano de obra.

El sector de energía eléctrica, cuyo traspaso al sector privado se inició en julio de 1993, revela un fuerte reducción de personal en el bienio 1992/93 (el índice decae de 86,8 a 50,5), para luego enmarcarse en un sesgo decreciente pero de muy inferior intensidad.

En el ámbito de los ferrocarriles, que se privatizaron a lo largo de 1992, es donde se manifiesta la mayor expulsión de mano de obra (en el trienio 91/93 la reducción es de 60 puntos), resultando particularmente intensa en el período inmediato anterior a su transferencia al capital privado.

El sector gasífero denota una de las transformaciones más sustantivas, coincidente con su transferencia al sector privado (en enero de 1993): entre 1992 y 1993 se produce una caída del empleo de alrededor de 50 puntos. En otras palabras, las ocho distribuidoras y las dos transportistas que se hicieron cargo de Gas del Estado redujeron el personal de esta última a la mitad.

El cuadro N° 2 muestra en valores absolutos que en 1985 los empleados de las empresas estatales consideradas eran 243.354, en 1998 las empresas privatizadas seleccionadas ocupan 75.770 empleados en total. En 1985 el empleo de las empresas de servicios públicos explicaba 2,3 puntos de la Población Económicamente Activa (PEA), mientras que hacia 1998 sólo concentraban el 0,1% de la misma. Si bien el porcentaje es reducido en cuanto a su gravitación relativa en la PEA, en términos del mercado de trabajo, al que se refiere la variación analizada, el empleo actual es 23 veces inferior al generado a mediados de los ochenta.

La estructura porcentual (cuadro N° 3) muestra cómo se modificó la composición del empleo por sector de actividad. Así como en 1985 el principal demandante de mano de obra era el transporte ferroviario (con un aporte del 42,3%), a partir de 1993 fluctúa alrededor del 20 % del personal, habiéndose incrementado en diez puntos porcentuales el aporte del sector telefónico.

Los sectores que mantuvieron su participación relativa en el total del empleo fueron energía eléctrica y gas natural. Por el contrario, y a pesar de que también son sectores expulsores de mano de obra, aumentó la participación del empleo del transporte aéreo, de correos y telégrafos y telefonía, asociado con que los demás sectores despiden trabajadores en mayor proporción.

Cuadro N° 1

Empresas de servicios públicos seleccionadas. Índice de empleo desagregado por sector de actividad, 1985-1998 (base 1985=100)

Empresas	Fecha de privatización	1985	1986	1987	1988	1989	1990	1991	1992	1993	1994	1995	1996	1997	1998
Telefonía	Nov-90	100,0	98,2	97,9	99,4	96,6	93,4	85,3	78,7	73,5	66,9	64,4	59,3	50,3	47,9
Correos	Nov-97	100,0	97,1	96,0	90,3	91,1	88,6	77,7	60,7	60,7	50,4	45,7	45,8	51,3	39,9
Transp. aéreo	Nov-90	100,0	97,8	97,4	98,2	102,2	103,2	91,0	78,8	59,0	60,2	54,1	49,5	46,0	45,5
Agua y cloacas	May-93	100,0	98,4	98,0	98,4	97,1	87,0	87,0	83,9	66,7	53,0	42,2	43,6	45,2	44,9
Energía eléctrica	Jul-93	100,0	97,2	99,8	102,3	104,9	103,3	95,6	86,8	50,5	44,6	40,5	37,0	33,2	31,4
Transp. ferrovial	Nov-91-Nov-92	100,0	97,0	94,4	94,7	91,5	87,4	83,5	65,6	21,9	19,4	15,8	15,8	15,2	15,3
Gas	Dic-92	100,0	95,6	93,6	98,5	102,9	104,4	106,4	102,4	57,2	55,5	55,1	54,1	53,0	50,2
Total		**100,0**	**97,3**	**96,1**	**96,0**	**94,76**	**91,6**	**85,3**	**72,0**	**45,9**	**40,7**	**36,8**	**35,3**	**33,8**	**31,1**

Fuente: Área de Economía y Tecnología de la FLACSO en base a información de la SIGEP y Memorias y Balances de las empresas.

Cuadro N° 2

Empresas de servicios públicos seleccionadas. Volumen de empleo total desagregado por sector de actividad, 1985-1998 (miles)

Sector	1985	1986	1987	1988	1989	1990	1991	1992	1993	1994	1995	1996	1997	1998
Telefonía	47,1	46,3	46,1	46,8	45,5	44,0	40,2	37,0	34,6	31,5	30,3	27,9	23,7	22,6
Correos	41,5	40,3	39,8	37,5	37,8	36,7	32,2	25,2	25,2	20,9	19,0	19,0	21,3	16,5
Transp. aéreo	10,6	10,3	10,3	10,4	10,8	10,9	9,6	8,3	6,2	6,4	5,7	5,2	4,9	4,8
Agua y cloacas	9,6	9,5	9,4	9,5	9,4	8,4	8,4	8,1	6,4	5,1	4,1	4,2	4,4	4,3
Energía eléctrica	21,7	21,1	21,7	22,2	22,8	22,4	20,8	18,8	11,0	9,7	8,8	8,1	7,2	6,8
Transp. Ferrovial	102,9	99,9	97,2	97,5	94,2	90,0	85,9	67,5	22,5	19,9	16,2	16,2	15,6	15,7
Gas	9,8	9,4	9,2	9,7	10,2	10,3	10,5	10,1	5,6	5,5	5,4	5,3	5,2	5,0
Total	243,3	236,8	233,8	233,6	230,6	222,8	207,6	175,1	111,5	99,0	89,6	86,0	82,2	75,8

Fuente: Área de Economía y Tecnología de la FLACSO en base a información de la SIGEP y Memorias y Balances de las empresas.

Cuadro N° 3

Empresas de servicios públicos seleccionadas. Evolución de la estructura porcentual del empleo según sector de actividad, 1985-1998 (porcentajes)

Sector	1985	1986	1987	1988	1989	1990	1991	1992	1993	1994	1995	1996	1997	1998
Telefonía	19,35	19,53	19,72	20,04	19,72	19,74	19,35	21,15	31,01	31,80	33,87	32,48	28,80	29,76
Correos	17,05	17,01	17,03	16,04	16,39	16,49	15,52	14,37	22,56	21,13	21,18	22,09	25,86	21,84
Transporte aéreo	4,34	4,36	4,40	4,44	4,68	4,89	4,63	4,75	5,59	6,42	6,37	6,07	5,91	6,34
Agua y cloacas	3,97	4,01	4,04	4,06	4,06	3,77	4,05	4,62	5,77	5,17	4,54	4,89	5,31	5,72
Energía eléctrica	8,94	8,92	9,28	9,52	9,89	10,08	10,01	10,78	9,84	9,80	9,83	9,36	8,77	9,02
Transp. ferrovial	42,30	42,18	41,58	41,73	40,86	40,40	41,39	38,55	20,18	20,14	18,13	18,89	18,98	20,77
Gas	4,06	3,99	3,96	4,16	4,41	4,63	5,06	5,78	5,06	5,53	6,08	6,21	6,37	6,54
Total	100,00	100,00	100,00	100,00	100,00	100,00	100,00	100,00	100,00	100,00	100,00	100,00	100,00	100,00

Fuente: Área de Economía y Tecnología de la FLACSO en base a información de la SIGEP y Memorias y Balances de las empresas.

III. La privatización y el desmembramiento de las empresas

En la serie construida, las 7 empresas estatales que se consideraron al inicio del período (ver el cuadro anexo)[1] se desarticularon en 33 empresas privatizadas al final de la serie bajo la propiedad de un reducido número de grupos económicos y grandes empresas extranjeras. El promedio del personal ocupado por las primeras (7) era de 34.764 personas en 1985 y de 31.827 en 1990 (9% menos), mientras que las 33 segundas ocupan en promedio 3.381 personas en 1993 y 2.296 en 1998, es decir un 32% menos en cinco años y más del 90% menos que sus antecesoras estatales.

La disminución del volumen de empleo se produjo fundamentalmente entre los años 1991 y 1992, que en muchos casos es el período previo a la privatización. Cabe aclarar que las empresas una vez declaradas "sujetas a privatización" pasaron inmediatamente por un período de reestructuración consistente, entre otros, en programas de "racionalización" del personal llevados a cabo por el Estado. En casos como ENTel (Abeles, 2001) y Metrovías (Memoria y Balance, 1993) dicho proceso fue acompañado también por importantes cambios en las condiciones laborales, tales como el incremento en la duración de la jornada de trabajo. En efecto, la reducción al mínimo de los plantels, avalado por las políticas de Estado, fue una constante previa a la toma de posesión de las empresas por parte del sector privado. El Estado respaldó no sólo la política de expulsión de empleados que conllevó el proceso de privatizaciones, sino también las políticas referidas a las condiciones laborales posteriores a la transferencia de sus empresas.

Luego de la gran reducción de empleo operada entre 1991/92 que involucró a más de 100.000 ocupados, el dato de 1993 es el nuevo techo a partir del cual decrece el empleo de las empresas de servicios públicos.

---

1   En el sector eléctrico sólo se consideró a Segba y a sus sucesoras privadas, esto es, no se tomaron ni Agua y Energía Eléctrica ni Hidronor, debido a las dificultades para establecer continuidades y de acceso a la información.

Como se visualiza en el cuadro N° 4, la variación del volumen de empleo 1990/1985 es del -8,4%, la reducción entre 1993/1990 es del 49,9% y durante el último período (1998/1993) el empleo disminuyó en un 32,1%. En el período 1990-1993 el empleo se redujo, en términos absolutos, de 222.792 a 111.583 puestos de trabajo. Se concluye que el tercer período (que corresponde a las empresas ya privatizadas) se parece más al segundo (al de implementación de las privatizaciones) que al de operatoria estatal de las empresas. En realidad, el proceso de reestructuración de las firmas habría instaurado un régimen progresivamente expulsor de mano de obra (Geldstein, 1997).

Cuadro N° 4
Evolución del empleo en las empresas seleccionadas, 1985/90 y 1993/98 (valores absolutos y porcentajes)

Período 1985/90	Empleo de las EE.EE.
1985	243.354
1986	236.850
1987	233.832
1988	233.638
1989	230.601
1990	222.792
Variación 1985/90 (%)	**-8,45**
1993	111.583
1994	99.017
1995	89.576
1996	86.011
1997	82.222
1998	75.770
Variación 1998/93 (%)	**-32,1**

Fuente: Área de Economía y Tecnología de la FLACSO en base a información de la SIGEP y Memorias y Balances de las empresas.

Recuérdese que la reducción 1990/1985 del 8,5% es la menos notoria comparada con la de los años siguientes. A juicio de Bonifacio (1986) la "fuerte" reducción que se produjo entre los años 1980/1975 había alcanzado el 5%, cifra que se revelaría mínima a la luz de la magnitud de las transformaciones operadas en el empleo estatal de las dos décadas siguientes.

En el cuadro N° 5 se presenta la información desagregada según el número de empresas privatizadas para cada año.

Cuadro N° 5
Empresas de servicios públicos seleccionadas. Evolución de la cantidad de puestos de trabajo, 1985-1998 (valores absolutos)

	Empresas Estatales		Empresas Privatizadas	
	Nro. empresas	Ocupados	Nro. empresas	Ocupados
1985	7	243.354	0	0
1986	7	236.850	0	0
1987	7	233.832	0	0
1988	7	233.638	0	0
1989	7	230.601	0	0
1990	7	222.792	0	0
1991	4	125.628	4	82.007
1992	1	18.883	32	156.271
1993	1	25.169	32	86.414
1994	1	20.926	32	78.091
1995	1	18.969	32	70.607
1996	1	19.000	32	67.011
1997	1	21.261	32	60.961
1998	0	0	33	75.770

Fuente: Área de Economía y Tecnología de la FLACSO en base a información de la SIGEP y Memorias y Balances de las empresas.

Existen algunas características del proceso de privatización de las empresas estatales que merecen remarcarse. El proceso implicó la transformación de la empresa original en una nueva, con otra razón social –bajo la forma jurídica de Sociedad Anónima– pero con menos puestos de trabajo. Es el caso de Obras Sanitarias de la Nación, Aerolíneas Argentinas y Encotel que pasan a llamarse Aguas Argentinas, Aerolíneas Argentinas y Correo Argentino. Las restantes empresas se convirtieron en varias otras de menor envergadura. En cualquiera de los casos poseen un nivel de empleo global mucho menor que su antecesora estatal. Las privatizaciones se realizaron predominantemente entre 1992 y 1993, mientras que la reducción de puestos de trabajo comenzó antes y se mantuvo durante los años siguientes.

IV. La privatización y el efecto sobre la tasa de desempleo

La fuerte reducción del empleo estatal durante el período 1990-1993 puede analizarse como una de las causas que indujeron el incremento de la tasa de desempleo. En el gráfico Nº 1 se muestra la evolución del volumen del empleo de las empresas estatales en el primer eje y la de la tasa de desocupación en el segundo. Así, esta última se incrementa alrededor de 12 puntos porcentuales entre 1985 y 1995 (pasa de 6% a 18% de la PEA), convirtiendo el techo de la década de los ochenta (los ocho puntos) en el piso de desempleo de los años noventa.

Gráfico Nº 1
Evolución de la tasa de desempleo y de la ocupación de las empresas de servicios públicos seleccionadas, 1985-1996
(valores absolutos y porcentajes)

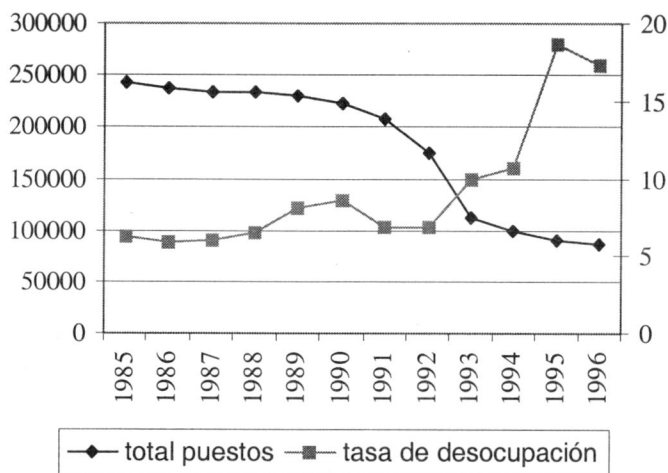

Fuente: Área de Economía y Tecnología de la FLACSO en base a información del INDEC y serie de empleo de las empresas estatales/privatizadas.

La contemporaneidad de la reestructuración del Estado empresario mediante la "racionalización" del personal, los "retiros voluntarios", las jubilaciones anticipadas, las cesantías y la liquidación de entes contribuyó en el mediano plazo al aumento de la desocupación. Al respecto, el gráfico N° 1 muestra, por un lado, la abrupta caída del empleo de las empresas públicas entre 1990-1993 y, por otro, que a partir de 1992 la tasa de desocupación, que hasta entonces no había superado los ocho puntos porcentuales, comenzó una escalada que alcanzó el 18%. Las empresas de servicios públicos privatizados aportaron 2,3 puntos a ese incremento.

Una parte del efecto fue observado con cierto retraso debido a la efímera reconversión productiva a la que dio lugar al pago de indemnizaciones que permitió al personal cesanteado iniciar actividades por cuenta propia. De esa manera se contuvo parcialmente la escalada de la tasa de desempleo hasta 1993, cuando el agotamiento de los recursos volcó masivamente al desempleo al grueso de los indemnizados.

La situación de desempleo se vio agravada por la ausencia de políticas destinadas a orientar a los empleados desvinculados de las empresas a determinar la mejor forma de invertir los ingresos derivados de dichas indemnizaciones (Beccaria y Quintar, 1995; y Peñalba, 2000). El resultado fue la dilapidación de los recursos en actividades cuentapropistas (servicios, recreación, etc.) que se agotaron en un plazo relativamente corto[2], ya en un contexto en el que la reinserción en el mercado de trabajo no era la de otrora.

Debe aclararse que es altamente probable que las subcontrataciones que realizan las empresas privatizadas estén incidiendo en el volumen de empleo generado por las empresas y merece un seguimiento que excede los objetivos y las posibilidades del presente trabajo. De todas maneras, aquí se pretende establecer tendencias o líneas de comportamiento del empleo en un grupo de empresas significativo en el

---

2 Por ejemplo, en la ciudad de San Nicolás, donde está ubicada la planta de SOMISA, entre 1992 y 1993 habían iniciado alguna actividad comercial o de servicios 710 establecimientos, al tiempo que 442 habían cesado en su actividad (Beccaria y Quintar, 1995).

conjunto de la economía y, muy particularmente, en el ámbito de las privatizadas.

La escalada ascendente de la tasa de desocupación (hecho que se expandió a todos los grandes conglomerados urbanos) fue acompañada de otros fenómenos como el incremento de la tasa de subocupación abierta, el desaliento, la subocupación horaria y la precarización de los nuevos puestos de trabajo (Peñalba, 2000).

V. LA INCIDENCIA DE LOS PROGRAMAS DE "RETIRO VOLUNTARIO" EN EL EMPLEO

La reducción del empleo producida entre 1991 y 1993 se explica, en parte, por los programas de "retiro voluntario" que consistieron en el acuerdo de abandono del puesto de trabajo por parte del trabajador, a cambio de un pago indemnizatorio que contemplaba los años de servicio y la categoría laboral. Bajo esta modalidad se suprimieron 86.274 puestos de trabajo en las empresas prestatarias de servicios públicos. El cuadro N° 6 muestra la distribución de "retiros voluntarios" producidos en las seis firmas de mayor importancia en los tres años clave de la llamada "racionalización" del empleo.

Cuadro N° 6
Empresas de servicios públicos seleccionadas. Evolución de la cantidad de retiros voluntarios, 1991-1993 (valores absolutos y porcentajes)

Empresa	1991	1992	1993	Total 1991-1993	Total Porcentajes
Gas del Estado	0	1.000	0	1.000	1,64
Segba	0	1.500	0	1.500	2,46
Agua y Energía	0	2.450	1.720	4.170	6,84
Encotel	109	6.000	0	6.109	10,02
Obras Sanitarias de la Nación	0	1.893	0	1.893	3,10
Ferrocarriles Argentinos	12327	25.981	8.000	46.308	75,94
Total	**12436**	**38.824**	**9.720**	**60.980**	**100,00**

Fuente: Área de Economía y Tecnología de la FLACSO en base a Banco Mundial (1992).

La empresa Ferrocarriles Argentinos explica el 76% de los "retiros voluntarios" del trienio, mientras el 24% se repartió en las empresas restantes. La mayor parte de los "retiros voluntarios" se acumularon en el año 1992. Ferrocarriles Argentinos implementó dicho programa en 1991, pero al año siguiente duplicó la cantidad de trabajadores "retirados" bajo esta modalidad. Así, la planta de alrededor de 90.000 trabajadores que ocupaban los ferrocarriles se redujo por esta vía en un 50%[3].

En suma, los programas de "retiro voluntario" explican una parte de la pérdida de puestos de trabajo de las empresas estatales, especialmente para los años 1991 y 1992; no obstante, la magnitud de la reducción del empleo indica que hubo otras formas de desvinculación de los trabajadores de similar importancia (jubilaciones prematuras, despidos, cesantías, etc.). En el primer caso, tal vez el más significativo, resultaron decisivos –sino determinantes– los préstamos del Banco Mundial y, en menor medida, del Banco de la Nación Argentina. A ello se le sumó, incluso, los aportes del Tesoro que en múltiples ocasiones fueron reconocidos como parte de la inversión corporativa[4]. El monto de las indemnizaciones del período 1992/1993 fue de 1.299,5 millones de dólares, lo que da un promedio por trabajador cesanteado de alrededor de 20.000 dólares.

3 La magnitud de los "retiros voluntarios" es similar a los registrados en YPF: como producto de la política laboral que se aplicó en el período previo a la privatización de la empresa, de la segmentación de la misma en numerosas "unidades de negocios", y de la terciarización de diversas actividades que hasta entonces realizaba por su propia cuenta, en 1994 la petrolera sólo tenía 5.000 empleados (en 1990 eran 45.000).

4 Al respecto, cabe recordar que German Kammerath, siendo titular de la Comisión Nacional de Comunicaciones, autorizó a la firma Correo Argentino a imputar como inversión 99 millones de pesos que se utilizaron para financiar los programas de "retiro voluntario". La decisión fue convalidada por el ex juez Adolfo Bagnasco en un fallo dictado antes de retirarse de la justicia para dedicarse a la actividad política. Tanto la Dirección Nacional de Inversiones Públicas como la Dirección Nacional de Cuentas y la Auditoría General de la Nación declararon que no se puede imputar como inversión aquello que es claramente un gasto. No obstante, el fallo permite que la concesionaria del grupo Macri dé por cumplidas las obligaciones de inversión por los próximos cinco años sin desembolsar dinero (*La Nación*, 3/4/2001).

VI. La situación de los trabajadores empleados en las empresas de servicios públicos privatizados

El Operativo Especial a Grandes Empresas realizado en forma anual por el INDEC permite observar la evolución, para el período comprendido entre 1993 y 1998, de importantes variables estructurales y de comportamiento de las quinientas firmas de mayor tamaño del país. A los fines del presente estudio, se ha seleccionado de dicho panel a las empresas que se dedican a la prestación de "electricidad, gas y agua" y "comunicaciones". Ello, bajo el supuesto de que ambos agregados están integrados mayoritariamente por compañías privatizadas, dado que en 1993 ya se había transferido al sector privado prácticamente la totalidad de las grandes empresas públicas prestatarias de energía eléctrica, gas natural, agua y telecomunicaciones de la Argentina.

Hechas estas aclaraciones, en el gráfico N° 2 se puede constatar que entre 1993 y 1998 el valor agregado generado por las empresas seleccionadas se expandió significativamente (al 9,8% anual acumulativo). Dicho incremento se vio acompañado por un –todavía más importante– crecimiento en la productividad laboral de las firmas (medida como la relación entre el valor agregado y la cantidad de personal ocupado)[5], que creció a una tasa promedio anual del 16,9% (lo cual equivale a un aumento de casi un 120% en el período bajo análisis). Ahora bien, al indagar acerca de los factores que permitirían dar cuenta de semejante incremento en la productividad de la mano de obra ocupada en tales empresas, se constata que una parte considerable del mismo está asociada con un significativo proceso de expulsión de asalariados y, en directa relación con ello, con un aumento de consideración en la intensidad de la jornada de trabajo de los obreros en actividad.

En efecto, entre 1993 y 1998 las firmas de los sectores mencionados despidieron a más de 33.000 asalariados, lo cual determinó que al final del período bajo análisis la masa de ocupados por estas empresas repre-

---

5 Cabe señalar que en la publicación del INDEC la ocupación se mide exclusivamente por los puestos de trabajo asalariado de cada empresa.

sentara el 73% de la vigente en 1993. Asimismo, cuando se analiza la evolución del producto bruto generado por las firmas del panel vinculadas con la prestación de electricidad, gas y agua y comunicaciones en términos relativos al comportamiento de la productividad laboral se corrobora que esta última variable se incrementó más que el valor agregado en todos los años del período 1993-1998.

El carácter que asumen estos desempeños permite inferir que durante el decenio de los años noventa el incremento registrado en la productividad laboral de las empresas seleccionadas ha estado sumamente asociado con la evolución del empleo o, más precisamente, con la dinámica que adoptó la prácticamente sistemática expulsión de asalariados; factor decisivo en la explicación del fuerte aumento registrado en la productividad de la mano de obra ocupada.

Gráfico Nº 2
Evolución del valor agregado, el personal ocupado, la productividad, el salario medio y el superávit bruto por ocupado de las empresas seleccionadas, 1993-1998 (base 1993=100)

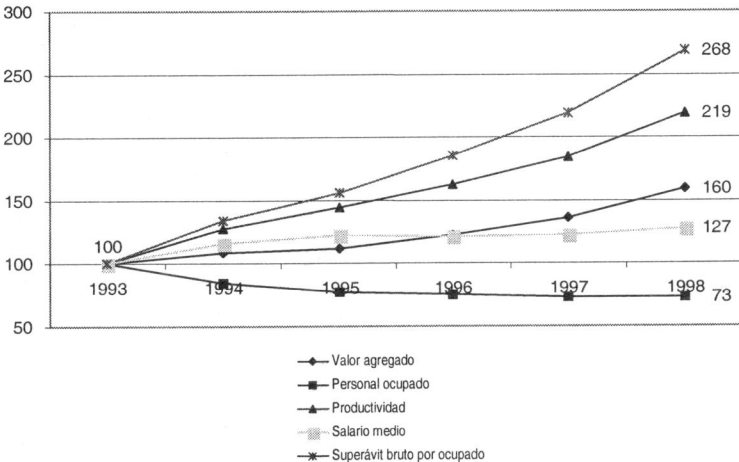

Fuente: Área de Economía y Tecnología de la FLACSO en base a INDEC (1999 y 2000).

A partir de ello, resulta interesante explorar qué fracciones se han apropiado mayoritariamente del mismo. En otras palabras, se intenta precisar si dicho incremento se ha "derramado" con la misma intensidad hacia los distintos "factores de la producción" (capital y trabajo), o si, por el contrario, ha sido crecientemente apropiado por los empresarios.

En este sentido, en el gráfico N° 2 se observa que mientras la productividad laboral de estas empresas más que se duplicó entre 1993 y 1998, el superávit bruto de explotación por ocupado (esto es, la parte del producto bruto por obrero que recibe el empresario una vez descontada la masa salarial) se incrementó aproximadamente un 168%, mientras que la masa salarial por ocupado (salario medio) creció apenas un 27% (manteniéndose prácticamente sin variaciones desde 1994). Se desprende, así, que una parte mayoritaria del importante aumento registrado en el transcurso del decenio pasado en el rendimiento productivo promedio de los asalariados ocupados en las firmas analizadas fue apropiado por los empresarios.

A este respecto, cuando se consideran exclusivamente los salarios abonados por las empresas bajo estudio y las utilidades empresarias, de la información suministrada por el INDEC se desprende que, mientras las últimas crecieron un 86% entre 1993 y 1998, la masa salarial se contrajo un 7% en el mismo período. Como producto de dichos patrones de desenvolvimiento se registró una alteración de consideración en la relación que se establece entre los dos componentes centrales del valor agregado. Así, mientras en 1993 el monto total de utilidades representaba el 73% de la masa salarial abonada por las firmas, en 1998 dicha relación se había incrementado al 146%. En consecuencia, durante buena parte de la década de los noventa una porción significativa de los ostensibles incrementos registrados en la productividad de la mano de obra empleada en las empresas líderes vinculadas con la prestación de servicios públicos (asociados, cabe enfatizar, con una intensificación en la utilización del "factor trabajo") fueron absorbidos casi íntegramente por los empresarios bajo la forma de una importante –y creciente– masa de beneficios[6].

6   Según surge de la información elaborada por el INDEC, la tasa de rentabilidad de los sectores de "electricidad, gas y agua" y "comunicaciones", calculada a partir del cociente entre las utilidades y el valor bruto de producción, fue en 1993 del

Naturalmente, el proceso descripto repercutió en la distribución funcional del ingreso en el interior de estas empresas. Así, tal como se desprende del gráfico Nº 3, en tan sólo seis años los asalariados perdieron más de 15 puntos porcentuales en su participación en el producto bruto total (lo cual equivale a una disminución de casi el 43%), mientras la retribución al capital pasó del 65% en 1993 al 80% en 1998.

Gráfico Nº 3
Evolución de la participación de los empresarios y los trabajadores en el producto bruto de las empresas seleccionadas, 1993-1998 (porcentajes)

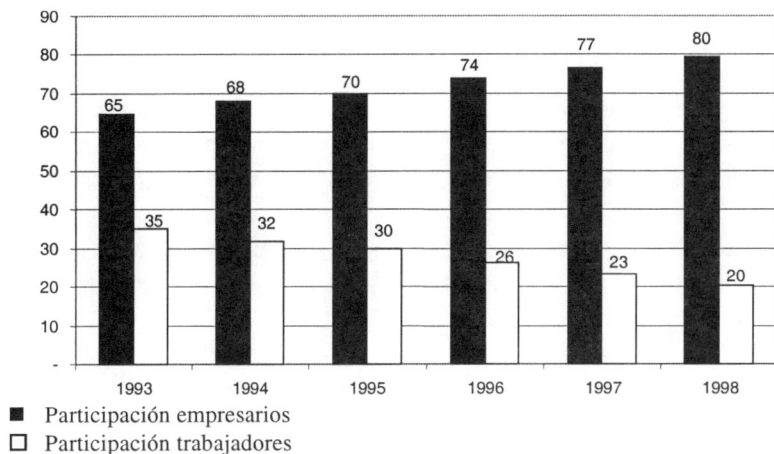

■ Participación empresarios
□ Participación trabajadores

Fuente: Área de Economía y Tecnología de la FLACSO en base a INDEC (1999 y 2000).

En función de la evidencia empírica presentada, cabe introducir una somera reflexión en torno de la "validez" –o, más concretamente, al

14,3%, mientras que en 1998 fue del 17,2 %. Por otro lado, la misma variable para el total de las quinientas empresas más grandes del país tuvo una magnitud y una evolución diferente: en 1993 fue del 9%, y en 1998, luego de oscilaciones ascendentes y descendentes, se ubicó en el mismo valor.

sustento político e ideológico– de uno de los principales argumentos con los que se justificó el programa de reformas estructurales instrumentado en el país a fines de los años noventa. Entonces, se señalaba que la conjunción de la apertura de la economía a los flujos internacionales de bienes y capitales, con la desregulación de ciertas actividades y, fundamentalmente, la privatización de empresas públicas, conllevaría un significativo crecimiento en la productividad de la economía argentina que no tardaría en "derramarse" hacia el conjunto de la sociedad, muy especialmente hacia los sectores de menores recursos. En función de ello, y a partir del conjunto de la información analizada, cabe indagar acerca de la veracidad de tal afirmación, puesto que en los años noventa lo que parece haberse consolidado, tanto a nivel de las empresas privatizadas como del conjunto de la economía, es un patrón de funcionamiento económico-social en el que los incrementos registrados en la productividad de los trabajadores han sido "derramados" casi exclusivamente hacia las fracciones más concentradas del capital (bajo la forma de una ingente –y, en el caso de las prestatarias privadas de servicios públicos, también creciente– masa de beneficios), mientras que las demandas de los sectores sociales más postergados por las políticas económicas implementadas a lo largo de la década fueron relegadas cada vez más a un segundo plano.

En definitiva, de las evidencias analizadas surge que el acelerado proceso de privatizaciones encarado en la Argentina en el transcurso de los años noventa no sólo tuvo un papel central en la explicación del notable incremento que se registró en la cantidad de personas desocupadas, sino que también constituye un factor clave para comprender los motivos por los cuales en la década pasada se registró un ostensible deterioro en las condiciones laborales de los trabajadores en actividad (que, en el caso particular de las empresas privatizadas, se expresó bajo la forma de mayores niveles de explotación de los trabajadores, fuertes aumentos en la productividad media que no fueron trasladados a salarios y, de resultas de todo lo anterior, una acentuada regresividad en materia de distribución del ingreso).

VII. REFLEXIONES FINALES

La Reforma del Estado estableció la privatización masiva de empresas públicas, unida a la necesidad teórico-discursiva de proteger el empleo en las mismas y las condiciones en las que se desempeñaban los trabajadores. Como pudo observarse, la política de empleo en el sector de servicios públicos redundó en el desmembramiento de las empresas y en la reducción de los planteles, contribuyendo al incremento de los niveles de desocupación.

La denominada "racionalización" se dividió en dos etapas diferenciadas. La primera, que abarcó el período comprendido entre la decisión política de privatizar y el traspaso efectivo de las empresas, tuvo como objetivo fundamental la reducción del plantel a fin de llegar en "tiempo" y "forma" a las condiciones estipuladas en los contratos de transferencia. Esta etapa –basada, esencialmente, en "retiros voluntarios"– fue implementada por los núcleos directivos de las ex empresas públicas y, en la mayoría de los casos, en el marco de importantes acuerdos y negociaciones con las organizaciones sindicales (Gorenstein, Cerioli y Scudelati, 1999). En la segunda etapa, una vez concluido el grueso de las privatizaciones, persistió el proceso de "racionalización" pero con el agregado de nuevas tecnologías en algunas áreas de funcionamiento que derivaron en menores tasas de empleo.

La secuencia de estos dos períodos hizo que se modificara radicalmente el funcionamiento y las características de los programas de "retiro voluntario". La experiencia indicaba que tras haber optado por el retiro era posible volver a insertarse en el mercado de trabajo, en un plazo relativamente corto. Sin embargo, el nuevo esquema de "racionalización" incluyó el sostenimiento, en el largo plazo, de la dinámica expulsora de mano de obra bajo diversos regímenes. La particularidad de retirarse (in)voluntariamente a principios de la década de los noventa era que la economía ya no funcionaba dentro de la lógica del pleno empleo, por lo que los trabajadores desvinculados se encontraron con un largo –e inconcluso– período de desempleo estructural que terminó abarcando todo el decenio.

La expulsión de mano de obra se efectivizó bajo la forma de despidos, cesantías, jubilaciones prematuras y, en especial, los mencionados "retiros voluntarios". Estos últimos, pagados por el Estado argentino, fueron de hecho financiados fundamentalmente por el Banco Mundial y explican gran parte de la reducción del empleo público ocurrida entre 1991 y 1993 (representan el 50% del total). Tanto los ingresos derivados de los planes de "retiro voluntario" como de las indemnizaciones por despidos no fueron objeto de políticas públicas de orientación hacia nuevas inversiones. El resultado fue la utilización de los recursos en el corto plazo para inversiones temporarias o con escasas posibilidades de sobrevivir al período de empobrecimiento que impregnó a las zonas afectadas por las reestructuraciones.

La reestructuración contribuyó a generar en relativamente poco tiempo una masa de desocupados inédita para la economía argentina. En efecto, la tasa de desocupación alcanzó el 18%, de los cuales más de dos puntos porcentuales son explicados por la reconfiguración de las siete empresas públicas analizadas en este trabajo. La masa de trabajadores desocupados comenzó a actuar en el sentido clásico de un "ejército de reserva". El mismo se caracteriza por presionar el salario a la baja y por deteriorar las condiciones de los empleos generados en el resto de la economía.

En los sectores considerados en este trabajo, la productividad del trabajo se incrementó en forma exponencial mientras que el empleo se redujo en términos absolutos. Ello se dio en el marco de un estancamiento del salario, todo lo cual trajo aparejado un considerable incremento de la participación de los empresarios en el ingreso en detrimento de los asalariados.

La disminución del empleo sumada a los aumentos de productividad se tradujo en ganancias extraordinarias para las firmas prestatarias, puesto que no derivó ni en incrementos salariales ni en una disminución en las tarifas de los servicios (en especial, las abonadas por los usuarios residenciales y las pequeñas y medianas empresas). El aumento de la productividad estuvo basado, en lo sustantivo, en la disminución del personal ocupado antes que en el incremento del valor agregado. En consecuencia, no se deduce de la información analizada un crecimiento virtuoso de la productividad por cuanto ha estado estrechamente ligado a la reducción de los planteles laborales, a la disminución de los salarios, a la distribución regresiva del ingreso y al incremento en la tasa de explotación vía un aumento en el margen de explotación de los asalariados ocupados (asociado, a su vez, con una intensificación de la jornada de trabajo).

Este comportamiento refleja un cambio en la dinámica del empleo que generaban las empresas estatales respecto de la que asumen las empresas privatizadas.

La versión doméstica de la Reforma del Estado ha dejado marcas indelebles en la nueva estructura social: contribuyó a la distribución regresiva del ingreso, al incremento de las tasas de desempleo y a la profundización de la precarización de las condiciones de trabajo. Una vez más se prueba que la privatización no implica en sí misma el inicio de un camino de crecimiento, éste tiene como indicadores la capacidad de la economía de promover la movilidad social, consolidar trayectorias ocupacionales calificantes y generar empleo. Por otro lado, toda política macroeconómica es directa o indirectamente política laboral, si la primera no ampara el impacto sobre la tasa de desocupación, mal pueden los programas focalizados resolver el problema.

La tesis que las empresas del Estado estaban superpobladas de empleados y era necesario ajustar los niveles de ocupación, también debería implicar que el Estado implemente políticas para contrarrestar el alto costo social de un incremento explosivo del desempleo. En efecto, los países integrados con éxito a la economía internacional son aquellos que han logrado legitimar socialmente sus procesos de reestructuración a partir de la acción del Estado y de la incorporación de consideraciones de equidad social en el diseño de las políticas que moldearon sus transiciones.

En definitiva, la política de privatizaciones instrumentada en la Argentina ha tenido un papel central en la explicación de dos de los rasgos característicos que presentó el mercado de trabajo urbano local en el transcurso de la década pasada: un incremento de significación en la tasa de desocupación, una mayor precarización de la mano de obra ocupada y, de resultas de ello, una creciente regresividad en materia de distribución del ingreso.

Cuadro Anexo
Segmentación de las empresas públicas privatizadas durante la década de los años noventa

Empresa estatal	Empresa privatizada
ENTel	Telecom Argentina S.A.
	Telefónica de Argentina S.A.
Encotel	Correo Argentino S.A.
Aerolíneas Argentinas	Aerolíneas Argentinas S.A.
Obras Sanitarias de la Nación	Aguas Argentinas S.A.
Segba	Edesur S.A.
	Edenor S.A.
	Edelap S.A.
	Central Costanera S.A.
	Central Puerto Nuevo S.A.
	Central Dock Sud S.A.
	Central Pedro de Mendoza S.A.
Ferrocarriles Argentinos	Trenes de Bs. As. S.A.
	Ferrocarril Metropolitano S.A.
	Ferrovías S.A.
	Metrovías S.A.
	Ferrocarril General Belgrano S.A.
	Ferrocarril General San Martín S.A.
	Ferrosur Roca S.A.
	Ferroexpreso Pampeano S.A.
	Nuevo Central Argentino S.A.
	Ferrocarril Mesopotámico S.A.
	Bs. As. al Pacífico S.A.
Gas del Estado	Transportadora de Gas del Sur S.A.
	Transportadora de Gas del Norte S.A.
	Distribuidora de Gas Metropolitana S.A.
	Distribuidora de Gas Pampeana S.A.
	Distribuidora de Gas del Litoral S.A.
	Gas Natural Ban S.A.
	Litoral Gas S.A.
	Camuzzi Gas del Sur S.A.
	Distribuidora de Gas Cuyana S.A.
	Distribuidora de Gas del Noroeste S.A.
	Distribuidora de Gas del Centro S.A.

Fuente: Área de Economía y Tecnología de la FLACSO.

LA PRIVATIZACIÓN DE LOS SERVICIOS PÚBLICOS Y SUS IMPACTOS DISTRIBUTIVOS*

POR CAMILA ARZA

I. INTRODUCCIÓN

Pasada ya más de una década de iniciada la transferencia de los activos públicos al sector privado, numerosos estudios han analizado –desde diversas perspectivas– los programas de privatizaciones, sus determinantes políticos y sus efectos económicos[1]. Sin embargo, sólo algunos de ellos se han abocado al análisis de los impactos de las privatizaciones sobre la distribución del ingreso y el gasto de los hogares o, en otras palabras, sus efectos diferenciales sobre los usuarios provenientes de distintos estratos sociales[2].

Al margen de otras repercusiones macro (sobre el mercado de trabajo, por ejemplo[3]), los impactos distributivos de la privatización de los servicios públicos se centran en dos ejes explicativos: la evolución de

---

* Se trata de una versión resumida de Arza, C.: *El impacto social de las privatizaciones. El caso de los servicios públicos domiciliarios*, Documento de Trabajo N° 3 del Proyecto "Privatización y Regulación en la Economía Argentina", BID 1201/OC-AR PICT 99-02-07523, FLACSO-Sede Argentina, 2002. Este trabajo fue posible gracias al apoyo constante y las valiosas sugerencias de Daniel Azpiazu. La autora agradece también a Joon Hee Bang, Eduardo M. Basualdo y, especialmente, a Martín Schorr, quienes realizaron importantes aportes a este artículo, así como la colaboración de las autoridades del INDEC. A todos ellos se los exime de toda responsabilidad respecto de los errores u omisiones que pudieran existir.

1 Ver, por ejemplo, Proyecto "Privatización y Regulación en la Economía Argentina" (1999); Azpiazu, Forcinito y Schorr (2001); Azpiazu (1995); FIEL (1999b); UADE/ADESPA (2001); y Gerchunoff (1992).

2 Entre las excepciones pueden citarse Navajas (1999); y Alexander (2000). En ambos casos, la metodología adoptada y las conclusiones alcanzadas difieren del presente artículo.

3 Ver el artículo de Marisa Duarte en este mismo volumen.

las tarifas y del gasto de los hogares, por un lado, y la extensión de las redes y la consecuente expansión de la cobertura, por otro. El primero se refiere a los precios relativos de la economía y sus efectos distributivos. El segundo se centra en el acceso a bienes y servicios básicos y, con ello, influye sobre el nivel de vida de los hogares. Ambos aluden a los impactos micro de la privatización de los servicios públicos, tomando como unidad de análisis el hogar, núcleo de consumo e ingreso de las familias. Alrededor de estos dos ejes se desarrolla el presente trabajo que –a diferencia de la mayoría de las investigaciones existentes– estudia los impactos distributivos de las privatizaciones desde la perspectiva de los usuarios y consumidores de los servicios (sus implicancias micro sobre los hogares, y no sus consecuencias macro sobre la economía en su conjunto)[4].

II. LA PRIVATIZACIÓN DE LOS SERVICIOS PÚBLICOS DOMICILIARIOS

II.1. Aspectos regulatorios

El carácter de "servicio público" de la prestación de electricidad, gas natural por redes, telefonía básica y agua y cloacas por un lado, y su condición de monopolio natural o legal por otro, son los dos elementos fundamentales sobre los que se sostiene la necesidad de una efectiva regulación pública de la operación privada. De allí que, a pesar de sus debilidades e inconsistencias, los procesos privatizadores determinaron los marcos regulatorios y contractuales que rigen los principales aspectos de la prestación de los servicios, incluyendo los derechos y obligaciones de las empresas prestatarias y, en menor medida, de los usuarios.

---

4   El análisis se restringe aquí a los servicios públicos domiciliarios (gas natural, energía eléctrica, telefonía básica y servicio de agua y desagües cloacales), para el período 1985-1997 (siguiendo los datos de las dos mediciones disponibles de la Encuesta de Gasto de Hogares [INDEC], 1985-86 y 1996-97), dentro del Área Metropolitana de Buenos Aires (ciudad de Buenos Aires más 19 partidos del conurbano bonaerense).

Los impactos de las privatizaciones sobre el gasto de los hogares se derivan, fundamentalmente, de la evolución de los precios de los servicios (que influye en el *nivel* de gasto) y de su cobertura (que rige el *acceso*, y con ello la *existencia* de gasto). A su vez, la evolución real de las tarifas y de la cobertura de los servicios se encuentra determinada por las regulaciones de la prestación del servicio (plasmadas en los contratos de concesión, los marcos regulatorios y sus modificaciones), por un lado, y por el efectivo cumplimiento de dichas regulaciones (en parte resultante de la capacidad de contralor público), por otro. En esta sección se describen, muy sucintamente (en tanto son motivo de análisis en otros de los estudios contenidos en el presente volumen)[5], las principales características regulatorias que tienen relación con la evolución de los precios y la cobertura de los respectivos servicios. En la sección siguiente se presenta la evolución real de las tarifas de los servicios públicos para el período bajo estudio.

II.1.a. La regulación tarifaria

El nivel y la evolución de las tarifas durante el período de operación privada se explica por las disposiciones regulatorias establecidas en los contratos de concesión y transferencia de los servicios (y sus modificaciones), así como también por las reconfiguraciones de las estructuras tarifarias realizadas en vistas del proceso de privatización. En efecto, los niveles tarifarios se vieron afectados por ciertas reestructuraciones efectuadas con anterioridad a la privatización y/o durante la prestación privada de los servicios, que modificaron la evolución relativa de las tarifas entre usuarios de distinto tipo. Si bien se fundamentaron, en algunos casos, en la necesidad de anular los subsidios cruzados entre categorías de usuarios y adecuar los precios específicos a sus respectivos costos de prestación, en los hechos produjeron incrementos tarifarios para algunos usuarios (generalmente los de menores niveles de consumo) y reducciones para otros (los grandes consumidores). Efectivamente, tres de los sectores analizados (energía eléctrica, gas natural y

---

5   Véase, por ejemplo, el trabajo de Daniel Azpiazu y Martín Schorr.

telefonía básica) sufrieron reestructuraciones tarifarias en el período inmediatamente anterior y/o posterior a la privatización, que derivaron en un incremento de los precios de los consumos más inelásticos y los usuarios más cautivos (residenciales y PyMEs), en relación con los precios correspondientes a las demandas más elásticas y menos cautivas como son las de los grandes consumidores[6].

Más allá de las modificaciones relativas entre tipos de usuarios, las regulaciones de la operación privada establecieron mecanismos de actualización tarifaria que delinearon la evolución relativa de las tarifas frente a los demás precios de la economía. Una particularidad de las privatizaciones de los servicios de gas, electricidad y telefonía es que, prácticamente desde los inicios de la operación privada y hasta finalizado el período de referencia de este trabajo (en 1997), las tarifas fueron fijadas en dólares estadounidenses e "indexadas" por índices de precios de los EE.UU. De allí que, en un contexto de estabilidad general de precios, las tarifas de los servicios continuaron incrementándose, independientemente de la evolución de los precios –y salarios– domésticos. Entre 1995 y 2001, por ejemplo, mientras los precios mayoristas locales disminuyeron, en promedio, un 1,8% y los minoristas se redujeron un 1,6%, las tarifas continuaron ajustándose por coeficientes de inflación externos que alcanzaron, durante el mismo período, incrementos del 8% y de1 16%, respectivamente. El servicio de aguas y cloacas constituye una excepción, ya que los contratos originales fijaron las tarifas en pesos y excluyeron la actualización monetaria periódica. Sin embargo, los aumentos tarifarios se efectuaron por la vía de la renegociación contractual que, a partir de junio de 1994 (sólo un año después de efectuada la concesión), autorizó incrementos de precios no previstos en la normativa original[7].

Finalmente, la evolución tarifaria puede afectar de manera diferencial a los usuarios con distintos volúmenes de consumo, en función de

6   Al respecto, ver Proyecto "Privatización y Regulación en la Economía Argentina" (1999); y Abeles, Forcinito y Schorr (2001).
7   Ver Ferro (2000).

la particular incidencia, para cada uno de ellos, de los cargos fijos y variables. En términos generales, las variaciones en los cargos fijos afectan a los pequeños usuarios en mayor medida que a los grandes, dado que el cargo fijo representa una mayor proporción del monto total de sus facturas[8]. De este modo, las variaciones de precios entre los distintos componentes de las tarifas no tienen efectos uniformes entre tipos de usuario y, en definitiva, entre tipos de hogares y deciles de ingreso. En consecuencia, aquellos incrementos tarifarios centrados principalmente en aumentos de los cargos fijos (como el rebalanceo telefónico de 1997) perjudicaron en especial a los usuarios de menores consumos.

II.1.b. Regulación de la cobertura

Los contratos de concesión así como los marcos regulatorios (y sus modificaciones) determinaron las obligaciones de las empresas concesionarias en relación con la extensión de las redes. La ampliación del acceso a los servicios fue, de hecho, uno de los objetivos centrales de las privatizaciones que planeaban suplir, con inversión y *management* privado, las falencias y limitaciones que se le asignaban al sector público.

Los marcos normativos de los servicios públicos privatizados incluyeron regulaciones derivadas de conceptos tales como "Servicio Obligatorio" (SO) y "Servicio Universal" (SU). El SO implica que cualquier hogar que quiera utilizar el servicio debe tener la posibilidad de acceso con el solo pago de una tarifa razonable. El SU, por su parte, refiere a la extensión del acceso al servicio a *todos* los hogares, también bajo niveles tarifarios razonables. Sus objetivos son diferentes. El SO intenta superar las desigualdades en el acceso a los servicios que surgen de las sustanciales diferencias en los costos de prestación entre

---

8 El servicio eléctrico constituye –hasta cierto punto– una excepción a esta regla, ya que cuenta con dos cargos fijos diferenciales (según nivel de consumo del hogar), de modo tal que los usuarios de pequeños consumos abonan un cargo fijo menor que el resto.

usuarios. El SU se implementa cuando el servicio es esencial en tanto (a) afecta derechos sociales básicos (como el derecho a la salud, muy ligado al acceso al servicio de agua y cloacas); y/o (b) la exclusión de unos tiene externalidades negativas para otros (deficiencias en la salud de unos puede perjudicar a otros, como en el caso del contagio de enfermedades); y/o (c) la carencia del servicio limita a los individuos en su participación en otros mercados (como el mercado de trabajo).

El concepto de SU es particularmente relevante en el caso de servicios básicos como los analizados en este trabajo. Se refiere al acceso a los servicios públicos como un "derecho", y a la necesidad de asegurar su disponibilidad geográfica, no discriminación y accesibilidad a precios razonables. En esto la regulación es esencial ya que libradas a las "fuerzas del mercado" muy probablemente las empresas decidan no prestar el servicio a aquellos usuarios para los cuales los costos de la prestación sean demasiado altos, y la rentabilidad –a un nivel tarifario determinado– demasiado baja o incluso negativa. Al mismo tiempo, el nivel de precios al que se presta el servicio (bajo condiciones de "no discriminación") es importante a fin de superar limitaciones de la demanda tanto como de la oferta del servicio. En ausencia de "precios accesibles", la universalización puede verse severamente limitada, aun cuando las empresas estén dispuestas a prestar el servicio. Por todo esto, la universalización puede suponer la prestación deficitaria en ciertos casos, cuando los costos de prestación del servicio superen los ingresos por tarifas cobrables a los usuarios implicados. Es aquí donde nociones de igualdad, desarrollo social y derechos humanos fundamentan la existencia de subsidios cruzados (entre servicios o categorías de usuarios) o subsidios explícitos del Estado que viabilicen la universalización del servicio.

Este conjunto de consideraciones relativas a la deseabilidad de la expansión de las redes de servicios públicos –teniendo en cuenta el grado de indispensabilidad de cada tipo de servicio– encuadra las obligaciones de expansión de las redes plasmadas en los marcos normativos de cada sector. En el sector telefónico la extensión se planteó en términos cuantitativos (instalar una cierta cantidad de líneas en un período de tiempo determinado). La extensión de la red fue una de las condiciones a cumplir para acceder a la prolongación del "período de exclusividad", es decir, el período durante el cual el servicio telefónico sería prestado bajo condiciones de mercado oligopólico[9]. Probablemente por lo tentador del "premio", así como por la importancia del nivel de cobertura para el posicionamiento de las empresas licenciatarias en la etapa de liberalización del mercado, las metas fueron cumplidas en exceso y la red se amplió considerablemente. Sin embargo, expansión de redes no es idéntico a universalización del servicio: mientras que la primera se asocia con cuestiones meramente cuantitativas (por ejemplo, cantidad de líneas instaladas), la segunda se centra en la "distribución" de dicha expansión, esto es, en el aumento de la cantidad de hogares con acceso al servicio. Dado que las obligaciones contractuales se refirieron a incrementos en la cantidad de líneas instaladas, la extensión de la cobertura –si bien importante– fue menos significativa que la expansión de la red calculada sobre la base del número de líneas nuevas.

El servicio de aguas y cloacas presenta una situación contrastante en lo que respecta al grado de cumplimiento de las obligaciones de expansión de la red. Las metas definidas en el contrato de concesión se orientaron a la universalización del servicio. Partiendo de una cobertura inicial (en 1993) estimada en 70% para aguas y 58% para cloacas, la empresa se comprometió a extenderla al 100% en aguas y al 95% en cloacas para el año 2023 (fin de la concesión)[10]. Las características intrínsecas del sector de provisión de agua potable y desagües cloacales como un sector indispensable para la salud de la población, un indiscutido "servicio básico", fueron claves en la definición de un marco regulatorio que apunta al SU. Sin embargo, como señalan algunos estudios en la materia[11] (y como se confirma con los datos presentados en la segunda parte de este trabajo) la extensión de la cobertura fue en realidad muy inferior a la prevista.

9   Ver Abeles (2001).
10 Ferro (1999 y 2000).
11 Azpiazu y Forcinito (2001); y Ferro (2000).

En el caso de electricidad, no existieron obligaciones cuantitativas de extensión de redes, ni obligaciones de universalización del servicio. Sin embargo, y probablemente a raíz de la cobertura casi plena existente a inicios de la concesión, los marcos regulatorios y contractuales se acercaron más al concepto de SO. En efecto, la empresa quedó obligada a proveer el servicio a todo hogar que lo solicitase, siempre que éste se encontrara bajo su órbita de operación[12]. En los hechos, y a pesar de no estar la universalización entre las obligaciones contractuales, la red se extendió hasta cubrir casi la totalidad de los hogares del AMBA.

Por último, en el sector de gas natural se estableció también la obligación de proveer el servicio a todo usuario que lo solicitara, aunque bajo "condiciones" tales que lo alejan del SO puro (del tipo existente en el caso del servicio eléctrico). En efecto, el marco regulatorio del sector establece que "los distribuidores deberán satisfacer toda demanda *razonable* de servicios de gas natural"[13]. En la reglamentación del marco regulatorio se aclara que "se entenderá que no es razonable una solicitud de servicios dentro de la zona de un Distribuidor cuando no pueda ser satisfecha obteniendo el Distribuidor un beneficio acorde con los términos de la habilitación... En todos los casos los mayores costos, de existir, deberán ser íntegramente compensados por quien solicita el servicio"[14]. En definitiva, la obligación de brindar el servicio en el caso de gas natural rige solamente cuando (a) los costos de instalación de la red en cada hogar particular sean tales que permitan a la empresa obtener algún beneficio de la prestación del servicio a ese hogar, o (b) los costos que excedan los niveles aceptables para la obtención del beneficio mencionado en (a) sean pagados en su totalidad por el hogar que solicita el servicio. Ello implica que la extensión de la red excluye consideraciones relativas a su deseabilidad y relevancia social o, en otras palabras, que la valoración social de la expansión del servicio no es lo suficientemente importante como para justificar la existencia de subsi-

---

12 Artículo 21, Ley N° 24.065 y artículo 21 del Decreto N° 1.398/92.
13 Artículo 25, Ley N° 24.076 (cursivas propias).
14 Artículo 25, Decreto N° 1.738/92.

dios cruzados o explícitos, o cualquier otro mecanismo de financiamiento de la extensión de la cobertura que no recaiga únicamente en el usuario destinatario. Tal vez en parte por estas disposiciones, la expansión de la red de gas natural fue menor que la de otros sectores, y aún bien entrada la década de los noventa, un conjunto significativo de hogares carecía de acceso al servicio.

II.2. Evolución de tarifas y precios relativos

En lo que respecta a la evolución de las tarifas de los servicios públicos y los precios relativos, resulta conveniente dividir el período analizado en tres subperíodos: (1) la fase de operación estatal, (2) la etapa "preprivatización" (también bajo administración estatal, aunque ya en el marco de las reformas conducentes a la privatización) y (3) la etapa de operación privada. Los gráficos N° 1 a 4 presentan, respectivamente, la evolución real de las tarifas de energía eléctrica, gas natural, telefonía y agua y cloacas, para el período 1988-1997, con diferentes formatos de línea que distinguen cada uno de los subperíodos mencionados[15].

Durante la fase de operación estatal, los precios de los servicios eran parte central de la política general de precios de la economía. La empresa pública otorgaba al Estado la capacidad de subsidiar el consumo de servicios básicos en épocas de crisis, así como de paliar la inflación a través del retraso de las tarifas de los servicios en relación con la evolución general de los precios. Claro está, la discrecionalidad pública en el manejo tarifario puede ser (y ha sido) perjudicial para la viabilidad económica de las empresas, que en muchos casos contribuyeron a engrosar el déficit del sector público. Según se observa en los gráficos de referencia, durante la fase de operación estatal comprendida dentro del período analizado en este trabajo, las tarifas reales tienden a bajar

---

15 La evolución de los precios presentada comienza en el año 1988 ya que sólo desde entonces se cuenta con una serie tarifaria homogénea y representativa del costo de los servicios para los hogares del AMBA.

en todos los servicios, aunque en mayor medida en gas natural y telefonía básica (precisamente aquellos que presentan el mayor incremento relativo en la etapa de prestación estatal "pre-privatización")[16]. La segunda etapa, correspondiente al período de operación estatal "pre-privatización", se extiende desde la decisión política de privatizar (leyes de Reforma del Estado y de Emergencia Económica, de agosto de 1989) hasta la fecha en que se efectúa la transferencia o concesión de las empresas. El notable incremento tarifario real que tiene lugar en ciertos servicios públicos durante este período no puede explicarse sino en referencia con el programa de privatizaciones. Para que éste fuera "exitoso" (en términos de atracción de ofertas privadas, en una economía en crisis) debía garantizarse la recuperación de los niveles tarifarios erosionados por la inflación de los años anteriores. Uno de los dos servicios que elevaron sustancialmente sus tarifas reales durante este período (telefonía básica) es precisamente el primero en transferirse al sector privado, de allí que fuera catalogado como el "mascarón de proa" de las privatizaciones[17]. En este sentido, los incrementos tarifarios durante el período inmediato anterior a la transferencia de ENTel al sector privado jugaron un rol muy importante para la consecución de una privatización que iba a allanar el camino para las siguientes. Los precios del gas natural también registran un importante aumento durante este período, resultante, en este caso, de la reestructuración tarifaria que tiene lugar antes de la privatización de Gas del Estado y que supone un fuerte incremento de los precios residenciales en relación con el resto[18]. En los restantes dos servicios, las tarifas caen –aunque de manera mucho menos pronunciada– durante esta segunda fase.

16 Con respecto al período 1985-1988, datos complementarios provenientes de otras fuentes (aunque difícilmente empalmables con las series presentadas) apuntan en la misma dirección. En efecto, los índices de precios elaborados por la Sindicatura General de Empresas Públicas dan cuenta de una caída en el valor real de las tarifas, entre noviembre de 1985 y diciembre de 1988 del 11,3 % en gas, del 9,4% en teléfono y del 2,8% en electricidad.
17 Abeles, Forcinito y Schorr (2001).
18 Ver Azpiazu y Schorr (2001b).

Finalmente, durante el período de operación privada, la evolución de las tarifas reales se explica por las disposiciones de los contratos de concesión y transferencia y por los resultados de ciertas renegociaciones contractuales posteriores. Dado que entre las disposiciones contractuales se autoriza –en la mayoría de los casos– la actualización de las tarifas en base a índices de precios ajenos a la economía local, la evolución tarifaria se desliga de la evolución de los precios internos. Por esta razón, excepto en el servicio de aguas y cloacas (en el cual la privatización determinó una fuerte reducción tarifaria que –hasta 1997– no había sido totalmente revertida por los incrementos tarifarios posteriores), en el resto de los servicios las tarifas residenciales registran aumentos de entre el 9% y el 40% entre la privatización y diciembre de 1997.

Las series tarifarias presentadas en esta sección ofrecen un panorama general de la evolución de los precios de los servicios públicos domiciliarios antes y después de la privatización. Ellas refieren, sin embargo, al precio pagado por un "hogar promedio", por lo que poco informan acerca de los impactos diferenciales sobre los hogares de cada decil de ingresos. De hecho, la tarifa final a pagar por el hogar está compuesta por el cargo fijo (abono por conexión a la red) más el cargo variable (costo por unidad de consumo), y la carga impositiva. De este modo, excepto en el caso de aguas y cloacas (que al ponderar elementos tales como calidad, antigüedad y ubicación de la vivienda supone menores tarifas para las familias que habitan viviendas de menor costo relativo) y –hasta cierto punto– en el de electricidad, en los servicios públicos en general, cuanto menor es el consumo mayor es la tarifa por unidad consumida, ya que el costo del cargo fijo adquiere mayor relevancia. Esto, junto con las reestructuraciones tarifarias que modifican los precios relativos entre tipos de usuarios, y entre cargos fijos y variables (como en el caso del servicio telefónico) hace que la evolución real de los precios difiera entre hogares con distintos niveles de gasto, y se traduce en diferentes proporciones del ingreso y del gasto total del hogar destinadas al pago de servicios públicos por hogares pertenecientes a cada estrato social.

Gráfico Nº 1
Evolución real de las tarifas del servicio domiciliario de energía eléctrica*, 1988-1997 (base 1988=100)

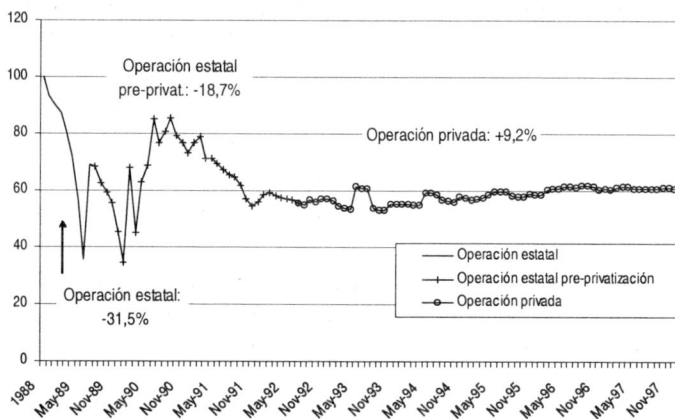

* Precios deflactados por Índices de Precios al Consumidor, Nivel General.
Fuente: Área de Economía y Tecnología de la FLACSO en base a información del INDEC.

Gráfico Nº 2
Evolución real de las tarifas del servicio domiciliario de gas natural por red*, 1988-1997 (base 1988=100)

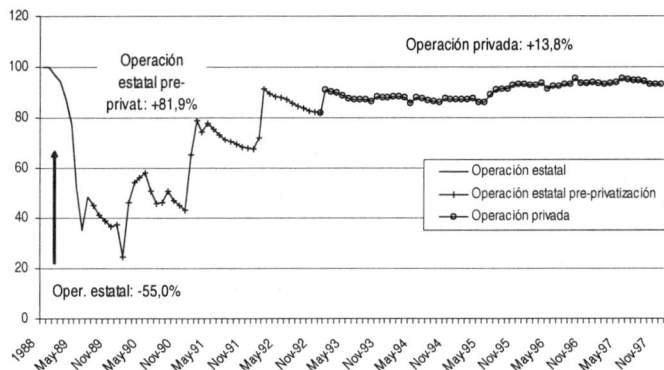

* Precios deflactados por Índices de Precios al Consumidor, Nivel General.
Fuente: Área de Economía y Tecnología de la FLACSO en base a información del INDEC.

Gráfico Nº 3
Evolución real de las tarifas del servicio domiciliario de telefonía básica*, 1988-1997 (base 1988=100)

* Precios deflactados por Índices de Precios al Consumidor, Nivel General.
Fuente: Área de Economía y Tecnología de la FLACSO en base a información del INDEC.

Grafico N° 4
Evolución real de las tarifas del servicio de agua y servicios cloacales domiciliarios*, 1988-1997 (base 1988=100)

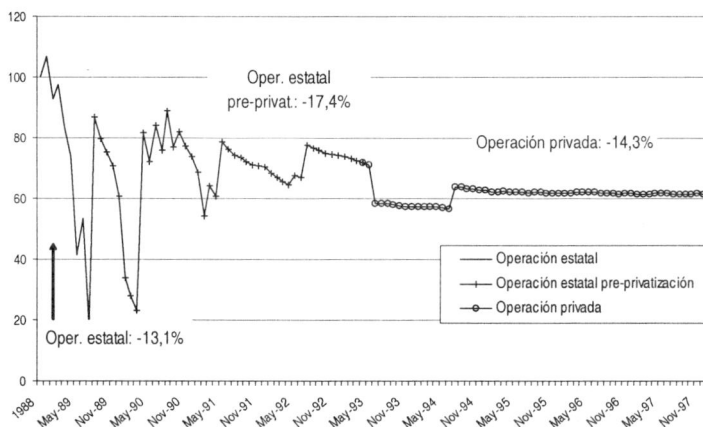

* Precios deflactados por Índices de Precios al Consumidor, Nivel General.
Fuente: Área de Economía y Tecnología de la FLACSO en base a información del INDEC.

III. Los impactos de las privatizaciones sobre el gasto de los hogares

III.1. La distribución del ingreso y el gasto de los hogares

Desde mediados de los años setenta, la sociedad argentina viene experimentando un acelerado proceso de redistribución regresiva del ingreso. El período analizado en este trabajo (1985-1997) no constituye una excepción. En los años ochenta fueron los picos inflacionarios los que de algún modo impulsaron la concentración del ingreso, por los efectos del incremento generalizado de los precios sobre el poder adquisitivo de los salarios (o, en otras palabras, sobre los salarios reales). En los años noventa, en un contexto de estabilidad general de precios (aunque con modificaciones importantes en la estructura de precios relativos), fueron otras cuestiones, más ligadas al mercado de trabajo, las que contribuyeron a profundizar la desigualdad distributiva. De hecho, el crecimiento del desempleo y la caída del salario real (esta vez más asociadas con reducciones en los valores nominales que por efecto de la inflación) son dos de los factores explicativos de la creciente desigualdad durante el período. Como resultado, el coeficiente de Gini aumenta notablemente en sólo una década (cuadro N° 1)[19]. Esta particular evolución de la distribución del ingreso durante el período analizado da cuenta del contexto en el cual se aplicaron las políticas de privatización de las empresas de servicios públicos y se produjeron sus principales impactos sobre el presupuesto de los hogares.

Cuadro N° 1
Coeficiente de Gini del ingreso per cápita familiar, 1986-1996 (coeficiente y porcentajes)

	Coeficiente de Gini
1986	0,407
1991	0,461
1994	0,470
1996	0,486
Variación 1986-1996	**19,4%**

Fuente: Altimir y Becaria (1998).

Por otro lado, y al margen de la distribución del ingreso (y el gasto) *entre deciles*, la composición de dicho gasto (esto es, a qué bienes y servicios se destina) es un indicador del "nivel de vida" del hogar. Haciendo una esquematización simple, el total de ingresos disponibles por hogar se destina, en primer lugar, a los bienes y servicios básicos (por ejemplo, a cubrir las necesidades de alimentación y vivienda), y

---

19 La distribución del gasto familiar (como indicador más fiel de las diferencias presentes en la calidad de vida de los hogares) también se volvió más regresiva durante el período (al respecto, ver INDEC 1988, 1998a y 1998b).

luego el remanente se orienta al consumo de otros bienes y servicios menos indispensables. Los bienes y servicios básicos se distinguen del resto porque su demanda se caracteriza por un alto grado de inelasticidad. Por esta razón, un incremento de su precio –en un contexto de ingresos fijos– implica que se destinará una mayor proporción del ingreso al consumo de dichos bienes y servicios y que el ingreso remanente para otros consumos será menor. Este aumento afecta fundamentalmente a los hogares de menores ingresos porque los servicios básicos consumen una proporción de sus ingresos mucho más importante que en el resto de los hogares. En síntesis, el aumento relativo de los precios de bienes de demanda inelástica en un contexto de estabilidad de ingresos significa, en forma estilizada, una disminución del poder adquisitivo del ingreso de todos los hogares pero, fundamentalmente, de los más pobres.

III.2. La importancia de los servicios públicos en el presupuesto de los hogares

La creciente proporción del ingreso destinada al pago de los servicios públicos a medida que se reducen los ingresos del decil da cuenta del carácter básico de estos servicios (y, en consecuencia, de la baja elasticidad de su demanda). Dado que el monto de gasto en estos servicios no se altera proporcionalmente a la variación de los ingresos de los hogares, su participación en el presupuesto de los deciles más pobres es mayor que en el resto. En el cuadro N° 2 se presenta la participación del gasto en servicios de telefonía básica, gas natural por redes, energía eléctrica y servicio de agua y desagües cloacales, en el presupuesto total de los hogares, sobre la base de los datos emergentes de la Encuesta Nacional de Gasto de Hogares (1996-1997). El cuadro se divide en dos grandes columnas: una que incluye a todos los hogares de la muestra, y otra que incluye sólo a los hogares cubiertos por el servicio. La primera da cuenta de la incidencia de los servicios públicos sobre una muestra de hogares representativa de la población urbana total del país. La segunda se refiere al universo de los hogares directamente afectados por las privatizaciones, es decir, los usuarios de los servicios públicos (hogares cubiertos). Dada la desigual distribución de la cobertura resulta metodológicamente más apropiado realizar comparaciones entre hogares efectivamente cubiertos por el servicio. Esto es así porque una menor cobertura genera un menor gasto total del decil en los rubros de consumo aquí analizados, aunque al mismo tiempo implica (a) un menor beneficio para el hogar (en términos de calidad de vida) producto de la carencia del servicio y (b) mayores gastos en otros rubros no considerados en este estudio (bienes sustitutos de los servicios públicos). Más aún, si bien no se pudieron obtener datos de cantidades del servicio utilizadas por cada hogar (lo que permitiría evaluar gasto por unidad de consumo), la exclusión de los hogares no cubiertos (i.e. "sin consumo") permite al menos corregir parcialmente las comparaciones por cantidades, comparando únicamente hogares con consumos mayores a cero.

En primer lugar, se observa que, en promedio, los hogares pertenecientes al AMBA destinan un 6,3% de sus presupuesto al pago de servicios públicos domiciliarios (un 7,2% si se consideran sólo los hogares cubiertos). Esta magnitud promedio varía de acuerdo con el estrato de ingreso del que se trate, incrementándose a medida que se desciende en la escala social. Es decir, la reducción del gasto en servicios públicos no es proporcional a la reducción del ingreso de cada estrato, lo cual da cuenta de la baja elasticidad-ingreso de la demanda de este tipo de servicios o, en otras palabras, de su carácter básico en los términos mencionados más arriba.

Cuadro N° 2
Porcentaje del gasto total familiar destinado al pago de servicios públicos en el AMBA 1996/1997*

Decil IPCF	Todos los hogares					Sólo los hogares que poseen el servicio				
	Electri-cidad	Gas por red	Teléfo-no fijo	Agua y cloacas	Total	Electrici-dad	Gas por red	Teléfo-no fijo	Agua y cloacas	Total
1	4,2	0,9	1,9	0,5	7,4	4,2	3,2	6,0	1,0	14,5
2	3,8	1,5	2,1	0,7	8,0	3,8	3,2	4,3	1,1	12,4
3	3,1	1,8	2,3	0,7	8,0	3,1	2,9	4,0	1,1	11,1
4	2,9	1,9	2,7	0,7	8,2	2,9	2,7	4,3	1,0	11,0
5	2,5	1,8	2,5	0,7	7,6	2,5	2,3	3,3	1,0	9,1
6	2,3	1,8	2,6	0,6	7,3	2,3	2,1	3,1	0,7	8,2
7	2,0	1,6	2,4	0,7	6,7	2,0	1,8	2,7	0,8	7,4
8	1,7	1,4	2,5	0,6	6,2	1,7	1,5	2,6	0,7	6,5
9	1,4	1,2	2,3	0,6	5,5	1,4	1,2	2,5	0,6	5,7
10	0,9	0,8	2,3	0,4	4,5	0,9	0,9	2,3	0,5	4,6
Total	2,0	1,4	2,4	0,6	6,3	2,0	1,6	2,9	0,7	7,2

* En hogares agrupados por decil de ingreso per cápita familiar (IPCF).
Fuente: Área de Economía y Tecnología de la FLACSO en base a ENGH 1996/1997, INDEC.

Si se consideran todos los hogares, las mayores proporciones del gasto se concentran en los deciles de menores ingresos en el caso de la electricidad, en los sectores medios en el caso de gas por red, se distribuyen en similares proporciones en todos los deciles en los casos del servicio telefónico y el servicio de aguas y cloacas. Sin embargo, como se señaló, estas comparaciones de gasto se encuentran sesgadas porque la cobertura de los servicios no se distribuye de manera uniforme entre deciles. Si se toman sólo los hogares que poseen el servicio las diferencias se vuelven mucho más pronunciadas: en todos los servicios públicos domiciliarios el gasto del decil más pobre representa una proporción que duplica a cuadriplica la del decil más rico. La brecha de gasto más grande se observa en el servicio eléctrico, en el cual el decil de menores ingresos gasta una proporción de su presupuesto casi cinco veces mayor que el decil más rico. Le siguen gas natural y teléfono, con una relación 3,6 a 1 y 2,6 a 1 entre el decil más pobre y el más rico, respectivamente. En el servicio de aguas y cloacas el gasto es más uniforme entre deciles, fundamentalmente como resultado del modo de tarifación que prevalece en este servicio (incluye subsidios cruzados y define el nivel tarifario en base a indicadores fuertemente relacionados con el nivel de ingreso del hogar)[20].

La significativa importancia del gasto en servicios públicos domiciliarios en el presupuesto total de los hogares da cuenta de la magnitud de los efectos que las modificaciones tarifarias pueden producir sobre el gasto de los hogares, e indirectamente sobre el ingreso disponible luego del pago de los servicios. A medida que se expande la cobertura, esto es válido para un mayor número de hogares, lo que redunda en un creciente impacto de todas las cuestiones tarifarias y regulatorias sobre los ingresos disponibles de los grupos sociales más vulnerables. Si las tarifas de los servicios públicos tienen, a medida que aumenta la cobertura, cada vez más incidencia sobre el gasto y el ingreso disponible de los hogares de menores recursos, esto debe estar presente a la hora de decidir la política regulatoria, la estructura tarifaria y la existencia y dirección de las eventuales transferencias o subsidios explícitos o implícitos.

Finalmente, y estrechamente relacionado con lo anterior, la importante proporción de sus ingresos que los hogares más pobres destinan al pago de servicios públicos confirma la condición básica de estos servicios. El reconocimiento del carácter básico de los servicios públi-

---

20 Sin embargo, existen hogares –sobre todo los deciles más pobres– que no cuentan con ambos servicios (agua y cloacas), por lo tanto la proporción presentada en el cuadro puede corresponder al pago de un solo servicio (generalmente agua) mientras que en el resto de los hogares corresponde al pago de dos servicios (aguas y cloacas). Los datos disponibles impiden verificar esta cuestión, ya que el gasto se computa para ambos servicios en conjunto. Esto significa que podrían existir diferencias mayores en el gasto por unidad de servicio, ya que es precisamente en los estratos de ingresos más bajos donde se concentra la carencia de servicios cloacales.

cos es fundamental para definir adecuadamente tanto la privatización como la posterior regulación de los servicios, los niveles de precios, subsidios, cobertura, etc. En suma, el impacto social de las privatizaciones o, en otros términos, su "eficiencia social" más que estrictamente económica, debe ser tenida en cuenta para el diseño de políticas apropiadas que distribuyan equitativamente y con criterio social los costos y los beneficios de la reestructuración económica.

III.3. Los impactos de la evolución tarifaria

El análisis hasta aquí presentado refiere a la importancia del gasto y a su distribución en servicios públicos en un momento histórico específico (1996/1997). Sin embargo, esto no informa sobre los impactos del propio proceso de privatizaciones, para lo cual es necesario contar con datos que permitan confrontar con una situación anterior al mismo. Si bien, de todas formas, una comparación de este tipo no permite afirmar que *necesariamente* los cambios observados entre puntas hayan sido *causados* por la política de privatizaciones, es posible evaluar la evolución del gasto (y su distribución) que tuvo lugar *contemporáneamente* con la privatización. Esto, bajo el supuesto de que las principales modificaciones en las estructuras y niveles de gasto tienen su origen en la privatización del sistema, sea por las modificaciones y reestructuraciones tarifarias realizadas con anterioridad, en vistas de la privatización, o con posterioridad, como efecto de las regulaciones emergentes del proceso.

En los gráficos N° 5 a 8 se observa la variación en las proporciones del gasto total familiar destinadas al pago de servicios públicos domiciliarios entre 1985/86 y 1996/97 para los hogares pertenecientes a cada decil de ingreso. A fin de neutralizar los efectos de los diferentes niveles de cobertura (menores en los deciles más pobres) las comparaciones presentadas se refieren *sólo* a los hogares que poseen el servicio, neutralizándose así toda variación del gasto que se origine en la extensión de la cobertura o en la regularización de conexiones clandestinas.

De la comparación surge, en primer lugar, que en los once años que separan una medición de la otra se registró, en el conjunto de los hogares, un incremento sustancial en el gasto en servicios públicos calculado como porcentaje del presupuesto total de gastos de las familias. En mayor o menor grado, en función del servicio del que se trate, uno de los hechos más salientes de este análisis es la creciente importancia de estos rubros de consumo en el presupuesto familiar y, en consecuencia, la mayor relevancia de toda política de regulación de las tarifas de los servicios públicos sobre el gasto de los hogares.

En segundo lugar, se observa una diferencial distribución de este aumento del gasto entre deciles de ingreso. Son los estratos de ingresos bajos y medios los que incrementaron su volumen de gasto en mucha mayor medida que el resto de los hogares. En efecto, en el caso del servicio eléctrico se registró en el promedio de los hogares un leve aumento en el gasto, que se concentra en los deciles de menores ingresos y cae progresivamente a medida que se asciende en la escala social. De hecho, el decil de mayores ingresos es el único que presenta un beneficio neto entre puntas, reflejado en una reducción de su gasto en el servicio.

En el caso del servicio de gas natural se registra un incremento más importante que en el sector eléctrico, fundamentalmente en los deciles de menores ingresos. Mientras que el promedio de los hogares incrementa el presupuesto destinado al servicio de gas natural en un 56%, el decil de menores ingresos lo hace un 90%. Esto es, en términos generales, consistente con la evolución ascendente de las tarifas residenciales presentada en el punto II.2.

La misma tendencia se observa en el caso del teléfono fijo domiciliario aunque con una suba más pronunciada que en cualquiera de los otros servicios (el gasto se duplica en el promedio de los hogares). Ello puede deberse en parte al aumento de la utilización del servicio y, fundamentalmente, al importante incremento tarifario registrado durante el período. Al igual que en los otros servicios públicos, los estratos más pobres concentran el mayor aumento del gasto: el decil de menores ingresos más que triplica su gasto en servicios telefónicos entre las dos mediciones.

En el caso del servicio de aguas y cloacas, para el período 1985/86 se presenta únicamente el gasto promedio, ya que no se pudo acceder a información más desagregada. En el gráfico N° 8 se observa una característica destacable del servicio de agua y cloacas respecto del resto: el gasto promedio disminuye entre puntas, hecho que no ocurre en ninguno de los otros servicios, y se corresponde con la tendencia decreciente de las tarifas reales presentada en el punto II.2. Por otro lado, al igual que en los demás servicios se observa (siguiendo los datos desagregados disponibles para la medición 1996/97) una desigual distribución del gasto entre deciles. En el mismo sentido que en el resto de los servicios, en agua y cloacas los hogares de menores ingresos orientan una mayor proporción de su presupuesto familiar al pago del servicio que el resto de los hogares. Por esta razón, si bien, en promedio, el gasto en servicios de agua y cloacas –como proporción del gasto total– se redujo, situaciones muy diversas pueden existir entre distintos estratos de ingreso.

Dejando de lado la extensión de la cobertura (que se halla neutralizada en los datos aquí presentados), los factores explicativos de este incremento en la proporción del presupuesto familiar orientada al pago de servicios públicos son esencialmente tres: 1) las tarifas de los servicios, 2) el volumen físico del servicio consumido por cada hogar y 3) la evolución del nivel real de gastos (e ingresos) de los hogares de cada estrato social.

En lo que respecta a la evolución tarifaria, en el punto II.2 se observó que, tanto en el período inmediato anterior a la privatización como durante la etapa de operación privada se registraron aumentos tarifarios destacables en los servicios de gas natural, telefonía básica y, en menor medida, energía eléctrica. Por otra parte, en cuanto a las cantidades de servicio consumidas (i.e. el volumen de gas utilizado, la cantidad de llamadas telefónicas realizadas, etc.), la disponibilidad de datos es limitada. Sin embargo, algunos datos parciales sugieren la presencia de mayores volúmenes físicos consumidos en ciertos servicios públicos, aunque resulta difícil estimar en qué medida ellos explican el significativo incremento en la proporción del ingreso destinada al pago de cada servicio. En particular, el consumo de telefonía básica se elevó muy sustancialmente en el período (entre 1986 y 1997 las líneas instaladas aumentaron un 131%, y el número de llamadas realizadas también hizo lo propio, sin contar la aparición de nuevos servicios como el "llamado en espera" y el "memobox", y la generalización de la telefonía celular y el uso de Internet)[21]. El consumo de electricidad, por su parte, también aumentó: mientras que la cobertura se expandió un 10,5% entre 1986 y 1996, la energía vendida se incrementó un 52%[22], lo cual sugiere un mayor consumo promedio por usuario. En el caso del servicio de gas, si bien la cobertura se extendió, los datos disponibles no dan cuenta de variaciones significativas en el consumo promedio por hogar[23]. Esto, junto con la ascendente evolución tarifaria del sector, hace suponer que el mayor gasto en este servicio se debe fundamentalmente a los incrementos tarifarios y no a las cantidades consumidas. El caso de aguas y cloacas difiere de los otros sectores en cuanto a la incidencia del factor "cantidad" en el gasto ya que, por el mecanismo de cálculo de las tarifas en el servicio "no medido" (que concentra a la mayor parte de los usuarios), la cantidad de agua utilizada o de afluentes desechados en la red cloacal no incide directamente en la tarifa final a pagar y, por lo tanto, el volumen físico no afecta el gasto. En síntesis, los datos presentados parecen sugerir que sólo en los casos de telefonía básica y energía eléctrica puede considerarse que las mayores cantidades consumidas sean un factor de importancia en la tendencia hacia un aumento del gasto de los hogares registrada entre 1985/86 y 1996/97.

Por último, un tercer factor que influye en la evolución de la proporción del gasto familiar orientada al pago de servicios públicos es la correspondiente al nivel real del gasto total familiar. Esto, porque al calcular el gasto en servicios como *porcentaje* del gasto total familiar, si el denominador en la fórmula (el gasto total) se reduce (aun cuando el numerador –el gasto en el servicio– se mantenga constante) se producirá un incremento en la proporción resultante. Según los datos dis-

21 INDEC (varios años) y UADE/ADESPA (2001).
22 Datos citados en Romero (1998).
23 Entre 1987 y 1997, el consumo de gas por red por hogar se incrementó sólo un 5% (datos de Gas del Estado y del ENARGAS).

ponibles, el monto total de gastos e ingresos promedio de los hogares no se redujo, en términos reales, entre mediados de la década de los ochenta y la de los noventa[24]. Sin embargo, la mencionada tendencia hacia una distribución más regresiva del ingreso (y del gasto) implica que, durante el período analizado, los hogares pertenecientes a los deciles de mayores ingresos experimentaron un alza mucho más importante en sus niveles de gasto total que los deciles de menores ingresos. Dado que la comparación de la evolución del gasto en servicios públicos entre distintos estratos sociales interesa desde el punto de vista del bienestar de los hogares, el contexto (de creciente desigualdad distributiva) en el que el gasto en servicios públicos se modifica es de fundamental importancia. Por esta razón, la distribución del ingreso del período debe ser contabilizada más que neutralizada en el cálculo. No es lo mismo un incremento de las tarifas de los bienes básicos en un contexto de crecientes ingresos de los grupos sociales más pobres que en un contexto de reducción de sus ingresos y de aumento de la desigualdad. En suma, puede afirmarse, por un lado, que el incremento en la proporción del gasto total familiar destinada al pago de servicios públicos durante el período analizado es producto del aumento del gasto nominal en servicios y no de la reducción del gasto total del hogar. Por otro lado, la redistribución regresiva de los ingresos durante el mismo período supone mayores incrementos relativos en la proporción del gasto destinada a los servicios públicos en los sectores de menores ingresos, por la conjunción de la caída relativa de sus ingresos (y gastos) y la baja elasticidad de la demanda de los servicios en cuestión.

---

24 La conversión de los volúmenes de ingresos de las encuestas a valores constantes en un período signado por varios períodos inflacionarios resulta problemático ya que ningún deflactor parece satisfactorio. Sin embargo, dos indicadores apuntan en la misma dirección. Por un lado, el PBI en valores constantes se incrementó durante el período. Por otro lado, los niveles de ingreso y gasto de los hogares, según las dos encuestas utilizadas (medidos en dólares de 1997), presentan un leve incremento entre las dos mediciones, de magnitud mayor en los deciles de ingresos más elevados que en el promedio (acompañando el mencionado aumento en la regresividad distributiva).

En definitiva, el sustancial aumento de la proporción del gasto total familiar destinada al pago de servicios públicos, fundamentalmente en los hogares de menores ingresos, marca la importancia que tienen las políticas de regulación de la prestación privada de los servicios públicos privatizados sobre el bienestar de los sectores sociales más pobres. Las falencias del sector público en el diseño y la aplicación de políticas regulatorias efectivas no perjudican simplemente a los usuarios en general, sino fundamental y particularmente, a los usuarios de menores ingresos. Toda reestructuración económica produce efectos concretos sobre la población, que pueden suponer un beneficio o un perjuicio agregado, según el caso. Es una decisión política (por acción deliberada o negligente) qué grupos sociales se benefician y cuáles pagan los costos de la reforma. En sectores económicos que se caracterizan por su indispensabilidad (su condición de bienes o servicios "básicos") resulta necesario acompañar la reestructuración con un programa de protección social que garantice que no serán los sectores sociales más vulnerables quienes carguen con los costos de la reforma. De lo contrario, el tratamiento "igualitario" que se supone el mercado otorga a todos los agentes económicos puede ser muy desigual en sus efectos cuando las condiciones objetivas de dichos agentes (niveles de ingreso y gasto de los hogares, por ejemplo) son tan diferentes.

Gráfico N° 5
Gasto en electricidad como porcentaje del gasto total del hogar,
1985/86 y 1996/97

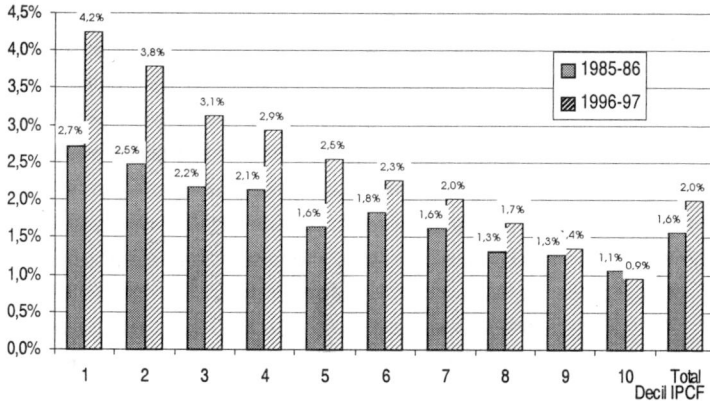

Fuente: Área de Economía y Tecnología de la FLACSO en base a datos de la EGH, INDEC.

Gráfico N° 6
Gasto en gas natural como porcentaje del gasto total del hogar,
1985/86 y 1996/97

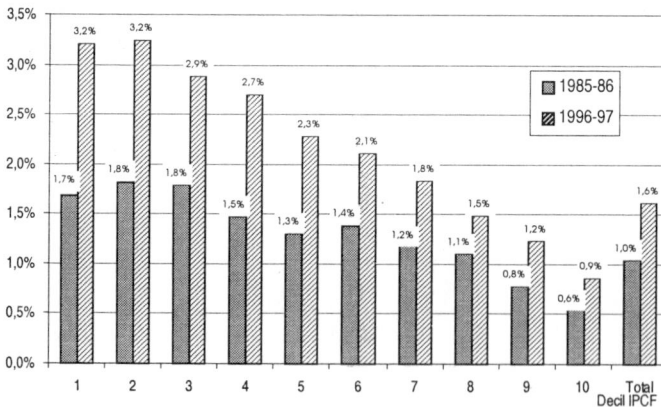

Fuente: Área de Economía y Tecnología de la FLACSO en base a datos de la EGH, INDEC.

116

Gráfico N° 7
Gasto en teléfono como porcentaje del gasto total del hogar, 1985/ 86 y 1996/97

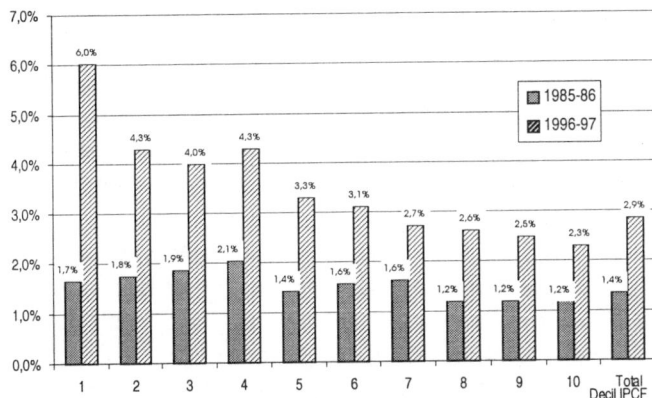

Fuente: Área de Economía y Tecnología de la FLACSO en base a datos de la EGH, INDEC.

Gráfico N° 8
Gasto en servicio de aguas y cloacas como porcentaje del gasto total del hogar, 1985/86 y 1996/97

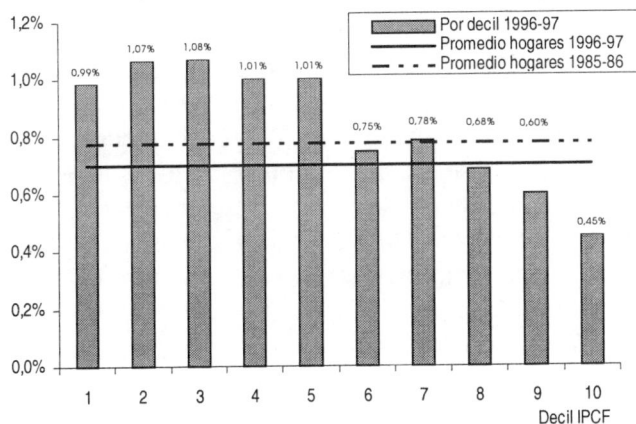

Fuente: Área de Economía y Tecnología de la FLACSO en base a datos de la EGH, INDEC.

III.4. Los impactos de la expansión de la cobertura

Al margen de la evolución de los precios de los servicios públicos y sus efectos sobre el gasto de los hogares, un segundo eje fundamental en el que la política de privatizaciones tuvo impactos significativos sobre el bienestar y la igualdad de los hogares refiere a la expansión de la cobertura de los servicios. La misma constituye un beneficio neto tanto para los hogares previamente cubiertos como para los no cubiertos (por las externalidades positivas que supone la extensión de las redes).

Los datos emergentes de las encuestas de hogares utilizadas en este trabajo permiten evaluar la efectiva expansión de la cobertura de los servicios hacia los hogares pertenecientes a cada decil de ingreso. Se trata de analizar los efectos que la política de privatizaciones de los servicios públicos domiciliarios tuvo sobre la expansión y distribución del acceso. Según surge de los resultados comparados de los períodos pre y postprivatizaciones (1985/86 y 1996/97) existe una tendencia hacia la expansión de la cobertura en todos los servicios, con la notable excepción del servicio de cloacas (cuadros N° 3 a 6). El servicio que más se expandió es el telefónico, que contaba con un relativamente bajo nivel de cobertura en 1985/86. Le siguen los servicios de gas natural y electricidad, que incrementan su nivel de cobertura entre un 10% y un 12%, aunque partiendo de niveles iniciales mucho mayores que el telefónico. El caso del servicio de aguas y cloacas llama negativamente la atención. Entre puntas, las conexiones de agua potable se incrementaron sólo un 5% mientras que las de cloacas se redujeron en idéntica proporción. Dado que no se cuenta con series anuales confiables (y comparables) de la evolución de la cobertura, no puede aseverarse hasta qué punto el deterioro se produjo durante el período de operación estatal o privada. Al inicio de la concesión se estimó una cobertura del 70% para aguas, y

---

25 Datos correspondientes al área de concesión de Aguas Argentinas S.A. (el AMBA). Ver Ferro (1999 y 2000).

del 58% para cloacas[25]. Siguiendo estos datos podría afirmarse que entre la fecha de concesión de la empresa y 1996/97 la cobertura se extendió alrededor del 9% en aguas y no presentó extensión alguna en el servicio de cloacas. Esto da cuenta del débil y poco efectivo poder regulatorio del Estado que no pudo garantizar el cumplimiento de las metas de extensión inicialmente previstas en el contrato de concesión.

Al margen de la extensión de la cobertura verificada, en general, en el promedio de los hogares, las mayores tasas de variación de la cobertura en los deciles de menores ingresos sugieren –a simple vista– que tuvo lugar un proceso de "homogeneización" o, en otras palabras, un incremento en la igualdad en el acceso a los servicios entre hogares de distintos estratos sociales[26]. Si bien los datos no son uniformes entre sectores, fundamentalmente en los servicios eléctrico, telefónico y de agua potable, se observa que los deciles más pobres incrementan su grado de cobertura en mayor medida que los más ricos.

---

26 Ello contribuye a una mejora en los coeficientes de igualdad distributiva en el acceso a los servicios públicos, presentados por Navajas (1999).

Cuadro N° 3
Cobertura de la red de energía eléctrica en el AMBA, 1985/86-1996/97* (porcentajes y puntos porcentuales)

Decil IPCF	Cobertura		Extensión de la cobertura		
	1985/86	1996/97	Variación	Puntos porcentuales	Extensión sobre población no cubierta
	(a)	(b)	(c) = (b)/(a)–1	(d) = (b)–(a)	(e) = (d)/(100–(a))
1	66,1	99,1	49,9	33,0	97,3
2	80,5	100,0	24,2	19,5	100,0
3	87,8	99,6	13,4	11,8	96,7
4	90,5	99,7	10,2	9,2	96,8
5	92,8	99,8	7,5	7,0	97,2
6	95,0	100,0	5,3	5,0	100,0
7	96,8	100,0	3,3	3,2	100,0
8	96,1	100,0	4,1	3,9	100,0
9	97,5	100,0	2,6	2,5	100,0
10	99,4	100,0	0,6	0,6	100,0
Total	**90,3**	**99,8**	**10,5**	**9,5**	**97,9**

* En hogares agrupados por decil de ingreso per cápita familiar (IPCF).
Fuente: Área de Economía y Tecnología en base a ENGH 1996/97 y EGH 1985/86, INDEC.

Camila Arza

Cuadro N° 4
Cobertura de la red de gas natural en el AMBA, 1985/86-1996/97*
(porcentajes y puntos porcentuales)

Decil IPCF	Cobertura		Extensión de la cobertura		
	1985/86	1996/97	Variación	Puntos porcentuales	Extensión sobre población no cubierta
	(a)	(b)	(c) = (b)/(a)–1	(d) = (b)–(a)	(e) = (d)/(100–(a))
1	25,5	21,6	–15,3	–3,9	–5,2
2	40,2	45,9	14,2	5,7	9,5
3	50,3	61,9	23,1	11,6	23,3
4	61,0	70,0	14,8	9,0	23,1
5	65,1	77,7	19,4	12,6	36,1
6	74,8	84,4	12,8	9,6	38,1
7	76,5	85,7	12,0	9,2	39,1
8	81,0	91,2	12,6	10,2	53,7
9	85,1	95,6	12,3	10,5	70,5
10	92,7	98,2	5,9	5,5	75,3
Total	**65,2**	**73,2**	**12,3**	**8,0**	**23,0**

* En hogares agrupados por decil de ingreso per cápita familiar (IPCF).
Fuente: Área de Economía y Tecnología en base a ENGH 1996/97 y EGH 1985/86, INDEC.

Cuadro N° 5
Cobertura de la red de telefonía fija domiciliaria en el AMBA, 1985/
86-1996/97* (porcentajes y puntos porcentuales)

Decil IPCF	Cobertura		Extensión de la cobertura		
	1985/86	1996/97	Variación	Puntos porcentuales	Extensión sobre población no cubierta
	(a)	(b)	(c) = (b)/(a)–1	(d) = (b)–(a)	(e) = (d)/(100–(a))
1	7,9	23,4	196,2	15,5	16,8
2	15,9	40,0	151,6	24,1	28,7
3	18,3	53,8	194,0	35,5	43,5
4	34,3	57,5	67,6	23,2	35,3
5	32,9	68,7	108,8	35,8	53,4
6	40,6	80,4	98,0	39,8	67,0
7	46,0	81,4	77,0	35,4	65,6
8	56,9	86,6	52,2	29,7	68,9
9	62,5	89,4	43,0	26,9	71,7
10	73,7	94,1	27,7	20,4	77,6
Total	**38,9**	**67,5**	**73,5**	**28,6**	**46,8**

* En hogares agrupados por decil de ingreso per cápita familiar (IPCF).
Fuente: Área de Economía y Tecnología en base a ENGH 1996/97 y EGH 1985/86, INDEC.

Camila Arza

Cuadro N° 6
Cobertura de las redes de agua y cloacas en el AMBA, 1985/86-1996/97* (porcentajes y puntos porcentuales)

	Agua corriente					Cloacas				
	Cobertura		Extensión de la cobertura			Cobertura		Extensión de la cobertura		
Quintil IPCF	1985/86	1996/97	Varia-ción	Puntos Porcen-tuales	Extensión s/población no cubierta	1985/86	1996/97	Varia-ción	Puntos Porten-tuales	Extensión s/población no cubierta
	(a)	(b)	(c) = (b)/(a)-1	(d) = (b)-(a)	(e) = (d)/(100-(a))	(a)	(b)	(c) = (b)/(a)-1	(d) = (b)-(a)	(e) = (d)/(100-(a))
1	44,8	51,9	15,8	7,1	12,9	30,0	27,0	-10,0	- 3,0	- 4,3
2	67,0	70,5	5,2	3,5	10,6	54,2	45,5	-16,1	- 8,7	- 19,0
3	72,6	78,4	8,0	5,8	21,2	61,1	58,1	- 4,9	- 3,0	- 7,7
4	83,7	85,3	1,9	1,6	9,8	73,2	72,5	- 1,0	- 0,7	- 2,6
5	92,7	94,9	2,4	2,2	30,1	88,4	87,4	- 1,1	-1,0	- 8,6
Total	72,2	76,2	5,5	4,0	14,4	61,4	58,1	- 5,4	- 3,3	- 8,5

* En hogares agrupados en quintiles de ingreso per cápita familiar (IPCF).
Fuente: FIEL (1999a) en base a EGH, INDEC.

Sin embargo, la desigualdad en el acceso a los servicios públicos persiste en todos ellos y sigue siendo de significativa magnitud. Más allá de la variación de la cobertura, resulta relevante evaluar cuál fue la tendencia distributiva en la extensión de la cobertura o, en otras palabras, cuán "pro-pobre" fue dicha extensión. Ello se efectúa a través de la comparación (entre deciles) de la cantidad de *puntos porcentuales* en que se extiende (o reduce) la cobertura entre puntas. Dado que cada decil incluye igual cantidad de hogares (el 10% del total), cada punto porcentual de extensión en cada uno de ellos refiere a una misma cantidad de hogares con nuevas conexiones al servicio. Por esta razón, la cantidad de puntos porcentuales en que se incrementa la cobertura da cuenta de la *extensión real* en cada decil, que no se encuentra influida por el nivel de cobertura previo (como sucede con la *variación* de la cobertura). Ello apunta a estimar hacia qué tipo de hogares estuvo destinada mayormente la expansión, y en este sentido da cuenta, al mismo tiempo, de la decisiones públicas en política regulatoria y de las elecciones empresarias en materia de inversión.

123

Como se observa en los cuadro citados, en el caso de la energía eléctrica se registró una extensión de la cobertura claramente "pro-pobre". Los deciles de menores ingresos incrementaron su acceso al servicio en mucho mayor medida que el resto de los deciles, o, en otras palabras, existen muchos más hogares pobres –en comparación con los "ricos"– que obtuvieron una conexión al servicio durante el período. En verdad, la existencia previa de una cobertura casi plena en los deciles de ingresos medios y altos pone un límite concreto a las posibilidades de la red de continuar extendiéndose entre estos sectores. De esta manera, el importante incremento en la cobertura en los deciles de menores ingresos permitió que el servicio eléctrico universalizara el acceso en todos los estratos sociales (siempre dentro del AMBA).

Por el contrario, en el servicio de gas natural por red, la evolución de la cobertura no parece haberse orientado de manera prioritaria hacia los sectores sociales de menores ingresos. De hecho, mientras que el decil más pobre vio reducido su acceso al servicio, el resto de los deciles experimentaron una expansión de la cobertura que rondó los diez puntos porcentuales en todos los casos, con excepción del segundo y el último decil donde la extensión fue menor. En consecuencia, no se observan indicios de una extensión progresiva de la cobertura del servicio.

El caso del servicio telefónico se asimila al del gas natural. Con una cobertura promedio muy baja a mediados de los años ochenta, la red se extiende hasta cubrir dos tercios de la población una década más tarde. Esta extensión, sin embargo, no se concentra en los deciles de menores ingresos, sino fundamentalmente en los grupos de ingresos medios (deciles quinto a séptimo). En los deciles de menores ingresos la cobertura se amplía escasamente, manteniéndose, ya mediada la década de los noventa, un bajo nivel de cobertura en los hogares más pobres.

Finalmente, el servicio de agua potable experimenta una limitada extensión de la cobertura mientras que, como se mencionó, en el servicio de desagües cloacales la cobertura se contrae[27]. La extensión de la

---

27 En ambos casos los datos se presentan para los hogares agrupados en quintiles de ingreso, ya que no pudo accederse a información más desagregada.

red de agua potable se concentra, fundamentalmente, en los quintiles de ingresos bajos y medios. Es decir, un mayor número de hogares pobres obtienen nuevas conexiones al servicio durante el período analizado, aunque su escasa magnitud absoluta limita sus efectos sobre la igualdad en el acceso. La red cloacal, por el contrario, disminuye su nivel de cobertura en tres puntos porcentuales en promedio, pero lo hace en mayor medida en los quintiles más pobres. En consecuencia, la desigualdad en la cobertura del servicio de desagües cloacales aumenta notablemente durante el período.

De esta manera, sólo en el caso del servicio eléctrico se observa una expansión "pro-pobre" de la cobertura. En el resto de los servicios públicos, por el contrario, resulta difícil afirmar que la expansión de la cobertura se haya orientado prioritariamente a los grupos de menores ingresos. Más bien pareciera que la expansión de la cobertura tiene lugar primero en los hogares de mayores ingresos (probablemente ubicados en barrios con acceso más próximo a la red, y por ello con menor costo de instalación, con mayor capacidad de pago y mayores consumos) para luego hacerse extensiva a los de menores ingresos. En rigor de verdad, la comparación de puntos porcentuales de crecimiento en poblaciones con distinta cobertura inicial no es del todo apropiada si lo que se quiere evaluar es la mejora del bienestar general, y fundamentalmente aquél de los hogares más pobres. No es lo mismo 10 puntos porcentuales de extensión de la cobertura cuando queda sólo un 10% de la población no cubierta (es decir, cuando la cobertura inicial es 90%), que una extensión de 10 puntos porcentuales cuando la cobertura inicial es del 20% (con una población no cubierta del 80%). En este sentido, más apropiado resulta tomar la población no cubierta de cada decil de ingreso, y estimar cuántas nuevas personas (en porcentajes sobre el total no cubierto) accedieron a la red en el período. Se trata, de algún modo, de una evaluación que incluye el factor "necesidad" en el cálculo, estimando cuántos de los hogares de cada decil *que así lo necesitaban* adquirieron el servicio.

Los valores obtenidos en esta medida confirman la existencia de una extensión equitativa del acceso al servicio eléctrico. En el resto de los servicios, sin embargo, la extensión de la cobertura es –en relación con la "necesidad" de extensión– clara y profundamente regresiva. En gas por red, telefonía y servicios de agua y cloacas se observa cómo la extensión de la red invariablemente alcanza a una mayor proporción de los hogares no cubiertos en los deciles de ingresos más altos en comparación con los más pobres. Esto refleja la falta de una política de expansión de los servicios que se centre en su condición de "servicios básicos" y garantice el acceso a los hogares más postergados de la sociedad. En ausencia de obligaciones contractuales contrarias, es natural que las empresas prestadoras de los servicios públicos decidan dar cumplimiento a sus obligaciones de extensión allí donde la inversión necesaria es menor y los beneficios futuros (en términos de niveles de facturación del servicio) son mayores. Por varias razones (cercanía a las redes existentes, mayores consumos, etc.), son los hogares pertenecientes a los deciles de mayores ingresos los que cumplen con dichas condiciones. En consecuencia, para garantizar una expansión "pro-pobre" de la cobertura de los servicios hace falta una política de regulación pública que deliberadamente incluya esta orientación entre las obligaciones contractuales de las empresas prestatarias.

IV. Reflexiones finales

Es una característica intrínseca de toda reforma estructural la redefinición de las reglas de juego en base a las cuales se relacionan los actores económicos, políticos y sociales de un país. La reestructuración determina, en última instancia, una nueva distribución de la riqueza nacional, de la propiedad y de la renta, que puede bien contradecir o profundizar tendencias imperantes en períodos anteriores. La importancia central del proceso de privatización de empresas públicas en la concentración del poder económico (y la redefinición de la elite empresaria local) fue analizada en detalle por varios estudios[28]. A esta

---

28 Ver, entre otros, Azpiazu (1996); y Basualdo (2000 y 2001).

redistribución de los beneficios dentro de la cúpula empresaria le corresponde una nueva distribución de costos y beneficios de la reforma entre los hogares. El impacto no fue homogéneo: en el caso de la privatización de los servicios públicos (y la reestructuración de los precios relativos de la economía que trajo consigo) los hogares se vieron afectados de manera desigual de acuerdo con sus tipos de consumo y niveles de ingreso.

Uno de los principales resultados de esta investigación refiere a la creciente importancia de los servicios públicos en el presupuesto familiar. En general, aunque con diferencias particulares entre servicios, la proporción del gasto total familiar destinada al consumo de servicios públicos aumenta de manera significativa en poco más de una década (entre 1986 y 1997). En los hogares de menores ingresos que se hallan cubiertos por las redes de servicios, los incrementos son aún más significativos: el decil más pobre destina al pago de los servicios públicos domiciliarios una suma tal (14,5% del presupuesto total del hogar) que corresponde a una cuarta parte de lo que el mismo decil gasta en el rubro "alimentos y bebidas". Estos datos deberían inspirar y orientar la política regulatoria de los sectores analizados, reconociendo el importante impacto que las cuestiones tarifarias pueden tener sobre la distribución del ingreso y el gasto de los hogares. De hecho, en el contexto actual de profundización de la pobreza y la desigualdad, las tarifas de los servicios públicos volvieron a ser uno de los ejes del debate público, no sólo en lo que respecta a su "pesificación" ante la devaluación de la moneda local, sino también en torno de lo que ha dado en llamarse la "tarifa social", una suerte de subsidio a los sectores de menores ingresos que ya fue creado en el sector de aguas y cloacas y que está siendo discutido en los sectores de gas natural y energía eléctrica.

El carácter básico de los servicios públicos hace que no sólo sean importantes las cuestiones ligadas al nivel tarifario sino también aquellas relativas a la cobertura de las redes. El reconocimiento de la centralidad de estos servicios para el bienestar más elemental de las familias fundamentó los debates que pugnaron por la consideración del acceso a los servicios básicos como un "derecho", sobre todo en sectores como el de agua y desagües cloacales, donde el acceso está tan relacionado con otros derechos humanos fundamentales como el derecho a la salud y a la vida[29]. La extensión de la cobertura de los servicios públicos –bajo niveles tarifarios razonables– se convierte así en un hecho de interés público, que enmarca las posibilidades concretas de desarrollo social del país. La definición de las metas concretas de extensión de las redes, y el control de su cumplimiento en tiempo y forma, debe ser por ello uno de los ejes fundamentales de toda política regulatoria y de contralor. Dejar la extensión de la cobertura de los servicios básicos a merced del mercado significa limitar el acceso de miles de hogares pobres. Si la política pública se fija como meta la universalización de la cobertura, garantizando el acceso a los servicios básicos a *toda* la población, la expansión de las redes no puede guiarse únicamente por el cálculo estrictamente microeconómico de costo-beneficio que define a los usuarios "objetivo" como aquellos que permiten a la empresa obtener una "rentabilidad razonable" por la prestación del servicio. La relevancia del acceso a los servicios básicos para la vida cotidiana de miles de familias requiere que el Estado desarrolle con eficacia su papel de garante del bien público, en este caso definiendo y controlando la ejecución de políticas de expansión del acceso a los servicios, sobre todo en el caso de los hogares más pobres y geográficamente alejados, que producen una función de costo-beneficio empresario negativa. Esto implica alejarse de criterios que priorizan la eliminación de las distorsiones económicas y los subsidios cruzados por sobre otros criterios más relacionados con la distribución del bienestar y la disminución de la pobreza. Supone incluir en el estricto cálculo micro de funciones costo-beneficio, otras variables tales como la relevancia social del servicio (su importancia para la consecución de los derechos sociales más básicos), las externalidades positivas de la expansión del acceso y los impactos agregados de una tarifación razonable sobre la distribución del ingreso y los niveles de pobreza del país.

En conclusión, cuando la provisión de bienes y servicios básicos

29 Ver, por ejemplo, Paiva y Cariño (1983).

queda a cargo de empresas privadas monopólicas la regulación pública es esencial. La necesidad regulatoria es un hecho que no encuentra oposición alguna entre los más diversos especialistas en el tema. Sin excepción, todos los analistas apuntan hacia la relevancia de las funciones de contralor público y los altos costos sociales de su ineficacia. Mucha más discrepancia existe respecto de la orientación efectiva y de las prioridades implícitas y explícitas de la política pública en materia regulatoria. Pero más allá de eso, muy pocos estudios mencionan que los costos de la ineficacia regulatoria son soportados en mayor medida (en términos relativos) por los hogares de menores ingresos, que no sólo son los principales perjudicados por los incumplimientos en materia de extensión de redes (como en el caso de aguas y cloacas), sino que al mismo tiempo son quienes más sufren los costos de una inadecuada política tarifaria ya que en sus presupuestos el gasto en servicios públicos tiene una importancia relativa mucho mayor que en el resto de los hogares.

La privatización de los servicios públicos abre toda una nueva gama de funciones públicas que no se restringe a la función de contralor del cumplimiento de las obligaciones contractuales (poder de policía). Por el contrario, tanto en la definición de los pliegos de licitación como en la firma de los contratos, las reglamentaciones posteriores y las renegociaciones contractuales que fueron casi una constante en todos los servicios públicos privatizados, el Estado ha ido definiendo las prioridades públicas en la política del sector. En una situación como la actual, en la que, en un contexto de crisis social y económica profunda, todos los contratos de prestación privada de los servicios han sido puestos a consideración para su renegociación con las empresas, es fundamental que el Estado asuma el rol de protección de los intereses sociales. Eso no significa sólo "controlar" que la empresa cumpla con las obligaciones previamente pactadas, sino definir, con un criterio que priorice no sólo la eficiencia económica sino fundamentalmente la eficiencia social, los nuevos derechos y obligaciones de las empresas prestatarias.

La recurrente renegociación de los contratos en los servicios privatizados. Rasgo distintivo del proceso y priorización sistemática de los privilegios empresarios[*]

POR DANIEL AZPIAZU[**]

I. Introducción

Una caracterización global del programa de privatizaciones desarrollado en la Argentina durante los años noventa remite a la consideración de muy diversos rasgos distintivos. Al respecto, basta con resaltar la escasa o nula preocupación por la difusión de la propiedad de las empresas privatizadas, con su lógica contrapartida en la profundización del proceso de concentración y centralización del capital; la celeridad –no exenta de improvisaciones– y lo abarcativo de las concreciones[1] ; la formulación –tardía, limitada y, cuando no, precaria– de marcos regulatorios y la constitución de débiles agencias reguladoras –muchas veces, con posterioridad a la transferencia de los activos– a partir de decretos y resoluciones del Poder Ejecutivo y no de leyes específicas; la desprotección de usuarios y consumidores y, en síntesis, la generación de áreas privilegiadas por las políticas públicas (rentas extraordinarias, nulo riesgo empresario, reservas de mercados mono u oligopólicos).

* Se trata de una versión revisada y resumida del artículo "Las renegociaciones contractuales en los servicios públicos privatizados. ¿Seguridad jurídica o preservación de rentas de privilegio?", publicado en *Realidad Económica*, N° 164, 1999.
** El autor agradece los comentarios de Martín Abeles, Enrique Arceo y Eduardo M. Basualdo, y los exime de toda responsabilidad en cuanto a errores u omisiones.
1 Al margen de las economías del ex bloque soviético, no existe experiencia internacional alguna en que se haya privatizado tanto patrimonio y tanto poder económico con tal premura.

En ese marco, otra peculiaridad no menos relevante, que adquirió particular intensidad, es la recurrente y generalizada renegociación de diversas cláusulas contractuales (generalmente las referidas a precios y tarifas, a sus ajustes periódicos, a los compromisos de inversión y/o a los plazos de concesión), así como la introducción de cambios regulatorios que, incluso, violan normas de superior rango legal. Todo ello, siempre, en el contexto de la escasa o nula transparencia que ha caracterizado a las *discrecionales* negociaciones encaradas por el Poder Ejecutivo con *cada una* de las empresas concesionarias.

De todas maneras, la renegociación de los contratos de concesión de los servicios públicos privatizados, así como la modificación de diversas cláusulas contractuales y de la propia normativa regulatoria no son fenómenos novedosos que, como tales, podrían estar asociados con cierta premura política-institucional. En efecto, tales renegociaciones –y la opacidad de las mismas– emergen como una constante del período postprivatización, a punto de constituirse, también, en uno de los rasgos distintivos del programa de privatizaciones desarrollado en el país.

El mismo surge, en última instancia, como resultado lógico y previsible de las urgencias políticas y fiscales con las que se encaró dicho programa, y de las consiguientes improvisaciones e imprecisiones normativas. Estas últimas han derivado, en la generalidad de los casos, en renegociaciones con el sector privado que tienen un claro denominador común: garantizar un nulo riesgo empresario y preservar sus rentas de privilegio a partir de una concepción en la que la "seguridad jurídica" queda circunscripta a mantener inalterada una opaca ecuación económico-financiera original de quienes se hicieron cargo de los servicios públicos privatizados, incluso cuando ello suponga contravenir normas jurídicas de superior rango legal. Más aún, atento a las propias insuficiencias y limitaciones regulatorias, donde el componente de los costos de tal ecuación no está sujeto a control alguno, las preocupaciones oficiales parecerían quedar restringidas a la *maximización de los ingresos y los beneficios* –presentes y futuros– de tales firmas, al margen de toda otra consideración. Los ejemplos que ofrecen las telecomunicaciones, el agua potable y los servicios cloacales, los ferrocarriles y las concesiones viales resultan sumamente ilustrativos de la funcionalidad de las acciones –y omisiones– oficiales respecto de los intereses del sector privado.

II. TELECOMUNICACIONES

La privatización de la Empresa Nacional de Telecomunicaciones (ENTel) emerge como una de las de mayor trascendencia del vasto programa implementado a partir de la Ley de Reforma del Estado. Ello está asociado, por un lado, con la magnitud del patrimonio transferido –y, fundamentalmente, con las potencialidades de la reserva de mercado ofrecida– con el sector privado[2] y, por otro, en un plano más político, con el hecho de tratarse –junto con Aerolíneas Argentinas– de un primer "caso testigo" frente a las dos grandes experiencias *truncas* de la anterior administración de gobierno.

En ese marco, la celeridad que se le imprimió al proceso es, sin duda, uno de los aspectos más destacados de la privatización de ENTel. Así, antes de que transcurriera un mes de la sanción de la Ley de Reforma del Estado, ya se publicaba el Decreto N° 731/89 (marco jurídico de la privatización de la empresa); a principios de enero de 1990 (poco más de cuatro meses de sancionada la ley) se sancionó el Decreto N° 62/90 (Pliego de Bases y Condiciones del Concurso Internacional); y, por último, en noviembre de 1990, se transfirió la empresa a sus nuevos propietarios (Decreto N° 2.332/90). Tiempo récord para la privatización de una empresa como ENTel, y del consiguiente servicio en condiciones de reservas legales de mercado en un sector que admite crecientemente la competencia, demandas insatisfechas y –como se verá más adelante– garantía de nulo riesgo empresario.

Resultaron adjudicatarias las empresas Telecom Argentina S.A. y Te-

---

2 Tomadas conjuntamente, las dos compañías que continuaron a ENTel en la prestación del servicio telefónico conformarían, en términos de facturación, la segunda empresa del país después de YPF.

lefónica de Argentina S.A. que, en condiciones monopólicas –durante siete años, con la posibilidad de extensión por otros tres–, se hicieron cargo del servicio de telefonía básica en las zonas norte y sur del país, respectivamente, y a las que, en contraposición a las recomendaciones y a las mejores prácticas internacionales, se les concedió el monopolio compartido del servicio internacional (Telintar) y, a la vez, se les permitió participar en las licitaciones de las frecuencias de telefonía celular móvil y del Servicio de Comunicaciones Personales (PCS), en las mismas áreas geográficas en las que operan (Miniphone, Unifón, Telecom Personal).

La premura –esencialmente política– que se le imprimió a esta privatización y las consiguientes improvisaciones se ven claramente reflejadas en la demorada constitución del ente regulador sectorial y, en especial, en las recurrentes modificaciones de sus funciones, misiones, y en su propia inserción institucional. En efecto, recién poco antes del traspaso de la empresa al sector privado, el Decreto Nº 1.185/90 dispuso la creación de la Comisión Nacional de Telecomunicaciones (CNT), cuya actividad se inició con posterioridad a dicha transferencia. Las funciones y la vinculación institucional de la misma se modificaron radicalmente en 1993 (Decretos Nº 205 y 2.160) y en 1996 (Decreto Nº 245) para, finalmente, en 1997 (Decreto Nº 80) quedar subsumida en la Comisión Nacional de Comunicaciones –en el ámbito de la Secretaría de Comunicaciones de la Presidencia de la Nación–[3]. La CNT estuvo intervenida en varias oportunidades (la primera en 1992, por un total de 450 días, y la segunda en 1995), al tiempo que sistemáticamente se le fueron recortando misiones y funciones que eran derivadas directamente al Poder Ejecutivo Nacional. De hecho, la regulación del sector ha quedado –paulatinamente– en manos casi exclusivas de la Secretaría de Comunicaciones. El nulo grado de autarquía del ente regulador, la recurrente supresión de funciones, su debilidad manifiesta –o su "captura" por parte de las empresas reguladas y del propio poder político–, no son más que manifestaciones de un fenómeno mucho más complejo como es el de la improvisación oficial, la des-

3   Ver Vispo (1999).

preocupación por una regulación eficiente del servicio y, en última instancia, la adopción de acciones –u omisiones no menos significativas– que resultan funcionales a los intereses de las empresas licenciatarias, al margen de toda consideración respecto a la "seguridad jurídica" de usuarios y consumidores[4].

En tal sentido, en menos de una década, se han sucedido múltiples ejemplos de modificaciones y renegociaciones contractuales, así como de atípicas –e interesadas– interpretaciones legales con un mismo denominador común: la preservación de las rentas de privilegio de las licenciatarias[5]. Desde la prórroga del período de exclusividad por dos años (hasta noviembre de 1999), aun cuando las empresas sólo cumplieran parcialmente las metas a las que se comprometieran contractualmente, hasta el controvertido rebalanceo de las tarifas y la autorización a participar en la licitación del PCS, las decisiones oficiales siempre han "laudado" en favor de los intereses de las empresas.

Al respecto, la regulación tarifaria y, fundamentalmente, la orientación de las modificaciones que se han ido introduciendo en la misma brinda un ejemplo por demás representativo, no sólo por la trascendencia del tema sino, incluso, por cuanto –como se verá más adelante– algunas de las "extrañas" interpretaciones legales aplicadas en el sector han sido replicadas en otros servicios públicos privatizados[6].

---

4   En cuanto a las omisiones, resulta relevante, sobre todo en un sector que sería abierto a la competencia, la ausencia de toda preocupación oficial por las fusiones y adquisiciones en los segmentos del mercado potencialmente competitivos de la telefonía básica.

5   Los márgenes de rentabilidad sobre ventas registrados por Telecom Argentina y Telefónica de Argentina prácticamente triplican a los obtenidos, entre 1991 y 1996, por los diez operadores de telecomunicaciones más importantes del mundo (Abeles, Forcinito y Schorr, 1998).

6   Se trata, más precisamente, de la *dolarización de las tarifas* y de la posibilidad de fijar ajustes periódicos de las mismas, contraviniendo las explícitas disposiciones que, al respecto, emanan de la Ley de Convertibilidad, con el consiguiente seguro de cambio para las empresas prestatarias de muy diversos servicios públicos (como es el caso de la electricidad, el gas natural, el servicio de aguas y cloacas, y las redes de acceso a la Ciudad de Buenos Aires).

Antes de reseñar los cambios introducidos en materia de regulación tarifaria cabe señalar que las acciones oficiales que tienden a favorecer a los intereses de las empresas licenciatarias se remontan al período previo a la transferencia de la ex ENTel. En efecto, entre el mes de enero de 1990 (cuando se conoció el Pliego de Bases y Condiciones del Concurso) y noviembre de ese mismo año (firma de los contratos de transferencia), el tipo de cambio se incrementó un 235%, los precios mayoristas hicieron lo propio pero en un 450%, mientras que el valor del pulso telefónico –donde se centra la regulación tarifaria del sector– aumentó de 0,00457 dólares a 0,0371 dólares (711,8%)[7].

Esa recuperación notable del valor del pulso previa al traspaso de la firma conllevó un nivel tarifario inicial de la gestión privada sumamente holgado que, naturalmente, devino en considerables beneficios extraordinarios y en un sólido posicionamiento empresario frente a las posteriores renegociaciones contractuales.

Originalmente, el pliego de llamado a concurso fijó las siguientes bases en lo atinente al tema tarifario:

- el valor del pulso telefónico a la fecha de la toma de posesión por parte del sector privado debía proporcionar una tasa de retorno mínima del 16% anual sobre los activos sujetos a explotación;
- dicha tarifa se ajustaría mensualmente según las variaciones registradas por el Índice de Precios al Consumidor (IPC).

Previendo una recuperación del tipo de cambio, que durante la hiperinflación de 1990 había quedado retrasado frente a la evolución de los precios domésticos, las –en ese momento, futuras– licenciatarias presionaron por una modificación de la cláusula de ajuste periódico de las tarifas. Ello derivó en la alteración de las condiciones tarifarias que, fi-

---

7   En el año 1986, el más estable de la década precedente, el valor medio del pulso telefónico fue de 0,0153 dólares; más de tres veces superior al vigente al momento en que se aprobó el Pliego de Bases y Condiciones; y alrededor de un 60% por debajo de los registros contemporáneos a la transferencia del servicio al sector privado y a la implementación del Plan de Convertibilidad. Véase Azpiazu, Bang y Nochteff (1995).

Daniel Azpiazu

nalmente, quedaron incluidas en los contratos de transferencia de la ex ENTel. Por un lado, los consorcios adjudicatarios hicieron expresa renuncia a la posibilidad de regular sus tarifas por tasa de retorno (punto 16.3). Por otro, se incorporó una nueva cláusula de ajuste de precios (punto 16.9.1) ante "acontecimientos extraordinarios o imprevisibles". Se trata, en lo sustantivo, de la inclusión de un factor adicional de ajuste vinculado con las variaciones en la paridad cambiaria con el dólar. En efecto, cuando esta última superara en un 25% a la registrada por el IPC (en un solo mes o como resultado acumulado al cabo de tres meses consecutivos), el ajuste tarifario a aplicar surgiría de una fórmula combinada entre las variaciones en el IPC (60%) y en el tipo de cambio (40%).

Estas normas regulatorias de las "readecuaciones" tarifarias persistieron –y, como tales, fueron aplicadas– hasta la sanción de la Ley N° 23.928 (Ley de Convertibilidad) que prohibió todo tipo de cláusula de ajuste periódico de precios y tarifas, en tanto "declaró la inaplicabilidad y dejó sin efecto todas las normas contractuales o legales que preveían la indexación o actualización monetaria". Sin embargo, tal impedimento no iba a mantenerse mucho tiempo; las asimetrías regulatorias en favor de las nuevas licenciatarias del servicio encontrarán una de sus expresiones más acabadas en la sanción del Decreto N° 2.585/91.

En efecto, como queda explicitado en los considerandos de dicha normativa, la taxativa prohibición de la ley constituía un "obstáculo legal insalvable por el que quedan sin efecto las disposiciones del mecanismo de actualización automática del valor del pulso telefónico". Como forma de superar tal "obstáculo" se recurrió a la artimaña legal de fijar el valor del pulso en dólares estadounidenses y, a partir de ello, eludiendo la normativa legal, ajustar dicho valor según las variaciones semestrales del IPC de los EE.UU. El decreto de referencia dispuso (en acuerdo con las empresas licenciatarias) que era "conveniente expresar el valor del pulso telefónico en dólares estadounidenses", ya que era "legalmente aceptable contemplar las variaciones de precios en otros países de economías estabilizadas como, por ejemplo, los Estados Unidos de América".

En otros términos, como la Ley de Convertibilidad nada dice respecto de la moneda para la que rige la prohibición de indexación, se asumió que su ámbito de aplicación quedaría circunscripto a aquellos precios y tarifas fijados en moneda local. De allí que bastaría con expresarlos en cualquier otro signo monetario (como el dólar) para quedar eximidos de los alcances de la ley.

Ello supone una doble situación de privilegio para las compañías licenciatarias. Por un lado, cuentan con un *seguro de cambio* que les permite quedar a cubierto ante cualquier tipo de contingencia en la política cambiaria (más precisamente, sus ingresos se encuentran dolarizados). Por otro lado, a partir de una interpretación *ad hoc* de las disposiciones de la Ley de Convertibilidad, han venido ajustando sus tarifas de acuerdo con la evolución de los precios al consumidor de los EE.UU. que, como beneficio adicional, en los últimos años han crecido por encima de sus similares en el ámbito local.

Los cambios normativos introducidos por el Decreto N° 2.585/91 en beneficio de las empresas no se agotan en la peculiar dolarización –con la consiguiente posibilidad de ajustes periódicos– de las tarifas. La renegociación contractual implícita conllevó, asimismo, la postergación temporal del cronograma de reducción del "derecho de conexión" comprometido originalmente, la modificación del cuadro tarifario a partir de la reducción de la cantidad de pulsos libres y el aumento de los abonos mensuales familiares y, en especial, una reestructuración tarifaria que viabiliza la posibilidad de compensar reducciones de tarifas en el tráfico internacional –el único expuesto a la competencia– e interurbano con incrementos en el costo del servicio urbano. Se trata, en este último caso, de una permanente aspiración de las licenciatarias que, contando con un mercado cautivo en el ámbito local, podrían recurrir a "subsidios cruzados" para mejorar su posición competitiva en el tráfico internacional.

El marco regulatorio sectorial (Decreto N° 677/90) establecía que durante el "período de exclusividad" (entre el tercer y el séptimo año de prestación del servicio) las empresas licenciatarias debían comprometerse a reducir el nivel de sus tarifas en un 2% anual, en términos reales respecto de la evolución del IPC. Tal coeficiente debería ser equivalente al 4% anual en términos reales, durante el posible período de prórroga de la exclusividad. En ambos casos, "no se permitirá compensación alguna entre trafico internacional y tráfico local, debiendo lograrse la reducción mencionada en forma aislada, en cada uno de los dos tráficos".

Sin embargo, la modificación incorporada por el Decreto N° 2.585/ 91 permitió tal compensación; y es en el marco de esa disposición que en enero de 1997 (Decreto N° 92) fue aprobado el rebalanceo de las tarifas telefónicas que conllevó, finalmente, un aumento en el costo medio del servicio para los usuarios residenciales de 7,4%[8]. Por su parte, la supuesta neutralidad del rebalanceo se ve desvirtuada a partir de la lectura de los balances de ambas licenciatarias. En efecto, entre 1996 y 1997 (antes y después del rebalanceo tarifario), sus ventas agregadas se incrementaron el 7,4%, las utilidades el 21,1%, y el margen de rentabilidad promedio el 12,3%.

Si bien sólo se ha hecho referencia a algunos de los principales puntos de la reformulación del marco regulatorio sectorial (en especial, los referidos a tarifas), la sistemática subordinación de la "seguridad jurídica" de los usuarios y consumidores ante la concesión de rentas de privilegio a las firmas prestatarias surge como una constante en las recurrentes modificaciones contractuales y en la propia normativa sectorial que se han venido sucediendo desde –incluso– antes de la transferencia de ENTel al sector privado.

Ello se vio corroborado por las características que adoptó la decisión oficial de "liberalizar" el mercado recién a fines de 1999. Así, mientras –originalmente– el Pliego de Bases y Condiciones explicitaba que "al finalizar el período de exclusividad cualquier interesado podrá solicitar licencias para el área o territorio del que se trate, en competencia con la o las licenciatarias que presten servicio en ese momento", el Decreto N° 264/98 acotó la cantidad de nuevos posibles ingresantes al mercado y, a la vez, estableció los requisitos previos –tecnoeconómicos–

---

8   Ver Proyecto "Privatización y Regulación en la Economía Argentina" (1998).

que los mismos deberían satisfacer[9]. Nuevamente, las preocupaciones regulatorias subordinaron los intereses sociales frente a, en este caso, la consolidación de un oligopolio concentrado que opera en un mercado cautivo, con muy elevados –garantizados normativamente– márgenes de rentabilidad.

III. Agua y servicios cloacales

El 1º de mayo de 1993 la empresa Aguas Argentinas S.A. (consorcio liderado, en ese momento, por Lyonnaise des Eaux-Dumez de Francia y el grupo local Soldati) se hizo cargo del servicio de agua potable y servicios cloacales de la Ciudad de Buenos Aires y 13 partidos del conurbano bonaerense que, hasta entonces, era prestado por Obras Sanitarias de la Nación (O.S.N.). Tal transferencia se realizó bajo la forma de concesión (por un plazo de 30 años), inscripta en las disposiciones del Decreto Nº 999/92 –marco regulatorio sectorial– y del Nº 787/93 –contrato de concesión, estructurado a partir de la oferta del consorcio ganador de la licitación–.

Como un denominador común a buena parte de los servicios públicos monopólicos privatizados, la decisión oficial de concesionar el área de prestaciones de la ex O.S.N. a través de decretos del Poder Ejecutivo Nacional conspiró contra la estabilidad jurídica del proceso, la previsibilidad y, en última instancia, los costos sociales involucrados en el mismo. En tal sentido, se ha ido conformando el marco propicio como para que, a partir de diversos decretos y resoluciones –muchos de ellos de dudosa legalidad, sancionados bajo condiciones de absoluta discrecionalidad, nula transparencia, y sin participación alguna de usuarios y consumidores–, terminara por reformularse el contrato original de la concesión, incorporando la mayor parte de las inquietudes y propuestas empresarias. Diversos fenómenos avalan tal interpretación. Basta resaltar, al respecto, la sistematicidad de los incumplimientos de la em-

9 Abeles, Forcinito y Schorr (1999 y 2001).

presa concesionaria así como el ejercicio activo de fuertes presiones tendientes a forzar determinadas interpretaciones de la legislación vigente[10]; las permanentes modificaciones normativas que, en todos los casos, favorecieron los intereses empresarios por sobre los sociales, desnaturalizando las cláusulas contractuales originales; la reformulación –de hecho– de las misiones y funciones del ETOSS, y su creciente subordinación frente al Poder Ejecutivo y a los intereses de la empresa monopólica regulada.

Como paso previo al análisis de las principales modificaciones contractuales que, por su trascendencia, suponen la celebración de un *nuevo* contrato de concesión, distinto del que fuera objeto de la licitación internacional –alterando, así, la seguridad jurídica de los restantes consorcios que se presentaron en la misma–, cabe incorporar una muy breve consideración sobre las bases originales de la concesión y del marco regulatorio sectorial.

Al respecto, la modalidad de licitación adoptada fue la de adjudicar el servicio a aquella oferta que, a partir del cumplimiento de las exigencias técnicas en materia de obras e inversiones, propusiera la mayor reducción sobre las tarifas cobradas por O.S.N. (el valor porcentual del coeficiente ofrecido por Aguas Argentinas fue de 0,731 –o sea una reducción de 26,9% sobre la tarifa vigente–). A partir de los precios y tarifas ofrecidos, la empresa concesionaria se comprometió a desarro-

---

10 Así, en el segundo semestre de 1995, en pleno efecto "tequila", la empresa decía que "Aguas Argentinas participa actualmente en *continuas negociaciones* con las autoridades para obtener una *dolarización de las tarifas* o, al menos, una protección de los ingresos mediante la introducción de una cláusula de *revaluación automática de las tarifas* en el caso de que se produjera una devaluación del peso". Por su parte, en mayo de 1996, la compañía planteaba que "situaciones sociales tales como el crecimiento de la desocupación y la subocupación y la mayor marginalidad" constituían "hechos imprevisibles y sobrevinientes" a la firma del contrato que, por tanto, abrían la posibilidad de renegociarlo; argumento empresario insostenible que, sin embargo, luego sería retomado por el órgano regulador del sector (el Ente Tripartito de Obras y Servicios Sanitarios –ETOSS–) para recomendar a la Secretaría de Obras Públicas y Transporte una nueva renegociación contractual. Ver, en este último caso, Delfino (1997).

llar un "Plan de Mejoras y Expansión de los Servicios", dividido en seis planes quinquenales correlativos (los dos primeros fueron parte integrante de la oferta original de la empresa). En materia tarifaria se fijaron dos posibles tipos de revisión. La primera de ellas, la llamada "revisión ordinaria", debía discutirse ante la presentación de cada plan quinquenal; más precisamente a partir del segundo de ellos, en el que "sólo podrá disponerse *reducciones de los valores tarifarios y precios vigentes*". En otras palabras, la tarifa ofrecida originalmente por Aguas Argentinas constituía el techo tarifario para los primeros diez años de la concesión. Por su parte, la "revisión extraordinaria" sólo podría plantearse ante un "incremento o disminución en los costos de la concesión *superior al 7%*".

A pesar de que, taxativamente, el propio contrato de concesión prohibía toda revisión tarifaria que pudiera estar asociada a minimizar o anular el riesgo empresario, y a compensar las imprevisiones, negligencias o ineficiencias del concesionario, transcurridos apenas ocho meses de iniciada la concesión, la empresa adjudicataria solicitó una "revisión extraordinaria" de las tarifas, aduciendo pérdidas operativas no previstas. Sin mayores argumentaciones oficiales al respecto, tal aumento de tarifas fue concedido a partir del mes de julio de 1994 (el coeficiente original se elevó a 0,830, lo que implica un incremento de 13,5%) y, a la vez, sin justificación técnica alguna y sin mayor relación con la modificación contractual adoptada, se incrementaron en más de un 40% los cargos de infraestructura y de conexión. Como contrapartida de esta revisión extraordinaria de las tarifas, la empresa concesionaria se comprometió a adelantar algunos planes de inversión y a realizar ciertas obras no contempladas originalmente.

Sobre la base de esta nueva –reformulada– estructura tarifaria, en el segundo año de gestión, la empresa Aguas Argentinas pasó de una situación deficitaria a una fuertemente superavitaria, facturando casi 350 millones de dólares, con una rentabilidad neta superior a los 50 millones; al tiempo que el ETOSS constataba una amplia gama de incumplimientos empresarios, muy particularmente en cuanto al grado de ejecución de las obras e inversiones que –poco antes– habían fundamentado la "revisión extraordinaria" de las tarifas[11] .

En los años subsiguientes continuaron sucediéndose, por un lado, los reiterados e injustificados retrasos empresarios en la ejecución de las inversiones y en el cumplimiento de las metas comprometidas contractualmente y, por otro, sus crecientes presiones en procura de la dolarización de las tarifas, de nuevas formas de resarcimiento ante el alto grado de incobrabilidad de los cargos de infraestructura, de reprogramación del plan de obras (en especial, los Planes Directores de Aguas y Cloacas) y, en síntesis, de una revisión de diversas cláusulas contractuales.

La respuesta oficial resultó, nuevamente, funcional a los intereses empresarios. En febrero de 1997, el Poder Ejecutivo convocó (Decreto N° 149/97), sin mayor fundamentación legal, a la renegociación del contrato de concesión, con el objetivo de tratar la eliminación del "conflictivo" cargo de infraestructura, la gestión ambiental de Matanzas/ Riachuelo, los Planes Directores de Aguas y Cloacas, y "toda cuestión que contribuya al mejor cumplimiento de los objetivos del marco regulatorio". Asimismo, dicho decreto señala una serie de posibilidades de renegociación (entre otras, la prórroga del plazo de concesión, el diferimiento de inversiones, la reprogramación de obras, la incorporación de nuevas inversiones). La norma señalada incorpora, a la vez, una nueva anomalía en materia de inclusiones a –y exclusiones de– la mesa de negociación. Se trata, en el primer caso, de la Secretaría de Recursos Naturales y Desarrollo Sustentable[12] que irá adquiriendo una creciente injerencia en el manejo de la concesión, a punto de constituirse en la autoridad responsable de la política tarifaria del sector y en la determinación de buena parte del plan de obras (Decreto N° 146/98) y,

11 García (1998).
12 Ello se vio fundamentado en el Decreto N° 1.381, de noviembre de 1996, por el que se crea, en el ámbito de dicha secretaría, la Subsecretaría Hídrica y de Ordenamiento Ambiental, con "competencia en la elaboración de la política hídrica nacional".

en el segundo, del ETOSS, órgano de control y fiscalización del área, que fue marginado de la renegociación del contrato.

Finalmente, en noviembre de 1997, se conoció el Decreto Nº 1.167, por el que se aprobó el acta-acuerdo firmado en septiembre que, en realidad, por las modificaciones que conllevó, supuso la celebración de un *nuevo* contrato de concesión que en poco se asemeja al resultante de la licitación pública original. En otras palabras, existiendo causales suficientes como para la rescisión del contrato –dados los manifiestos incumplimientos de la concesionaria–, se optó por renegociar en términos plenamente compatibles con los intereses de la misma, aun cuando ello supusiera alterar las condiciones originales bajo las que se convocó a una licitación pública internacional.

En efecto, las nuevas condiciones contractuales no difieren sustancialmente de las que, hasta allí, fueran planteadas y/o propuestas por Aguas Argentinas. Así, entre las principales modificaciones –transformaciones sustantivas– del contrato de concesión cabe resaltar:

- la dolarización de las tarifas ("traslado inmediato a precios y tarifas de una devaluación"), con el consiguiente seguro de cambio sobre la operatoria comercial –más precisamente de los ingresos– de la empresa;
- se eliminó el cargo de infraestructura y en su reemplazo se introdujo el concepto de SUMA (SU: servicio universal, MA: medio ambiente), pago fijo indexable y reajustable que pagan todos los usuarios (entre dos y tres pesos por servicio –aguas y cloacas–, por usuario y por bimestre). A la vez, los nuevos usuarios deben pagar el CIS (Cargo de Incorporación al Servicio), en 30 cuotas mensuales de 4 pesos. En ambos casos, esos nuevos cargos fueron retroactivos al 1º de noviembre, y la recaudación agregada estimada ronda los 100 millones de pesos al año;
- se modificaron los umbrales para el ajuste por aumento de costos, recurriéndose a un argumento que, cuando menos, correspondería caracterizar como insostenible por parte de una gestión

gubernamental que implementó uno de los programas de estabilización más exitosos de las últimas décadas[13] ;

- se incorporó la posibilidad de una "revisión extraordinaria" de tarifas por año calendario, desnaturalizando la propia concepción original de tales revisiones. En ese marco, la empresa concesionaria solicitó la aprobación de un incremento de tarifas de 11,7% a partir de mayo de 1998. El mismo fue denegado por el ETOSS que, en su reemplazo, fijó un aumentó de 1,6%. Una nueva solicitud de la firma frente a la nueva autoridad en la materia (la Secretaría de Recursos Naturales y Ambiente Sustentable) derivó en un aumento adicional de 3,5% (5,1% en total), retroactivo a mayo, aprobado por el Decreto N° 1.196/98 (firmado por el doctor Menem poco antes de emprender viaje a Francia, país de origen de la empresa que lidera el consorcio Aguas Argentinas);

- se modificó el plazo de cobertura del primer plan quinquenal (de fines de abril de 1998 a diciembre de dicho año), otorgándole ocho meses adicionales a la empresa para que pueda cumplimentar las metas que debía alcanzar al final del quinquenio;

- se postergaron o cancelaron diversas inversiones comprometidas originalmente, al tiempo que se condonaron los incumplimientos en una serie de obras que, en algunos casos, fueron "compensados" por inversiones como las correspondientes al complejo empresario de Puerto Madero (socializando los correspondientes costos de esta última obra –nueve millones de pesos–).

---

13 El Decreto N° 1.167/97 señala que "el sistema de revisión tarifaria previsto ha sido diseñado tomando en consideración un escenario macroeconómico distinto del que hoy existe, lo que ha llevado a contemplar mecanismos de modificación de tarifas por variación de costos que *sólo se activan en porcentuales que resultan absolutamente impracticables en una economía estable como la actual*, con grave detrimento de la ecuación económico-financiera del contrato celebrado".

En síntesis, la tan declamada "seguridad jurídica", muy particularmente en el ámbito de las privatizaciones, se ve totalmente desplazada cuando se trata de preservar las rentas de privilegio en detrimento de la "seguridad jurídica" de usuarios y consumidores. Tanto en lo relativo a las obras comprometidas originalmente, como en lo atinente al régimen tarifario y a las propias modalidades de regulación, las opacas renegociaciones contractuales han devenido en una *nueva y distinta* figura legal que tiende a garantizar la inalterabilidad de la, no menos opaca, ecuación económico-financiera original de la concesionaria. El nulo riesgo empresario es así garantizado contractualmente, sea en su formulación original o en posteriores renegociaciones, si algún imprevisto –como sucediera con las consecuencias del relativo éxito de la política de estabilización, en cuanto a la posible aplicación de cláusulas de ajustes por costos– así lo aconsejan.

IV. FERROCARRILES

El ejemplo que ofrece la empresa Ferrocarriles Argentinos –responsable de la operación de la red ferroviaria nacional– emerge como uno de los que, en su momento, fundamentaron la necesidad de transferir los servicios públicos prestados por empresas estatales a la actividad privada. El marcado y continuo desmejoramiento en la prestación de los servicios de carga y pasajeros, y el persistente y creciente déficit que debía ser soportado por el fisco (próximo a los 400 millones de dólares al año), llevó a tomar el tema de los ferrocarriles como un caso paradigmático en términos del Programa de Privatización, por lo menos en lo referido a la consecución de algunos de los principales objetivos propuestos en el mismo (supresión de la incidencia de los déficit de las empresas públicas, mejorar la calidad del servicio ofrecido, etc.).

La inexistencia de una ley específica que sirviera de marco normativo y regulatorio sectorial; la demorada constitución de una agencia reguladora de las concesiones, así como las posteriores discontinuidades en la materia y el limitado ámbito de acción de la misma; la extrema laxitud de las autoridades frente a los múltiples incumplimientos contractuales de los concesionarios; la extemporánea convocatoria a la modificación de los contratos y la nula transparencia[14] de renegociaciones que reformulan algunos de los elementos sustantivos del llamado a concurso internacional original (como, entre otros, el plazo de extensión de la concesión, el papel del canon y de los subsidios, la determinación de las tarifas y de las obras a realizar), constituyen algunas de las principales anomalías que caracterizan al proceso de privatización del servicio ferroviario. La priorización excluyente de los intereses de los concesionarios privados por sobre la "seguridad jurídica" de usuarios y consumidores –así como la de aquellos consorcios que no resultaron adjudicatarios– reproduce, así, los lineamientos básicos sobre los que han venido estructurándose las recurrentes modificaciones contractuales en el ámbito de las privatizaciones.

La sanción de la Ley de Reforma del Estado, y el consiguiente lanzamiento del Programa de Privatización encontró, en el campo de los ferrocarriles, a una de sus principales bases de fundamentación. El plan de "reestructuración" sectorial (Decreto Plan N° 666/89), estableció los lineamientos de la política de reconfiguración ferroviaria, y de reforma estructural de los ferrocarriles mediante la incorporación de capital privado de "riesgo". Al respecto, en dicho decreto se definen las modalidades de segmentación de la empresa Ferrocarriles Argentinos (F.A.), por un lado, y de concesión de los servicios, por otro, como los mecanismos más propicios para atraer al capital privado. En el primer caso, ello supone el reconocimiento de la imposibilidad de que los inversionistas privados pudieran tener interés en hacerse cargo de una empresa de la envergadura de F.A.; en el segundo, como una forma de que el ingreso del capital privado al sector no conllevara la realización inicial de erogación de capital alguna para los inversionistas. Se trata,

---

14 La Secretaría de Transportes denegó una solicitud de audiencia pública realizada por legisladores nacionales aduciendo que ello no estaba contemplado en los contratos originales. Ver Gutiérrez (1997).

en ambos casos, de generar las condiciones necesarias como para tornar atractiva la operación ferroviaria para el capital privado.

A tal fin, se fijaron tres distintas modalidades o campos de acción: la concesión de ramales al capital privado bajo el sistema de licitación pública, la provincialización y/o municipalización de determinados tramos, y el cierre de aquellos ramales que no resultaren atractivos para el sector privado, ni de interés para las provincias o jurisdicciones que pudieran estar involucradas.

En ese marco, los criterios rectores que, con ciertos matices, sustentaron las modalidades bajo las que se efectivizó la transferencia operativa de los servicios ferroviarios al sector privado reconocen una clara diferenciación según se trate del transporte de pasajeros o de cargas. Así, en el primer caso, se priorizó la solicitud de un menor monto de *subsidio* (se asumió que sólo a partir de subsidiar la actividad podría contarse con interesados privados) como criterio de selección de las ofertas. El concesionario se comprometería a realizar las inversiones necesarias, y a mantener el servicio en condiciones operativas (a la vez, podía solicitar la clausura de ramales y estaciones). Al respecto, cabe hacer notar que, originalmente, al momento de las concesiones, el aporte estatal a las empresas adjudicatarias en concepto de subsidios se ubicaba en el orden de los 110 millones de dólares al año. Tal subsidio estatal se destina a cubrir los posibles déficit operativos de los prestatarios privados, así como las inversiones requeridas para el mantenimiento y la renovación de la infraestructura y el conjunto de las instalaciones cedidas en la concesión. Los consorcios adjudicatarios resultaron ser los liderados por grupos económicos locales (como B. Roggio e hijos) y por las principales cámaras empresarias del autotransporte de pasajeros que, así, vieron consolidar su poder oligopólico sobre el mercado ampliado del transporte de pasajeros.

Por su parte, en el caso del transporte de carga, el monto del *canon* ofrecido al Estado constituyó, entre otros, uno de los ítems básicos considerados al momento de asignar puntaje a las ofertas que se presentaron en cada una de las licitaciones. En este caso, la concesión de los servicios fue otorgada por un período de 30 años, con opción a diez años adicionales. Además del canon, otro de los elementos básicos considerados al momento de la licitación fue el que se deriva del plan de inversiones propuesto por cada uno de los consorcios. Al respecto, como surge del propio llamado licitatorio, el concesionario debía implementar un plan de inversiones obligatorio fijado en los propios pliegos y, a la vez, debía proponer otra serie de inversiones a ser evaluadas por el Estado. Si bien el plan finalmente acordado por las partes podía ser renegociado cada cinco años, el concesionario quedó obligado a mantener la infraestructura objeto de la concesión en condiciones operativas. Los consorcios adjudicatarios de los distintos ramales nuclearon a algunos de los principales conglomerados empresarios locales, como Techint (Rosario-Bahía Blanca), Pescarmona (Buenos Aires al Pacífico y Mesopotámico), Aceitera General Deheza (Nuevo Central Argentino), Loma Negra (Ferrosur Roca).

La total desatención oficial de la problemática regulatoria denota las urgencias políticas con las que se encaró este –paradigmático– proceso de privatización. La demora en la constitución de un órgano regulador del sector y, más aún, la posterior discontinuidad en cuanto a las características, funciones y misiones del mismo no hacen más que reflejar las improvisaciones en la materia y, con ello, la despreocupación por los derechos de los usuarios del servicio. En efecto, recién a fines de 1992, cuando ya habían sido transferidos al sector privado varios tramos de la red ferroviaria, a través del Decreto Nº 2.339 fue creada la Comisión Nacional de Regulación Ferroviaria, en el ámbito del Ministerio de Economía y Obras y Servicios Públicos. La misma tenía como principal actividad la de resolver las posibles controversias que pudieran plantearse entre el Estado, los concesionarios y los usuarios. Asimismo, se le asignó la tarea de "promover la constitución de una asociación de concesionarios de transporte ferroviario cuyo propósito será el de proveer una alternativa privada para la fijación de procedimientos y estándares técnicos, operativos y de seguridad, y proponer un procedimiento de arbitraje para los conflictos". Dicha Comisión que, por sus actividades, en poco se asemeja a lo que podría constituir un ente regulador, terminó por transformarse en el Tribunal Arbitral de Transporte

Ferroviario que, como tal, sólo se ocupa de arbitrar ante los conflictos que pudieran presentarse entre los distintos agentes que intervienen en el sector.

Por su parte, en septiembre de 1993 (Decreto N° 1.836) se creó la Comisión Nacional de Transporte Ferroviario, que asumió la responsabilidad de regular y controlar la gestión de los concesionarios, así como de las provincias que se hicieron cargo del transporte ferroviario de pasajeros. Finalmente, en los últimos meses de 1996, se creó la Comisión Nacional de Regulación del Transporte (Decreto N° 1.388/96), dependiente de la Secretaria de Obras y Servicios Públicos. La misma surge de la fusión de la ex Comisión Nacional de Transporte Automotor (CONTA), la ex Comisión Nacional de Transporte Ferroviario (CNTF), y la absorción de la Unidad de Coordinación del Programa de Reestructuración Ferroviaria (responsable del diseño del proceso de privatización y del control de los contratos de los servicios metropolitanos de pasajeros). La principal tarea de esta nueva Comisión en el ámbito de los ferrocarriles (a cargo de la Gerencia de Concesiones Ferroviarias) es el control del grado de cumplimiento del programa de inversiones acordado con los distintos concesionarios y, en general, de las distintas cláusulas incorporadas en los propios contratos de concesión.

A la vez, una de las principales actividades que debía encarar esta nueva Comisión es la que se vincula con la *renegociación* de los contratos de concesión, tanto de aquellos ligados al transporte de pasajeros como, también, de los corredores ferroviarios de cargas. Sin embargo, dicha Comisión quedó excluida de las renegociaciones iniciadas a mediados de 1997 que, con una total discrecionalidad y opacidad, negociando separadamente con cada uno de los concesionarios, quedó a cargo exclusivo de la Secretaría de Transportes.

Los Decretos N° 543 y 605, publicados a mediados de 1997, dispusieron la "renegociación integral" de los contratos con los concesionarios responsables del transporte ferroviario de pasajeros y con los operadores de los ferrocarriles de carga, respectivamente. En general, en el primer caso, los principales temas que fueron objeto de renegociación (en sus tramos finales a principios de 1999; con algunos contratos ya acordados: Trenes de Buenos Aires, Metrovías, Ferrocarril Metropolitano) han sido los siguientes:

- fuerte ajuste de las tarifas (casi el 80% acumulado hasta el 2003, en el caso de Trenes de Buenos Aires) y libre fijación de precios en los servicios diferenciales;
- mantenimiento y reajuste de los subsidios que paga el Estado. Al respecto, cabe señalar que, en el año 1998, los subsidios estatales a los operadores metropolitanos de subterráneos y ferrocarriles ascendieron a 350 millones de dólares –nivel casi equivalente al que, en su momento, correspondiendo a la red ferroviaria en su conjunto, fundamentó la privatización del servicio–;
- extensión por 20 años (30 en el caso de Ferrocarril Metropolitano) de los plazos de las concesiones que, en general, habían sido fijados a 10 y 20 años. Se contempló, asimismo, la posible prórroga indefinida de las mismas;
- como contrapartida, los concesionarios se comprometerían a realizar nuevas inversiones –no contempladas en los contratos originales– y a la renovación del material rodante, previa recaudación –vía tarifas– de los recursos requeridos al efecto.

Por su parte, las principales líneas sobre las que se centró la "renegociación integral" (Decreto Nº 605/97) de los contratos con los operadores de los ferrocarriles de carga fueron las siguientes:

- la eliminación del canon que debían pagar los concesionarios al Estado (al momento de iniciarse la renegociación contractual, la deuda por tal concepto superaba los 20 millones de pesos). En realidad, desde hacía unos años, la mayor parte de los concesionarios no abonaba tal canon. Se trata, en tal sentido, de la condonación contractual de un sistemático incumplimiento empresario;
- la extensión de los plazos de las concesiones;
- el compromiso de los concesionarios de rebajar las tarifas de flete, en consonancia con la eliminación del pago del canon;

- la revisión de los planes de inversión, en particular de las inversiones comprometidas contractualmente que no fueron realizadas por los concesionarios.

En síntesis, estas renegociaciones contractuales no hacen más que evidenciar que, nuevamente, ha primado la decisión *política* de garantizar las rentas de privilegio de los concesionarios, al margen de toda consideración respecto de la "seguridad jurídica" de usuarios y consumidores –como de quienes se presentaron a (y no resultaron adjudicatarios de) licitaciones internacionales cuyas bases fueron alteradas por completo a los pocos años de la concesión–, así como en lo relativo a los costos sociales involucrados, y a la existencia de incumplimientos empresarios que constituían causales suficientes de rescisión de los contratos.

V. Concesiones viales

La concesión bajo el sistema de peajes de casi 10.000 kms. de rutas nacionales (el 32% de la red nacional pavimentada, donde se concentra más de las dos terceras partes del tránsito vehicular) emerge como uno de los primeros pasos del abarcativo programa de privatización desarrollado en el país. Así, en 1990, fueron concesionados 18 corredores viales nacionales, adjudicados a 13 consorcios, en los que se integran las principales empresas de la construcción que, como producto de su larga experiencia como contratistas del Estado, cuentan con una sólida capacidad de *lobby*.

Al igual que en otros sectores, los incumplimientos de compromisos contractuales –en especial, los referidos a planes de inversión– que terminan siendo avalados por opacas renegociaciones contractuales con el Poder Ejecutivo; las recurrentes modificaciones regulatorias en materia tarifaria así como con respecto a sus cláusulas de ajuste periódico; la no observancia de la legislación vigente –como la propia Ley de Reforma del Estado (N° 23.696), la de peaje (N° 17.520), la Ley de Convertibilidad, la del Pacto Fiscal Federal (N° 24.468)–; la demorada

Daniel Azpiazu

constitución de un órgano de control[15] sumamente débil, y totalmente subordinado a las decisiones del Poder Ejecutivo, denotan la funcionalidad de las acciones –y omisiones– de las políticas públicas respecto de los intereses privados[16].

Antes de reseñar las principales discontinuidades regulatorias que enmarcan tal funcionalidad, cabe señalar las principales condiciones bajo las que se concesionó el mantenimiento y explotación de buena parte de la red vial nacional. Así, las variables que resultaron decisivas al momento de adjudicar cada uno de los corredores concesionados fueron el *canon* a percibir por el Estado, y las obras e inversiones *complementarias* contenidas en las respectivas ofertas. Por su parte, el plazo *original* de las concesiones *era* de 12 años a contar a partir del 1º de noviembre de 1990. Las obligaciones de los concesionarios se centraban en el desarrollo de un cronograma de inversiones y obras (prioritarias, mejorativas y complementarias) comprometidas contractualmente, y en mantener determinados –muy poco exigentes– niveles de calidad del servicio prestado (Índices de Estado y de Serviciabilidad Presente) a los usuarios.

Por último, en materia tarifaria se fijó, originalmente, un valor medio –en moneda local– de 1,50 pesos cada 100 kms., ajustable mensualmente según la evolución de un índice combinado de precios (40% de la variación de los mayoristas, 30% de los minoristas y 30% de la variación del tipo de cambio del dólar estadounidense). Asimismo, se contempló la posibilidad de modificar las tarifas –previo acuerdo entre el Estado y los concesionarios– siempre y cuando se mantuviera *inalterada la ecuación económico-financiera de los concesionarios*[17].

En ese marco, antes que hubieran transcurrido los seis meses de

15 El Órgano de Control de las Concesiones Viales fue creado un año y medio después de la transferencia de las rutas al sector privado (Resolución AG 81/92), dependiendo –e integrado por funcionarios– de la Dirección Nacional de Vialidad.
16 Al respecto, consultar Arza y González García (1998a y 1998b).
17 Ecuación económico-financiera que, naturalmente, al haber sido formulada en pleno contexto hiperinflacionario conllevaba márgenes de rentabilidad en los que subyace una muy elevada prima de riesgo.

firmados los respectivos contratos de transferencia se inició la que se dio en llamar primera renegociación integral de los mismos. Así, como parte de la implementación del Plan de Convertibilidad, se negoció con los concesionarios una reducción de las tarifas de peaje (pasaron a alrededor de un peso los 100 km) que tuvo como onerosa contrapartida estatal, y de la sociedad en su conjunto:

- la eliminación del pago del canon (una de las bases sustantivas sobre las que se estructuró la adjudicación de los distintos corredores viales);
- el establecimiento de "compensaciones indemnizatorias" a cargo del Estado (alrededor de 60 millones de pesos anuales) de forma de mantener inalterada la ecuación económico-financiera –original– de los concesionarios;
- la prórroga del plazo de las concesiones (hasta fines de octubre del año 2003), así como en lo relativo a la ejecución del plan de inversiones comprometido por los concesionarios y al consiguiente cumplimiento de los –exiguos– índices de calidad exigidos;
- la fijación de tres aumentos escalonados anuales (entre 1992 y 1994) en las tarifas de peajes (35% acumulado), y la modificación de las cláusulas de ajuste periódico de las mismas, contraviniendo en ambos casos las explícitas disposiciones de la Ley de Convertibilidad en cuanto a la prohibición de todo tipo de ajuste de precios.

En este último plano, el Decreto Nº 1.817/92 (por el que se aprobaron los nuevos contratos *renegociados*) dispuso que: "Durante la vigencia de las normas que disponen la convertibilidad de la moneda argentina..., las tarifas... se incrementarán anualmente a partir del 1º de agosto de cada año... mediante la aplicación de la tasa que rija... en el mercado interbancario de Londres, correspondiente a la definición de la tasa activa London Interbank Offered Rate (LIBOR), disminuida en un 20%". En otras palabras, sin necesidad de recurrir a ningún tipo de artimaña legal (como sucediera en otros sectores), se señala que en el marco de la Ley de Convertibilidad que prohíbe explícitamente todo tipo de indexación contractual, se establece –por *decreto*–, un mecanismo de actualización periódica de las tarifas de peaje que, como tal, fue aplicado a partir de 1993.

De todas maneras, más allá de lo dispuesto en este atípico decreto que modifica –y contradice– una ley nacional, las posteriores marchas y contramarchas en materia tarifaria revelan, *cuando menos*, un altísimo nivel de improvisación oficial. En efecto, el ajuste tarifario que debía aplicarse a partir del 1/8/93 fue suspendido (Resolución SOPyC Nº 168/93), por considerarse que el incremento del tránsito vehicular era muy superior al previsto, y resultaba suficiente para garantizar el equilibrio económico-financiero de los concesionarios. Sin embargo, pocos meses después, por Resolución SOPyC Nº 289/93, fue autorizada la aplicación de dicho ajuste a partir del 1/11/93 fijando, a la vez, compensaciones indemnizatorias por los ingresos no percibidos por los concesionarios en los cuatro meses en que rigió la suspensión. Al año siguiente se sucedieron las contradicciones oficiales. Por Resolución SOPyC Nº 388/94, del *22/7/94* se autorizó la aplicación del ajuste tarifario que correspondía aplicar a partir del 1/8/94. Una semana después (*29/7/94*), por Resolución del MEyOSP, se suspendió la aplicación de tal incremento de tarifas y, en su defecto, se estableció una nueva –y adicional– compensación indemnizatoria.

La "estabilidad jurídica" que fuera uno de los objetivos explicitados al encararse la primera renegociación contractual resultó por demás efímera. A esas recurrentes discontinuidades normativas en el plano tarifario se le adiciona, en abril de 1995 (Decreto Nº 489), el inicio de la segunda ronda de renegociación de los contratos con *cada uno* de los concesionarios viales.

Esta nueva revisión contractual se vio fundamentada en la necesidad de eliminar o morigerar el muy elevado costo fiscal (las llamadas "compensaciones indemnizatorias"), que se deriva de las propias modificaciones regulatorias[18]; preocupación oficial que terminará por con-

---

18 La priorización excluyente del corto plazo –plan de estabilización en la primera renegociación, y desequilibrios fiscales en la segunda–, por sobre sus implicancias de largo plazo y, fundamentalmente, desatendiendo y desnaturalizando los pro-

verger con –y resultar funcional a– los intereses de los concesionarios viales. En tal sentido, "la ampliación del plazo contractual, como contraprestación" frente a la "renuncia total o parcial" a los subsidios públicos se constituye en el elemento central de tal funcionalidad. En efecto, para los concesionarios, la extensión de los plazos de concesión supone la posibilidad de mantener rentas de privilegio sin tener que exponerse a un nuevo llamado a concurso licitatorio.

La llamada segunda ronda de renegociaciones contractuales con cada uno de los concesionarios sólo fue concluida en el caso del Corredor N° 18 (rutas nacionales 12 y 14), precisamente el único que –paradójicamente–, dado el notable crecimiento del tránsito vehicular, no percibía compensación indemnizatoria alguna. No obstante ello (donde la figura de la "contraprestación" queda por demás difusa), en septiembre de 1996, se firmó un nuevo contrato en el que se incorporó una serie de modificaciones (extensión del plazo de concesión por *15 años* adicionales, la dolarización de las tarifas de peaje –con el consiguiente seguro de cambio para el concesionario–, y la aplicación de ajustes periódicos de las mismas según la evolución del IPC de los EE.UU., los índices de calidad del servicio que debían alcanzarse a partir de 2002 recién serán exigidos a fines del 2015) que, en realidad, suponen un *nuevo* contrato de concesión, sin llamado a concurso previo, que poco o nada se asemeja al original[19] –a punto tal que el período de prórroga (15 años) resulta superior al plazo original de la concesión (12 años)–.

Por último, una muy breve caracterización de los resultados agregados de la privatización de buena parte de la red vial nacional asociados,

---

pios objetivos y criterios que, en su momento, fundamentaron las concesiones viales, emerge como el denominador común de la manifiesta discontinuidad normativa en el sector.

19 Ello ha merecido severas críticas por parte del –en ese entonces– bloque oficialista de la Cámara de Diputados (el Partido Justicialista). En tal sentido, el dictamen de mayoría de la Comisión Especial para el Análisis de las Concesiones propuso "anular por inequitativa la renegociación del corredor N° 18, proceder a una nueva licitación y de corresponder, efectuar las denuncias penales pertinentes a los funcionarios intervinientes".

fundamentalmente, con las recurrentes renegociaciones de los contratos originales obliga a destacar:

- el muy alto costo social que ha conllevado la concesión de las rutas nacionales bajo el sistema de peaje. Así, durante la vigencia del Plan de Convertibilidad, mientras los precios minoristas crecieron el 54,5% (abril 1991 a diciembre 1998), y los mayoristas el 12,6%, las tarifas de peaje lo hicieron, en promedio, el 69,3%;

- el impensado costo fiscal que, renegociaciones contractuales mediante, demandó un perjuicio próximo a los 800 millones de pesos (por la supresión del canon que debían pagar los concesionarios, más las compensaciones indemnizatorias de las que se hizo cargo el Estado);

- el marcado retraso en la ejecución del programa de inversiones comprometido y, por ende, del cumplimiento de los –mínimos– índices de calidad requeridos. El monto de tales rezagos respecto de lo acordado contractualmente superó los cien millones de pesos y, a la vez, los concesionarios no efectivizaron el pago de la mayor parte de las multas que se les impusieron por sus reiterados incumplimientos (alrededor de 28 millones de pesos)[20]. Al decir de la Auditoría General de la Nación se creó un "estado de impunidad en favor del concesionario";

- los muy elevados márgenes de beneficios de los concesionarios (enmarcado en un nulo riesgo empresario). La rentabilidad neta promedio en el período 1990-97 fue del 26,4%, llegando en el caso de algunos concesionarios a casi el 50%.

En cuanto a este último tema cabe resaltar que la propia Ley de Reforma del Estado, que viabilizó la privatización de parte sustantiva de la red vial, establece "que la eventual rentabilidad de la concesión no exceda una relación razonable entre las inversiones efectivamente realizadas por el Concesionario y la utilidad neta obtenida por la Con-

---

20 Ver Giustiniani y otros (1998).

cesión". Sin duda, la "razonabilidad" de márgenes de rentabilidad como los obtenidos por los actuales concesionarios viales es por demás discutible, por lo menos si se los compara con los resultantes de casi cualquier otra actividad económica (local e internacional).

VI. REFLEXIONES FINALES

Si bien se trata de unos pocos –aunque muy representativos– ejemplos, los mismos resultan ilustrativos de algunos de los principales rasgos que subyacen en las modificaciones normativas y en las recurrentes renegociaciones contractuales que han ido redefiniendo el contexto operativo de las empresas prestadoras de servicios públicos privatizados y, en ese marco, dadas las transferencias de recursos a las mismas, la propia distribución del ingreso:

- la priorización sistemática de los intereses privados por sobre los sociales; el mantenimiento de elevados márgenes de rentabilidad se antepone a los derechos adquiridos por consumidores y usuarios (la dolarización de precios y tarifas, la incorporación y modificación *ad hoc* de sus respectivas cláusulas de ajuste, el diferimiento de obras e inversiones comprometidas contractualmente son, entre otros, algunos claros ejemplos de la inseguridad jurídica de consumidores y usuarios);

- en ese marco, la usual preocupación empresaria por la seguridad jurídica y por la eliminación de la incertidumbre normativa parecería no tener correlato alguno cuando se afectan los intereses de los consumidores y usuarios. La "seguridad jurídica" tiene, en realidad, un único parámetro analítico, independiente de toda otra connotación económico-social: la preservación de las rentas de privilegio de las nuevas prestadoras de los servicios privatizados;

- las tendencias a extender los plazos de concesión (ferrocarriles, concesiones viales) no hacen más que, por un lado, incrementar los flujos de rentabilidad futura y, por otro, crear barreras de ingreso adicionales al "negocio" de las privatizaciones. Se trata, en rea-

Daniel Azpiazu

lidad, de *nuevas contrataciones* sin exposición alguna a una nueva licitación pública, ni tan siquiera a audiencias públicas previas. La "seguridad jurídica" de, en este caso, quienes se presentaron a los concursos públicos originales se ve desplazada frente a los intereses de los consorcios "ganadores" en los mismos;

* la inexistencia de *leyes* que fijen el marco regulatorio general en el que deba inscribirse la operatoria de estas empresas privadas facilita la proliferación de decretos y resoluciones del Poder Ejecutivo que modifican los contratos emergentes de las propias bases y pliegos bajo las que se desarrollaron los concursos públicos y licitaciones originales.

En ese marco, resultan cuando menos sorprendentes ciertas afirmaciones sobre la relación existente entre los procesos de privatización y la "seguridad jurídica" en su sentido amplio: "La seguridad jurídica del proceso privatizador es la piedra angular que lo hace posible. Sobre ella se cimenta la confianza pública imprescindible para que los cambios no provoquen un desequilibrio en los derechos y obligaciones de contratistas, trabajadores, usuarios e inversores"[21].

Las formas bajo las que se han eludido las taxativas disposiciones de la Ley de Convertibilidad respecto de la prohibición de aplicar cláusulas de ajustes de precios no parecerían cimentar esa pregonada –y generalizada– "seguridad jurídica". En efecto, los privilegios de los que gozan las empresas privadas que se hicieron cargo de los ex activos públicos (mercados oligo o monopólicos, escasa e ineficiente regulación, nulo riesgo empresario) también se han hecho extensivos a uno de los principales elementos constitutivos del –y funcional al– plan de estabilización. A partir de la recurrencia a una artimaña legal como la de fijar las tarifas en dólares (como en el caso de las telecomunicaciones) o, simplemente, ignorando las disposiciones de dicha ley (como en el caso de las concesiones viales), los precios y tarifas de la casi totalidad de los servicios públicos privatizados están expresados en

21 Dromi (1997).

dólares, y sujetos a actualización –en general, semestral– según la evolución de los precios al consumidor, mayoristas, o una combinación de ambos, de los EE.UU.

De allí un *privilegio* adicional para las empresas responsables de la prestación de los servicios públicos privatizados. Se trata de actores que cuentan con un seguro de cambio sobre sus ingresos que, así, se ven independizados de cualquier contingencia en la política cambiaria. Además, más allá de las asimetrías implícitas, en cuanto a la posibilidad de aplicar cláusulas de indexación al margen de lo dispuesto en la Ley de Convertibilidad, las "actualizaciones" aplicadas no se condicen con la evolución de los precios domésticos, con la consiguiente internalización de rentas extraordinarias por parte de las empresas prestatarias, que no son más que transferencias de recursos por parte de los consumidores y usuarios locales. Si bien, como en otros muchos campos, los derechos de estos últimos tienden a verse crecientemente subordinados frente al "gran capital", el más mínimo sentido común lleva a plantearse el interrogante sobre las argumentaciones que podrían llegar a explicar por qué los consumidores domésticos deben afrontar localmente el ritmo inflacionario de los EE.UU.

Así, bajo muy diversas formas, la "indexación flexible" –acorde con los intereses de las empresas– de las tarifas no es más que la resultante de condiciones contractuales derivadas de recurrentes –y opacas– renegociaciones, que no hacen más que, por un lado, eliminar todo riesgo empresario –nula exposición a cambios en las condiciones de contexto– y, por otro, garantizarles elevados márgenes de rentabilidad.

Sin duda, la dolarización de las tarifas y sus ajustes periódicos según la inflación de los EE.UU. asumen un papel decisivo en la explicación de por qué las empresas responsables de la prestación de los servicios públicos privatizados han pasado a constituirse en las de mayor rentabilidad del país e, incluso, que ante fases depresivas del ciclo –como en el año 1995– incrementen sustancialmente sus niveles de facturación, sus utilidades y, también, sus márgenes de beneficio[22].

22 Ver Azpiazu (1996).

En síntesis, y a manera de reflexión final, existen evidencias suficientes como para concluir que las recurrentes renegociaciones contractuales con las empresas concesionarias y licenciatarias de los servicios públicos privatizados han terminado por configurar una situación de *desquicio normativo y regulatorio* –con un claro beneficiario– que demandaría una urgente intervención del Poder Legislativo, con un activo apoyo de las distintas asociaciones de usuarios y consumidores, tendiente a revisar la legalidad de lo actuado por el Poder Ejecutivo, y de sancionar aquella legislación que permita compensar –y revertir– la asimétrica distribución de costos y beneficios, privados y sociales.

LAS PRIVATIZACIONES ARGENTINAS. RECONFIGURACIÓN DE LA ESTRUCTURA DE PRECIOS Y DE RENTABILIDADES RELATIVAS EN DETRIMENTO DE LA COMPETITIVIDAD Y LA DISTRIBUCIÓN DEL INGRESO*

POR DANIEL AZPIAZU Y MARTÍN SCHORR

I. INTRODUCCIÓN

El objetivo de este trabajo es presentar una breve caracterización del vasto programa privatizador encarado durante la década de los noventa en la Argentina, centrando el análisis en la forma en que ciertos aspectos de los marcos regulatorios de los distintos sectores privatizados impactaron sobre, por un lado, el comportamiento de los precios de los diferentes servicios y, por otro, la *performance* económica de las empresas prestatarias de los mismos. En este contexto, cabe destacar que el análisis se basa, fundamentalmente, en la regulación tarifaria, quedando al margen otros aspectos regulatorios no menos relevantes que también reflejan importantes "problemas de diseño", "vacíos", "imprecisiones", y/o "debilidades" de carácter normativo. Estos aspectos –como, por ejemplo, los vinculados con la defensa de la competencia y del consumidor, o los relacionados con la regulación de la propiedad del capital de las empresas prestatarias, o los referidos a la universalidad de los servicios– son abordados en otros ensayos de la presente publicación.

* En este trabajo se presentan algunas de las conclusiones que surgen de un estudio previo de los autores: *Privatizaciones, rentas de privilegio, subordinación estatal y acumulación del capital en la Argentina contemporánea*, Instituto de Estudios y Formación de la Central de los Trabajadores Argentinos (CTA), 2001.

II. El comportamiento de las tarifas de los distintos servicios públicos

Desde que el Estado se hiciera cargo de la prestación de la mayoría de los servicios públicos, especialmente a partir de las décadas de los cuarenta y cincuenta, hasta los años noventa, los sucesivos gobiernos manipularon –por cierto, no siempre en forma progresiva– el nivel de las tarifas de los servicios públicos en función de, entre otros factores, su impacto sobre el nivel de vida de la población, en general, y de los sectores de bajos ingresos, en particular.

Ello pone de manifiesto la importancia que asume, desde una perspectiva distributiva, el costo de estos servicios para los usuarios –en una sociedad moderna, casi tan importante como, por ejemplo, el costo de los alimentos–. De allí el motivo por el cual cobra relevancia, desde un punto de vista social como económico, el análisis de la dinámica de las tarifas de los servicios públicos privatizados.

Lo anterior también se asocia con los argumentos difundidos a favor de las privatizaciones. En este caso, la idea era aproximadamente la siguiente: las empresas públicas necesitan una inyección de capital cuya magnitud, en el marco de la llamada "quiebra del Estado" de fines de los ochenta, sólo podía proveer el sector privado, a fin de aumentar la productividad y la eficiencia de estas empresas, en beneficio del conjunto de la población. En otros términos, la transferencia al capital concentrado de las principales firmas del –a criterio de los "pensadores únicos", ineficiente– Estado argentino generaría *per se* un aumento en la eficiencia de las empresas que redundaría en crecientes niveles de "bienestar general" que no tardarían en "derramarse" sobre el conjunto de la población, en especial, sobre los sectores de menores ingresos (bajo la forma de, por ejemplo, tarifas decrecientes, y/o una mejor calidad en la prestación de los servicios).

Sin duda, una vez privatizadas, muchas de las empresas de servicios públicos mejoraron la calidad de sus prestaciones, sobre todo con respecto a los parámetros registrados a fines de los ochenta –si bien, en varias ocasiones, muy por debajo de sus compromisos contractuales y/

o de las previsiones originales–, aumentaron su "eficiencia microeconómica" y, fundamentalmente, su productividad. Ahora bien, si estos incrementos en la productividad, que suponen una disminución de los costos operativos de las empresas, no se traducen en una disminución en las tarifas (manteniendo un margen de beneficio "razonable" para las firmas prestatarias), no es el conjunto de la sociedad el que se beneficia con dicha disminución en los costos, sino tan sólo el reducido grupo de empresas, propietarias o concesionarias de las empresas de servicios públicos. Éste parece ser el caso, prácticamente excluyente, de la experiencia argentina en materia de privatizaciones de servicios públicos, si se tienen en cuenta la evolución de las tarifas de los servicios públicos y las ganancias extraordinarias que han internalizado los distintos consorcios adjudicatarios de las empresas privatizadas desde que iniciaron sus actividades.

Tal como se observa en el cuadro N° 1, que sintetiza, para el período comprendido entre marzo de 1991 (momento en que se lanza el Plan de Convertibilidad) y diciembre de 1998, el comportamiento de los precios y de las tarifas de una selección de servicios públicos privatizados, en relación con la variación de los precios mayoristas (se trata del Índice de Precios Internos al por Mayor –IPIM–), el incremento en las tarifas de estos servicios no parece reflejar, en la mayoría de los casos, los importantes incrementos de productividad registrados por las empresas privatizadas[1], ni tampoco en buena parte de sus costos.

Así, por ejemplo, el incremento en las tarifas de peaje (69,3%) supera

---

1 Al respecto, cabe destacar que, según información del INDEC, entre 1995 y 1999, la productividad del trabajo en las empresas privatizadas que integran el panel de las 500 firmas más grandes del país (medida por la relación valor agregado por ocupado asalariado) se incrementó a una tasa anual acumulativa del 5,0%; ritmo de crecimiento que fue del 2,6% en el caso de las líderes no vinculadas con el programa privatizador. Dado que en el mismo período la remuneración media de los asalariados empleados en las compañías relacionadas con la política de privatizaciones se expandió a un ritmo promedio anual del 1,8%, tuvo lugar una caída de más del 11% en la participación de los trabajadores en el valor agregado generado, de conjunto, por este subgrupo de firmas líderes (pasó del 18,6% al 16,5%). Véase INDEC (2001).

al aumento correspondiente al IPIM (12,9%). Este incremento registrado en los peajes de las principales rutas nacionales conllevó un aumento considerable en los costos del transporte (que, para muchas firmas, constituye uno de los componentes centrales de sus costos) y, como tal, ha jugado un papel central en la explicación de la crisis que atravesaron muchas economías regionales durante los años noventa (deterioro que, cabe destacar, se vio potenciado por la orientación que adoptaron otras medidas de política aplicadas durante la gestión de gobierno del Dr. Menem –en particular, aunque no exclusivamente, la apertura asimétrica de la economía y la desregulación de ciertos mercados–).

Cuadro N° 1
Variación de precios y tarifas seleccionados, marzo 1991-diciembre 1998 (base marzo 1991=100)

Sector	Índice Diciembre 1998
Índice de precios mayoristas nivel general	112,9
Corredores viales	169,3*
Telefonía básica	141,5
Gas natural	137,3
Residencial	211,8
Pequeñas y medianas empresas	115,1
Gran usuario industrial (servicio interrumpible)	95,1
Gran usuario industrial (servicio en firme)	101,4
Energía eléctrica	89,1
Residencial	91,5
Bajo consumo	98,4
Alto consumo	29,6
Industrial	86,1
Bajo consumo	75,3
Alto consumo	66,6
Combustibles líquidos	101,4
De uso final (kerosene, nafta común y especial)	116,6
De uso intermedio (gasoil y fuel oil)	94,6

*Abril 1991=100.
Fuente: Área de Economía y Tecnología de la FLACSO en base a información oficial.

Con respecto al gas natural, en el transcurso del período analizado, la tarifa promedio aumentó un 37,3%. En este caso, para aproximarse al impacto distributivo del incremento del costo del gas, corresponde distinguir la evolución de las tarifas residenciales de las abonadas por los usuarios industriales. Así, se destaca el alza registrada por la tarifa residencial (111,8%); por lejos, la que más se ha incrementado desde el lanzamiento del Plan de Convertibilidad hasta fines de la década pasada. En cuanto a las tarifas no residenciales, cabe diferenciar la evolución de las tarifas correspondientes a las pequeñas y medianas empresas (que aumentaron un 15,1%, magnitud levemente superior al incremento del IPIM), de aquellas abonadas por los grandes usuarios industriales que, al disminuir o mantenerse prácticamente estables, dieron lugar, en términos reales, a una reducción en el costo del gas para este último segmento de la demanda. Esta evolución asimétrica entre las tarifas reales de los distintos tipos de usuario de gas parecería reflejar dos tipos de transferencia. En primer lugar, de los usuarios residenciales a los no residenciales y, en segundo lugar, en el interior del segundo grupo, de los pequeños y medianos consumidores hacia los grandes demandantes.

En relación con lo anterior, cabe destacar que todo este proceso tuvo lugar, fundamentalmente, antes de la transferencia de la ex Gas del Estado al sector privado. En efecto, entre marzo de 1991 y enero de 1993 (fecha en la que se hace efectiva la privatización de la compañía estatal), la tarifa promedio del gas aumentó un 30%. Nuevamente, dicho aumento fue explicado, en lo sustantivo, por el incremento en las tarifas residenciales (ascendieron alrededor de un 100% entre marzo de 1991 y enero de 1993), ya que los restantes precios o bien se incrementaron muy levemente (es el caso de los abonados por los pequeños y medianos usuarios no domésticos) o bien disminuyeron (como en el caso de las grandes empresas). Como resultado de esta importante dispersión entre las tarifas abonadas por los distintos usuarios se conformó una nueva estructura de precios relativos del sector, que, en comparación con la vigente durante la prestación estatal de los servicios de transporte y distribución de gas, presenta un claro sesgo regresivo en términos distributivos[2].

Este fenómeno se asemeja a lo ocurrido en el caso de las tarifas de energía eléctrica, donde las principales modificaciones en la estructura tarifaria fueron aplicadas con anterioridad a la firma de los contratos de concesión. En este caso, en el cuadro N° 1 se observa cómo la tarifa promedio de electricidad disminuyó un 10,9% entre marzo de 1991 y diciembre de 1998. Ello se debe al reordenamiento en la estructura de precios relativos del sector y, fundamentalmente, al elevado grado de hidraulicidad verificado en las regiones donde se ubican las principales represas hidroeléctricas del país –sumada a la incorporación de centrales de ciclo combinado–, lo que indujo, al incrementar la oferta de energía eléctrica de manera significativa, una importante disminución en su precio mayorista. Éste es uno de los motivos por los cuales, hasta el "apagón" de Edesur que tuvo lugar a principios de 1999, la privatización del sector eléctrico solía presentarse como el caso "ejemplar" o "modelo" a seguir, dentro del vasto programa privatizador encarado por la administración Menem.

Sin embargo, cabe hacer notar que, al igual que en el caso gasífero, también se manifiestan evoluciones diferenciales según el tipo de usuario, que igualmente denotan un sesgo regresivo en materia distributiva. En efecto, las tarifas residenciales reflejan una disminución inferior a la registrada por los usuarios industriales, y, a su vez, dentro de las tarifas residenciales, la que menos se redujo es la correspondiente a los usuarios de bajo consumo (1,6%), en tanto la que más disminuyó es la abonada por los usuarios de alto consumo (70,4%). Dado que, al igual que en la mayoría de los servicios públicos, existe una estrecha correlación entre los niveles de consumo y los ingresos de los distintos hogares, puede inferirse que el sector que menos se favoreció con el reordenamiento de los precios del mercado eléctrico fue el conformado por los segmentos de la población de menores recursos. Por otro lado,

---

2   Para un tratamiento más detenido de estas cuestiones, consultar Azpiazu y Schorr (2001b).

los principales beneficiarios del abaratamiento de las tarifas no residenciales (que en el período analizado declinaron, en promedio, alrededor de un 14%) fueron los usuarios de altos consumos. Más allá de los ajustes tarifarios en el servicio telefónico básico que fueron analizados en el artículo anterior de este trabajo, en el cuadro N° 1 se puede percibir que el precio promedio de los combustibles líquidos aumentó apenas un 1,4% durante el período bajo análisis. No obstante, dentro del conjunto de los combustibles considerados no se refleja una evolución homogénea: mientras que el precio promedio de aquellos destinados al consumo final (kerosene, nafta común y nafta especial) registró un incremento de 16,6%, el correspondiente a los combustibles de uso preponderantemente intermedio (gas oil y fuel oil) disminuyó, siempre entre marzo de 1991 y diciembre de 1998, un 5,4%.

En este caso, por tratarse de lo que se suele denominar como un bien transable con el exterior, la comparación más apropiada –en términos de los efectos de la desregulación del mercado petrolero que se impulsó en paralelo a la transferencia de YPF al sector privado– es aquella que los relaciona con la evolución del precio internacional del petróleo crudo (más aún cuando la privatización de la empresa estatal y la desregulación del sector petrolero aplicadas durante la década pasada fueron justificadas e implementadas bajo el argumento de que darían lugar a la convergencia entre los precios locales y los vigentes en el plano internacional).

Sin embargo, en el cuadro N° 2 se observa cómo, ante una disminución del 43,2% en el precio internacional del petróleo crudo entre marzo de 1991 y diciembre de 1998, los precios de los combustibles líquidos aumentaron (es el caso de las naftas común y especial, cuyos precios se incrementaron, respectivamente, un 9,2% y un 20,9%) o disminuyeron significativamente menos (kerosene, gas oil y fuel oil, cuyos precios cayeron sólo 7,1%, 14,0% y 3,2%, respectivamente). Esta situación (la no convergencia entre los precios internos del petróleo y sus derivados respecto del internacional) fue una constante durante toda la llamada "desregulación" del mercado: ya en los primeros años de la Convertibilidad se había verificado una situación similar e, incluso, de mayor intensidad relativa. En efecto, entre abril de 1991 y marzo de 1994, mientras el precio internacional del crudo había caído un 29,5%, en el mercado local, el de la nafta común se había incrementado un 5,1%, el de la especial un 21,1%; al tiempo que el precio promedio de los combustibles líquidos –que incluye, además de las naftas, al gas oil, al fuel oil y al kerosene– había crecido un 9,3%.

Cuadro N° 2
Variación de precios de los combustibles líquidos sin impuestos, marzo 1991-diciembre 1998 (base marzo 1991=100)

Combustibles líquidos	Indice Diciembre 1998
Nafta común	109,2
Nafta especial	120,9
Kerosene	92,9
Gas oil	86,0
Fuel oil	96,8
Petróleo crudo (WTI)*	56,8

* Se trata del precio del petróleo crudo en el mercado internacional.
Fuente: Área de Economía y Tecnología de la FLACSO en base a información oficial.

En este sentido, cabe destacar que, a diferencia de algunos sectores económicos productores de bienes transables, en los que el efecto combinado de la desregulación de los mercados y la apertura de la economía operó como "disciplinador" de los precios domésticos, en el ámbito de los derivados del petróleo no se han visto satisfechos los objetivos proclamados con la llamada liberalización de las "fuerzas del mercado" y la privatización de la empresa líder. En ese marco, el ejercicio pleno (y abusivo) del poder oligopólico de mercado por parte de las firmas dominantes, sumado a la falta total de regulación pública sobre el mercado, repercutieron directamente, como era de esperar, sobre la *performance* de las compañías (bajo la forma de ganancias extraordinarias –en especial, por parte de YPF–), y pone en evidencia las consecuencias que acarrea la "desregulación" de mercados caracterizados por estructuras de oferta altamente concentradas cuando no se establece ningún tipo de "contrapeso normativo" tendiente a controlar el comportamiento de las firmas líderes.

En suma, más allá del ejemplo que brinda la energía eléctrica, es indudable que durante la vigencia del Plan de Convertibilidad se asistió a la configuración y consolidación de una nueva estructura de precios relativos que ha tendido a favorecer a las áreas privatizadas proveedoras de servicios en detrimento, fundamentalmente, de la mayoría de los sectores productores de bienes transables. Asimismo, si bien en el transcurso de los noventa se registraron aumentos de consideración en la productividad media de las empresas privadas que tomaron a su cargo la prestación de servicios públicos, lo cual podría estar reflejando cierta mejora en la "eficiencia microeconómica" de este segmento de firmas, las evidencias analizadas en esta parte del trabajo indican que dicho incremento, o bien no ha sido trasladado a las tarifas, o no ha sido transferido en la medida esperada (es decir, reconociendo las importantes ganancias de "eficiencia" de las compañías), en especial, a las abonadas por los usuarios residenciales y por las pequeñas y medianas empresas.

III. Los principales factores explicativos del comportamiento de los precios: "debilidades" normativas e "indexación flexible" de las tarifas

Esta evolución de los precios relativos de la economía a favor de los servicios públicos privatizados remite a la consideración de, por un lado, una clara "ineficiencia" –plenamente funcional a los intereses de las firmas prestatarias– de los entes reguladores en el control efectivo de los precios y las tarifas y, por otro, lo que podría llegar a caracterizarse como una suerte de "indexación flexible" de dichos valores (privilegio, este último, del que no goza prácticamente ningún precio de la economía argentina, en particular, los salarios).

En el primer caso, cabe señalar que los entes de regulación fueron concebidos a partir de cada servicio o empresa privatizada pero en forma independiente entre sí y, en general, con posterioridad a las adjudicaciones de las concesiones e, incluso, a la consiguiente transferencia de los activos. Como se desprende de la literatura sobre el tema y de la experiencia internacional en la materia, tal segmentación, sumada a la improvisación, tiende a potenciar en forma considerable los riesgos de que el poder político y/o las empresas prestatarias coopten el ente regulador. Dicha captura se expresa de múltiples maneras como, por ejemplo, las reiteradas modificaciones en las tarifas de los servicios públicos o la casi total desatención oficial por hacer cumplir las cláusulas de "neutralidad tributaria" o "estabilidad impositiva".

Los marcos que regulan los distintos servicios públicos privatizados establecen que las empresas prestadoras pueden (deben) trasladar a las tarifas finales abonadas por los usuarios las variaciones de costos originadas en cambios en las normas tributarias (excepto en el impuesto a las ganancias). Esta figura legal de la "neutralidad tributaria" reconoce que todo incremento o decremento –respecto de las condiciones vigentes al momento de la transferencia de los respectivos servicios a manos privadas– en las cargas impositivas que afecten a las empresas puede (debe) ser trasladado a los consumidores y usuarios de los mismos[3]. Con ello se procuró, en su momento, que cualquier modificación en la política tributaria no repercutiera sobre la rentabilidad de las empresas. En otras palabras, las reducciones impositivas (y el consiguien-

---

3   Más allá de las formas que adopta dicha figura en los distintos marcos regulatorios y/o contratos de concesión, en 1993, el denominado "Pacto federal para el empleo, la producción y el crecimiento" (Pacto Fiscal Federal con las provincias) hizo extensiva tal cláusula de "neutralidad tributaria" al conjunto de las empresas privatizadas. Ver, al respecto, el capítulo segundo, punto 7, anexo I del decreto N° 1.807/93, por el cual el Estado nacional se compromete a: "Asegurar, a través de los respectivos organismos sectoriales responsables y los Entes Reguladores de servicios públicos privatizados, que las medidas impositivas a adoptarse en los distintos niveles de Gobierno Nacional, Provincial o Municipal que puedan implicar, directa o indirectamente, reducciones de costos o aumento de los beneficios de las empresas prestadoras de servicios públicos y/o proveedoras de bienes y servicios en mercados no competitivos, resulten una completa transferencia de beneficios a usuarios y consumidores".

te "sacrificio fiscal" sobre las cuentas públicas resultante de las mismas) debían derivar en menores tarifas para los usuarios y consumidores; al tiempo que una posible mayor presión fiscal sobre las empresas sería también transferida a estas últimas, vía un aumento de las tarifas, sin alterar, de tal manera, su margen de beneficio (de allí lo de "neutralidad").

A este respecto, cabe destacar que durante los años noventa, en el marco de una creciente regresividad de la estructura tributaria, se han ido sucediendo diversas disposiciones legales que en materia impositiva determinaron reducciones de consideración en la carga fiscal que afecta al conjunto de las empresas prestatarias de los servicios públicos privatizados. Basta con resaltar, entre otros, la supresión del impuesto sobre los débitos bancarios, la derogación del impuesto a los sellos sobre los contratos y a las operaciones financieras en la ciudad de Buenos Aires (sede de la casa central de la casi totalidad de las firmas prestatarias de servicios públicos), la reducción de la alícuota del impuesto a los activos del 2% al 1%, la disminución de las cargas patronales (entre el 30% y el 80%, según regiones, a partir de 1994), la exención de gravámenes arancelarios a la importación de bienes de capital (una disposición particularmente importante para las empresas privatizadas, que son fuertes importadoras de maquinaria y equipo), la paulatina supresión del impuesto a los Ingresos Brutos sobre los sectores productivos y actividades conexas (entre las que quedan incluidas la prestación de los servicios de electricidad, agua y gas, así como las concesiones viales), etcétera.

Se trata, sin duda, de una amplia y diversificada gama de tributos que, ante su supresión, la reducción de las bases imponibles y/o de las alícuotas respectivas, conllevaron importantes disminuciones en los costos de las empresas privatizadas. No obstante, el seguimiento de la evolución de las tarifas de los distintos servicios, en su relación con las respectivas cláusulas normativas vinculadas con los ajustes periódicos de las mismas, sugiere la no observancia empresaria –y la inexistencia de control regulatorio alguno al respecto– de la correspondiente transferencia a los usuarios de las reducciones en las cargas impositivas derivadas de la exención y/o supresión de diversos gravámenes y de las menores alícuotas impositivas y/o bases imponibles de determinados tributos. Naturalmente, ello devino en beneficios extraordinarios adicionales apropiados en forma ilegal por las empresas prestatarias. Cabe destacar que el tema ha sido desatendido por la casi totalidad de los entes reguladores que, ante la no observancia empresaria de la correspondiente transferencia a los usuarios de tales reducciones en la carga fiscal, no ha ejercitado su papel de regulador del mercado, y de "protector" de los derechos del consumidor.

Si bien, en términos generales, los entes reguladores han venido omitiendo su intervención ante la no transferencia a usuarios y consumidores de tal "sacrificio fiscal", hay ciertas excepciones que merecen ser resaltadas; más aún cuando, *paradójicamente*, las acciones emprendidas denotan la aplicación de criterios *ad hoc* que no se condicen con la normativa vigente y revelan, igualmente, una ostensible captura institucional de los organismos de control por parte de las firmas sujetas a regulación y/o del poder político, así como que las "debilidades" normativas no son tales si se las evalúa desde el punto de vista de la lógica de acumulación y reproducción del capital de las empresas privatizadas. Se trata, más precisamente, de diversas resoluciones sancionadas por el ENRE y el ENARGAS, en relación con las reducciones en los aportes patronales, dispuestas a partir de enero de 1994.

Tanto en el ámbito del ENRE como en el del ENARGAS, recién en 1999 se dispuso el traslado a las tarifas de las disminuciones de las contribuciones sociales sobre la nómina salarial con destino al llamado "Sistema Único de Seguridad Social". Sin embargo, y sin mayores justificaciones fundadas al respecto, en ambos casos la "neutralidad tributaria" –es decir, la reducción de las tarifas– fue aplicada exclusivamente sobre los grandes consumidores industriales (aquéllos que, por la naturaleza de sus procesos productivos, pueden utilizar indistintamente gas natural, electricidad o fuel oil como insumos energéticos), mientras que los usuarios cautivos de las distribuidoras (en especial, los residenciales) quedaron al margen de dicho "beneficio". En consecuencia, las asimetrías regulatorias implícitas resultaron plenamente funcionales a las estrategias de las firmas que actúan en los sectores mencionados, en los que las escasas –aunque potencialmente crecientes– posibilidades de introducir competencia en los mercados se circunscriben a los segmentos de más altos consumos (precisamente, los únicos a los que se les aplicó la disminución tarifaria).

De lo expuesto hasta aquí, en su conjunción con lo señalado en algunos ensayos previos, se infieren determinados patrones de desenvolvimiento comunes a los distintos servicios públicos privatizados, tanto en lo referido a los marcos regulatorios como a su impacto en la evolución tarifaria. En tal sentido, se destacan los incrementos y reestructuraciones tarifarios aplicados con anterioridad al traspaso de las empresas públicas al sector privado, la dolarización de las tarifas, la aplicación de mecanismos de actualización tarifaria que, por su naturaleza, contradicen las prohibiciones que en materia de ajustes o indexaciones de precios establece la Ley de Convertibilidad, la recurrencia a la renegociación de los contratos originales de transferencia o concesión y, como consecuencia de todo lo anterior, una evolución de los precios relativos que tiende a favorecer a las empresas de servicios públicos privatizadas en detrimento de, en especial, los sectores productores de bienes, y los consumidores residenciales (en particular, los de menor poder adquisitivo).

En función de lo anterior, cabe enfatizar que, durante la década pasada, las empresas privatizadas contaron, a diferencia del resto de los agentes económicos que actúan a nivel local, con un seguro de cambio que les permitió quedar a cubierto de cualquier tipo de contingencia en la política cambiaria o, más precisamente, sus ingresos se encontraban dolarizados. Por otro lado, a partir de una interpretación *ad hoc* de las disposiciones de la Ley de Convertibilidad, ajustaron sus tarifas de acuerdo con la evolución de índices de precios de los EE.UU. que, como privilegio adicional, han crecido muy por encima de sus similares en el ámbito local. En efecto, por ejemplo, entre el mes de enero de 1995 y diciembre de 2001, en la Argentina, tanto los precios mayoristas como los minoristas registraron una disminución acumulada cercana al 3%. En idéntico período, el índice de precios al consumidor (CPI) de los EE.UU. registró un incremento acumulado de aproximadamente un 18%, al tiempo que los precios mayoristas (PPI) crecieron alrededor de un 7%.

En otras palabras, los ajustes periódicos aplicados en las tarifas de los distintos servicios públicos privatizados en la Argentina exceden, holgadamente, el propio ritmo inflacionario local (deflacionario, en los últimos años). Se trata, más precisamente, de una transferencia de rentas de privilegio a un muy reducido número de agentes económicos, a partir de disposiciones normativas de más que dudosa legalidad[4]. En ese marco, el más mínimo sentido común lleva a plantearse el interrogante sobre las argumentaciones que podrían llegar a explicar por qué los consumidores y usuarios locales deben afrontar –y absorber– localmente el ritmo inflacionario de los EE.UU., en un contexto de deflación de los precios y, fundamentalmente, de los salarios domésticos.

En relación con esto último, cabe incorporar una breve digresión. La distorsión de la estructura de precios relativos que tuvo lugar en los años noventa (en gran medida, como resultado de las modalidades que adoptó el programa privatizador) se dio en el marco de un proceso de apertura comercial de tipo *shock*, que presentó un sesgo claramente discriminatorio y asimétrico, en tanto perjudicó especialmente a aquellos mercados en los que las pequeñas y medianas empresas tenían una significativa gravitación económica. En tal sentido, debe tenerse presente que la mayoría de las empresas de menor tamaño no contó, a diferencia de una proporción considerable de las grandes firmas (muchas de las cuales, cabe enfatizar, participaron –directa o indirectamente– en la propiedad de las principales empresas privatizadas), con algunos mecanismos que le permitieran eludir y/o enfrentar exitosamente la competencia de bienes provenientes del exterior (escalas

---

4 Al respecto, si se calcula, para el año 2000, cuánto facturaron de más Telecom Argentina y Telefónica de Argentina, las ocho distribuidoras que continuaron a Gas del Estado, y Edenor y Edesur, como producto de haber ajustado sus respectivas tarifas en función de la inflación norteamericana (o, en otras palabras, si se cuantifican sus ingresos excedentes ilegales) se obtiene un monto global del orden de los 2.400 millones de dólares.

tecnoproductivas y comerciales, niveles de productividad, control oligopólico de los canales de importación, posibilidad de acceso a financiamiento a tasas de interés "razonables", capacidad de reducir costos a partir del grado de integración vertical y/u horizontal de sus actividades, etc.).

En ese contexto, es indudable que la combinación del incremento de costos derivados de la evolución de los precios de los servicios públicos (en especial, el gas natural y los peajes de las principales rutas nacionales), y la distorsión en la estructura de precios relativos de la economía argentina resultante de la misma, así como el afianzamiento de un patrón de apertura de la economía con un claro sesgo importador, constituyó uno de los principales factores explicativos de la aguda crisis que atravesaron las pequeñas y medianas empresas durante el decenio de los años noventa y, por lo tanto, de la profundización del proceso de desindustrialización y de desarticulación del tejido manufacturero local cuya génesis histórica se remonta a mediados de la década de los setenta, y, derivado de ello, del aumento de la desocupación y la concentración de la producción y el ingreso[5].

IV. El desempeño de las firmas prestatarias y las singularidades del capitalismo argentino en los años noventa: ganancias extraordinarias y nulo riesgo empresario

Como era de esperar, el beneficio de contar con múltiples cláusulas de "indexación flexible" de sus tarifas (la mayoría de las cuales son violatorias –fundamental, aunque no exclusivamente– de la Ley de Convertibilidad), así como el incremento relativo de las tarifas de los servicios públicos con respecto a los principales precios de la economía que se derivó de las mismas, impactó muy positivamente sobre el

---

5   Un tratamiento más detenido de todas estas cuestiones se puede consultar en Azpiazu, Basualdo y Schorr (2001).

proceso de acumulación y reproducción del capital de las firmas privatizadas (y, obviamente, de sus propietarios).

Como una primera aproximación al tema, en el gráfico N° 1 se presenta la evolución, para el período comprendido entre 1993 y 2000, de los ingresos por ventas de las firmas privatizadas que integran el núcleo selecto de la cúpula empresaria del país (las 200 empresas de mayor envergadura que actúan en el ámbito nacional) y del PBI total (en ambos casos a precios corrientes). De la información presentada se desprenden dos conclusiones de suma relevancia. Por un lado, que en el período mencionado el PBI creció cerca de un 20%, al tiempo que la facturación de las privatizadas lo hizo en alrededor de un 85%. Por otro, que el mejor rendimiento de las prestatarias privadas de servicios públicos se expresa también en el hecho que mientras el PBI total tuvo un comportamiento cíclico (registrando una leve declinación en 1995 y una considerable decrecimiento a partir de 1999), la facturación global de las privatizadas se expandió en todos los años de la serie analizada.

Así, a favor de las diversas disposiciones normativas que les permiten incrementar sistemáticamente sus tarifas, sumadas a que se trata de servicios básicos que no se pueden dejar de consumir tan fácilmente ante aumentos en sus precios (en otros términos, presentan una reducida –o nula, para algunos segmentos de consumidores– elasticidad-precio de la demanda), las empresas privatizadas han registrado un desempeño económico sumamente exitoso, que se refleja en que se expandieron a una tasa cuatro veces más elevada que el conjunto de la economía argentina y que lo hicieron de manera disociada del ciclo económico interno (es decir, se trata de firmas que han crecido tanto en las fases expansivas como en las recesivas). Como resultado de estos patrones de comportamiento, se puede inferir un significativo incremento en la concentración económica del conjunto de la economía argentina en torno de este reducido –pero privilegiado– número de grandes empresas prestatarias de servicios públicos.

Daniel Azpiazu y Martín Schorr

Gráfico N° 1
Evolución del PBI global y de las ventas de las firmas privatizadas
que integran la elite empresaria local, 1993-2000 (base 1993=100)

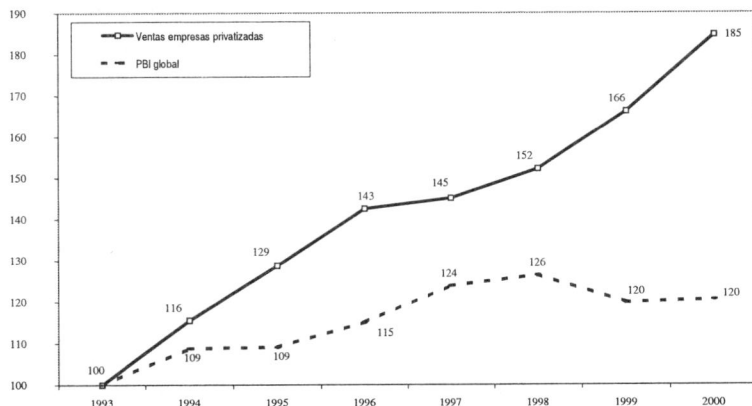

Fuente: Área de Economía y Tecnología de la FLACSO en base a MEyOSP y Memorias y Balances de las empresas.

Otra forma de captar la forma en que el entorno operativo y, fundamentalmente, normativo en el que se desenvuelve el conjunto de las empresas privatizadas impacta sobre su *performance* económica, es la que surge de analizar la evolución de los márgenes de rentabilidad que internalizó este conjunto de firmas en el transcurso de los años noventa. Al respecto, debe tenerse presente que, según lo demuestra la experiencia histórica, en el sistema capitalista, la tasa de ganancia vigente en un sector económico suele tener una relación positiva con el riesgo empresario subyacente a la misma (cuanto mayor el riesgo involucrado, mayor el margen de beneficio que cabe esperar). De allí que no sea casual que, por lo general, las actividades de carácter especulativo (en particular, cuando tienen lugar en períodos de fuerte incertidumbre macroeconómica) suelan presentar, en términos relativos, la mayor tasa de retorno.

En ese marco, cabe incorporar una breve digresión vinculada, en última instancia, con las especificidades del contexto regulatorio en el

179

que se inscribió el accionar de las empresas que se hicieron cargo de los activos privatizados en la Argentina durante los años noventa. Los rasgos distintivos de los mercados involucrados (monopólicos, con demanda cautiva y reservas legales de mercado) conllevan, naturalmente, un menor riesgo empresario que el que se desprendería de casi cualquier otra actividad económica. Hasta allí, con independencia de toda otra consideración, el criterio de "razonabilidad" de las tasas de beneficio (y, naturalmente, de las tarifas que las sustentan) sugeriría que las esperables en esos ámbitos protegidos, natural y/o normativamente, deberían ser inferiores a las correspondientes a la mayor parte de los restantes sectores económicos, expuestos a la competencia (tal como se verifica en las economías más desarrolladas donde, en general, las empresas prestatarias de servicios públicos sujetas a regulación son las que internalizan relativamente las más bajas tasas de rentabilidad)[6].

Lo anterior se ve potenciado por las propias idiosincrasias del proceso privatizador en la Argentina. En efecto, la minimización del riesgo empresario asociada con la condición de monopolios naturales se ve agudizada –en rigor, el mismo se torna absolutamente nulo–, si se consideran los diversos beneficios y reaseguros normativos y/o regulatorios con que cuentan las empresas prestatarias. Así, en el caso argentino, muy difícilmente pueda encontrarse algún sector económico con menor riesgo que el que emana de los contextos operativos en los que se desempeñan esas empresas. En ese marco, de acuerdo con tales criterios de razonabilidad (de los beneficios y de las tarifas), cabría esperar que las tasas de rentabilidad internalizadas por dichas firmas resulten ser muy inferiores a las obtenidas por aquellas empresas expuestas a un mayor riesgo y a niveles de competencia inexistentes en el ámbito de los servicios públicos privatizados.

Sin embargo, las evidencias disponibles indican todo lo contrario. Son, precisamente, las empresas privatizadas las que han venido internalizando –sistemáticamente– las mayores tasas de beneficio, fuera de toda "razonabilidad" vinculada con el riesgo empresario implíci-

6   Al respecto, véase Phillips (1993).

to. En este sentido, y como una primera aproximación a la problemática mencionada, en el cuadro N° 3 se refleja la evolución, para el período 1993-2000, de los márgenes de rentabilidad de las empresas privatizadas, en términos relativos a la observada para el conjunto de las doscientas empresas de mayor facturación del país.

Una obvia conclusión que surge de la lectura del cuadro de referencia es que en todos los años considerados las empresas privatizadas obtuvieron tasas de utilidad sobre ventas muy superiores a las registradas por el conjunto de la elite empresaria local y, naturalmente, holgadamente por encima del de aquellas empresas líderes no vinculadas con los procesos de privatización. En otras palabras, a contrario de lo que cabría esperar, los niveles de los márgenes de rentabilidad tienden a denotar una correspondencia inversa con el respectivo riesgo empresario: a menor o nulo riesgo (como es el caso de las privatizadas) mayor tasa de ganancia.

Cuadro N° 3
Evolución de la tasa de rentabilidad sobre ventas de la elite empresaria local según el vínculo de las firmas con el proceso de privatizaciones, 1993-2000 (porcentajes)

	Privatizadas	Vinculadas con las privatizaciones*	No vinculadas con las privatizaciones	Total
1993	11,0	3,4	2,6	4,5
1994	10,5	5,3	4,1	5,6
1995	12,8	9,8	2,3	5,8
1996	11,2	6,4	1,1	4,3
1997	12,2	9,2	0,8	4,7
1998	10,4	6,2	0,9	3,8
1999	7,8	4,4	-0,3	2,4
2000	8,8	6,7	-1,2	2,4
Prom. 1993/2000	10,4	6,6	1,1	4,0

* Se trata de aquellas firmas que participan en la propiedad accionaria de algunas de las empresas privatizadas.
Fuente: Área de Economía y Tecnología de la FLACSO en base a Memorias y Balances de las empresas.

La información presentada no hace más que reflejar, en última instancia, la profunda reconfiguración de la estructura de precios y rentabilidades relativas de la economía doméstica resultante de la aplicación, durante el decenio de los noventa, de las reformas estructurales (en especial, las privatizaciones), totalmente ajena a la "razonabilidad" y "justicia" de las tarifas (y los beneficios) de los servicios públicos transferidos al capital concentrado interno. Dicha afirmación encuentra sustento en el hecho de que, cualquiera sea el año que se considere, las empresas privatizadas han operado con márgenes de rentabilidad significativamente superiores a los registrados por el conjunto de las firmas de mayor envergadura del país.

El excelente rendimiento de las empresas privatizadas con relación al resto de las empresas líderes de la economía argentina se visualiza con particular intensidad en la información presentada en el gráfico N° 2. Allí se constata que, siempre considerando el período 1993-2000, las 200 firmas más grandes del país generaron, en conjunto, una masa acumulada de beneficios superior a los 28.400 millones de dólares. Aproximadamente el 57% de dicho total (más de 16.000 millones de dólares) correspondió a apenas 26 firmas privatizadas (es decir, el 13% del total). Esto indica que este conjunto reducido –aunque sumamente privilegiado– de empresas ganó 2.000 millones de dólares por año; casi 5,5 millones de dólares por día; 231.000 dólares por hora; y cerca de 3.800 dólares por minuto. En otras palabras, durante la década pasada, este núcleo selecto de grandes firmas obtuvo, *por minuto*, el equivalente a casi diez salarios medios de la economía argentina.

Es indudable que los contrastantes comportamientos que se manifiestan entre las empresas integrantes de la elite económica local según su vínculo con las privatizaciones no pueden ser atribuidos a la dimensión de las mismas y, derivado de ello, a conductas microeconómicas diferenciales (todas son firmas líderes en sus respectivos sectores de actividad), sino que remiten, en gran medida, al entorno operativo y, en especial, normativo en que se desenvuelve la mayoría de las privatizadas. Ello no sólo involucra los importantes aumentos tarifarios aplicados en el período previo a la transferencia de las empresas estatales al sector privado, sino también, a simple título ilustrativo, a las múltiples cláusulas de ajuste tarifario que reconocen los distintos marcos regulatorios (sobre todo, la –ilegal, en el marco de la Convertibilidad– indexación de los precios de estos servicios en función de la inflación de los EE.UU.), a las recurrentes renegociaciones contractuales que siempre han tendido a preservar los privilegios de las empresas, y a la peculiar forma en que se aplicó en el ámbito de los servicios públicos la cláusula de "neutralidad tributaria".

Gráfico Nº 2
Distribución de la masa de utilidades contables de las 200 empresas más grandes del país según el vínculo con las privatizaciones, 1993-2000 (porcentajes)

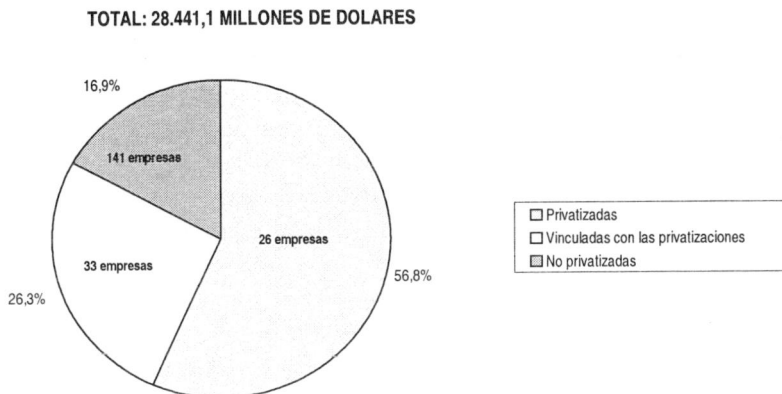

TOTAL: 28.441,1 MILLONES DE DOLARES

16,9%
141 empresas
26 empresas
56,8%
33 empresas
26,3%

☐ Privatizadas
☐ Vinculadas con las privatizaciones
☐ No privatizadas

Fuente: Área de Economía y Tecnología de la FLACSO en base a Memorias y Balances de las empresas.

No obstante la contundencia de la información proporcionada por el cuadro Nº 3, hay quienes cuestionan esa (más que usual) forma de medir la rentabilidad empresaria. Tal es el caso de la Asociación de Empresas de Servicios Públicos de la Argentina (Adespa)[7], que inició una campaña pública tendiente a rebatir esa generalizada percepción sobre los márgenes de rentabilidad extraordinarios y de privilegio de sus asociados, muy superiores a las tasas de retorno "justas" y "razonables" previstas en los marcos regulatorios de los distintos servicios privatizados.

En ese marco, uno de los "argumentos" centrales esgrimidos por Adespa en defensa de los intereses de sus asociados apunta a la presuntamente errónea estimación de los márgenes de rentabilidad obtenidos por las empresas prestatarias de servicios públicos privatizados. Al respecto, se señala que "la rentabilidad de las compañías no es tan alta como se cree porque se debe comparar la utilidad con el patrimonio y no con la facturación, como aquí se hace", para luego afirmar que "la rentabilidad promedio es entre el 4% y el 5%, con alguna excepción del 12%".

Sin embargo, ello contradice totalmente lo que puede apreciarse en los balances de las mismas firmas. No sólo son elevados los márgenes de rentabilidad sobre ventas, tal como admite –implícitamente– Adespa, sino que también las tasas de retorno sobre los respectivos patrimonios netos son holgadamente superiores a las que cabría considerar como "justas" y "razonables". Como se aprecia en el cuadro N° 4, las empresas de servicios privatizados han obtenido, entre 1994 y 1999, una rentabilidad media sobre patrimonio del orden del 15%, muy lejana del presunto 5% estimado por Adespa. En todos los sectores, con la excepción del de distribución de energía eléctrica (que presenta una rentabilidad promedio sobre patrimonio del 5,6% aunque, como surge de la información presentada, en franco y sistemático ascenso hasta 1998)[8], la tasa de beneficio siempre supera, y en muchos casos con holgura, el 10%.

---

7 Integrada por Aguas Argentinas, Azurix, Edenor, Edesur, Gas Natural Ban, Metrogas, Metrovías, Telecom Argentina y Telefónica de Argentina.
8 En 1999 se produce una caída de consideración en la rentabilidad de las empresas eléctricas (tanto si se la mide en relación con las ventas como en función del patrimonio neto). Ello es explicado en su totalidad por la brusca contracción (de más del 75%) que se registró en las ganancias de Edesur, como producto de las sanciones vinculadas con el "apagón" de febrero de dicho año.

Cuadro N° 4
*Evolución de la rentabilidad de las empresas privatizadas, 1994-
1999 (porcentajes)*

Sector	1994	1995	1996	1997	1998	1999*	Promedio 1994/1999
Rentabilidad/Patrimonio neto	**17,4**	**17,3**	**14,3**	**15,1**	**14,0**	**14,2**	**15,4**
Concesionarios viales	40,3	26,6	19,0	23,8	19,1	s/d	25,8
Gas natural	13,7	11,8	10,1	10,5	10,2	10,3	11,1
Energía eléctrica	-0,4	5,8	6,9	7,5	8,3	5,5	5,6
Telefonía	13,3	13,5	10,3	12,4	15,1	13,3	13,0
Agua y servicios cloacales	20,1	28,9	25,4	21,1	17,1	27,6	23,3
Rentabilidad/Ventas	**11,3**	**13,1**	**12,0**	**12,7**	**11,9**	**12,7**	**12,3**
Concesionarios viales	11,6	9,6	7,5	9,7	9,4	s/d	9,6
Gas natural	19,4	17,0	14,6	15,5	15,1	14,0	15,9
Energía eléctrica	-0,4	7,5	8,9	9,3	10,1	6,5	7,0
Telefonía	17,0	16,4	13,8	15,5	13,4	12,4	14,8
Agua y servicios cloacales	8,7	14,8	15,4	13,7	11,5	18,0	13,7

* La rentabilidad promedio de los sectores seleccionados en el año 1999 fue calculada excluyendo a los concesionarios viales.
Fuente: Área de Economía y Tecnología de la FLACSO en base a Memorias y Balances de las empresas.

A los efectos de captar más acabadamente la magnitud de los valores mencionados, cabe destacar que la rentabilidad media sobre patrimonio neto de las cien empresas más grandes del país (excluidas las privatizadas) fue, en 1999, de "apenas" el 3,4% (en este último segmento líder de la economía nacional, el margen promedio de beneficio sobre ventas fue, en ese mismo año, de sólo el 1,2%). Se trata, sin duda, de una clara dicotomía en el interior de la cúpula empresaria del país que se encuentra estrechamente ligada a las especificidades normativas que delimitan el accionar de las distintas firmas líderes de la economía argentina.

Ello denota, naturalmente, diferencias sustantivas en las respectivas tasas de ganancia, a favor de las empresas privatizadas. La transferencia de activos subvaluados con poder monopólico u oligopólico bajo condiciones de reserva legal de mercado, la preservación normativa y regulatoria de rentas extraordinarias de privilegio, la "debilidad" –en rigor, funcionalidad a sus intereses– de los mecanismos regulatorios (tanto en el plano tarifario como, por ejemplo, en el de la defensa de la competencia y del consumidor), el nulo grado de exposición a cambios en las condiciones de contexto le confieren a las empresas privatizadas una serie de "ventajas de inserción" que en nada se asemejan a las condiciones bajo las que deben desempeñarse las restantes empresas líderes del país.

Otra forma de constatar el carácter de extraordinario y/o de privilegio de los beneficios obtenidos por las actuales prestatarias de servicios privatizados en la Argentina es a partir de su comparación a nivel internacional con empresas que prestan los mismos servicios y que, como tales, se desenvuelven en actividades que presentan similares –y, seguramente, mayores– niveles de riesgo empresario que los vigentes en el ámbito local. Si bien en este plano las posibilidades de realizar confrontaciones enfrentan algunos problemas metodológicos irresolubles, cabe incorporar algunos de esos posibles contrastes.

La primera de ellas remite a la consideración de las tasas de beneficio registradas por Aguas Argentinas en el transcurso de la década pasada que se ubicaron, en promedio, en torno del 23% del patrimonio neto y del 14% de sus ventas anuales. Ello en nada se asemeja a los niveles considerados aceptables o razonables en otros países. Así, por ejemplo, en EE.UU. las tasas de beneficio (sobre patrimonio neto) obtenidas en los años noventa fluctuaron entre un mínimo del 6% y un máximo del 12,5%; en el Reino Unido, las evidencias disponibles indican que la tasa razonable para el sector se ubica entre el 6% y el 7%; mientras que en Francia se considera como tasa de retorno aceptable una que se ubique en el orden del 6%. Se trata, en todos los casos, de niveles de rentabilidad sobre patrimonio mucho más "justos" y "razonables" que los obtenidos por Aguas Argentinas (Azpiazu y Forcinito, 2001).

Otro ejemplo comparativo donde también quedan claramente de manifiesto los muy elevados márgenes de rentabilidad de las empresas privatizadas que actúan en el ámbito local es el de las operadoras del servicio básico telefónico. En este caso, Telefónica de Argentina y Telecom Argentina internalizaron, a lo largo de la pasada década, muy elevadas tasas de beneficio, significativamente superiores a las registradas durante el mismo período por las principales empresas del sector a nivel internacional: el margen de rentabilidad sobre ventas de ambas firmas casi triplica al registrado –en promedio– por el grupo de las diez operadoras telefónicas más importantes del mundo desde el punto de vista de su facturación. Más aún, la filial argentina de Telefónica de España obtuvo un margen medio de beneficio sobre ventas que prácticamente duplicó al que obtuvo la casa matriz en su país de origen, mientras que, en el caso de Telecom Argentina, tales diferencias fueron mucho más pronunciadas, por cuanto la tasa de rentabilidad promedio que obtuvo dicha empresa a nivel local fue más de tres veces superior a las que registraron en sus respectivos países de origen sus accionistas mayoritarios (France Telecom y Telecom Italia)[9].

De la comparación del nivel de los márgenes de ganancia locales e internacionales cabe destacar no sólo que las rentabilidades de Telecom Argentina y Telefónica de Argentina han superado con holgura a las registradas internacionalmente sino que, además, las mismas no son ni "justas" ni "razonables", en los términos dispuestos por el propio marco regulatorio de la actividad. Al respecto, en el Pliego de Bases y Condiciones para la privatización de ENTel se señalaba que las tarifas serían ajustadas "a un nivel adecuado para proporcionar a un Operador eficiente una tasa de retorno razonable sobre los Activos Fijos sujetos a explotación". En este sentido, a menos que el resto de las operadoras internacionales sean muy ineficientes o que se conformen con márgenes de rentabilidad sustancialmente inferiores a los registrados en la Argentina, las tasas de beneficio locales estarían en franca contradic-

9   Véase Abeles (2001).

ción con lo dispuesto normativamente, y no serían más que resultantes de tarifas que no son "justas", ni "razonables"[10].

Un tercer ejemplo de que las tasas de ganancia obtenidas por las empresas privatizadas que actúan en el medio local son de tipo extraordinario y que no guardan ninguna relación con el riesgo empresario implícito lo constituye el caso de las transportistas de gas natural: entre 1993 y 1999, las dos transportistas que actúan en el país (la Transportadora de Gas del Norte y la Transportadora de Gas del Sur) registraron una tasa media de retorno sobre ventas cercana al 40%, cuando, en el plano internacional, un margen de rentabilidad "razonable" para una firma que presta este tipo de servicio se ubica entre el 10% y el 20% de su facturación (Azpiazu y Schorr, 2001b).

Finalmente, cabe destacar el caso de YPF, que a partir de su privatización se constituyó como la empresa petrolera más rentable del mundo. En efecto, entre 1993 y 1998, mientras los márgenes de utilidad sobre ventas de las veinte mayores petroleras del mundo fluctuaron entre el 3% y el 6%, los de YPF lo hicieron entre el 10% y casi el 18%. En este sentido, y como simple ejercicio ilustrativo, de considerar como tasa de beneficio extraordinaria la diferencia existente entre los márgenes de utilidad obtenidos por YPF respecto de los correspondientes, en promedio, a las veinte petroleras de mayor facturación mundial, puede concluirse que las rentas de privilegio apropiadas por YPF ascendieron, para el período mencionado, a más de 2.500 millones de dólares[11].

---

10 De considerar los márgenes de rentabilidad no sobre las ventas sino sobre los activos sujetos a explotación (tal como lo preveía el Pliego original de la privatización, al establecer la garantía de una tasa de beneficio del 16% –a la que renunciaron las licenciatarias–) se advierte la magnitud de las ganancias extraordinarias obtenidas por Telefónica de Argentina y Telecom Argentina. Según un estudio realizado por la American Chamber of Commerce (1995): "... la tasa de retorno calculada para los ejercicios 90/91 (10 meses) y anuales 91/92, 92/93 y 93/94, en un 41,3%, 42,0%, 42,4% y 36,0% respectivamente (siempre en equivalente anual), ha superado largamente la previsión de garantía del 16% anual".

11 En relación con lo anterior, en el año 2000 Repsol registró en España un margen de rentabilidad sobre ventas del 5,3%, mientras que en la Argentina YPF obtuvo una tasa de ganancia (siempre sobre facturación) del 14,2%.

En síntesis, cualquiera sea el criterio comparativo que se adopte para evaluar el grado de "razonabilidad" de los beneficios que han venido internalizando las empresas prestatarias de los servicios públicos privatizados se llega a una misma conclusión: se trata de beneficios extraordinarios y de privilegio que descansan, en última instancia, en tarifas que no se caracterizan, ni mucho menos, por su "justicia" y "razonabilidad" (en especial, las abonadas por los usuarios de menores recursos tanto en el segmento residencial como en el empresario).

V. SÍNTESIS Y REFLEXIONES FINALES

Uno de los impactos de mayor significación de la política –no sólo económica– de la dictadura militar que usurpó el poder en marzo de 1976 fue una profunda y regresiva modificación en el funcionamiento de la economía argentina. En el contexto de ese nuevo marco estructural, en el transcurso de la década de los años noventa se implementó un conjunto articulado de políticas públicas de cuño neoconservador (uno de cuyos ejes centrales fue la privatización de empresas públicas) que contribuyeron a reforzar de modo considerable las nuevas bases sustantivas del desenvolvimiento económico del país emergentes del programa refundacional de la última dictadura militar.

En tal sentido, existen sobradas evidencias acerca de que la política privatizadora instrumentada bajo la administración Menem ha desempeñado un papel determinante en la profundización de un patrón de acumulación crecientemente concentrador en lo económico y excluyente en lo social. Las principales modalidades que adoptó dicho proceso tendieron a configurar y preservar ámbitos privilegiados de acumulación y reproducción del capital, caracterizados por un nulo "riesgo empresario" y ganancias extraordinarias –para nada "justas" ni "razonables" en función de lo dispuesto en los marcos regulatorios de los distintos servicios públicos privatizados– que fueron internalizadas por un núcleo muy reducido de grandes conglomerados empresarios de origen nacional y extranjero.

Del conjunto de los análisis precedentes se desprende que ello ha estado estrechamente relacionado con las principales singularidades del entramado regulatorio en el que se ha inscripto el accionar de las empresas privatizadas y/o, según los casos, del propio incumplimiento de la legislación vigente. Al respecto, cabe destacar la fijación de elevados "precios base" de inicio de la operatoria privada; la muy escasa transferencia a los usuarios de las importantes ganancias de productividad de las empresas prestatarias; la dolarización de las tarifas como paso previo a su indexación en función de la evolución de precios ajenos a la economía doméstica y, por esa vía, la elusión de las taxativas disposiciones que, en tal sentido, emanan de la Ley de Convertibilidad (una maniobra –convalidada normativamente– de la que no ha gozado prácticamente ninguno de los restantes precios de la economía argentina –en especial, los salarios–); la política empresaria de promover –y la estatal de convalidar– sistemáticas renegociaciones en las cláusulas contractuales; la peculiar forma con que se trasladaron a las tarifas las variaciones en los costos empresararios asociadas con cambios en las normas impositivas ("neutralidad tributaria"), etcétera.

Como era de esperar, la conjunción de todos estos fenómenos favoreció directamente a las firmas prestadoras (garantizándoles, a la par de aumentos de consideración en las tarifas, muy holgadas tasas de ganancia), y perjudicó en forma ostensible a los usuarios y consumidores de tales servicios públicos privatizados (sobre todo, a aquéllos que, por diversos factores, presentan un menor poder relativo de negociación frente a las empresas).

Lo anterior sugiere que la regulación pública de los servicios privatizados ha sido débil si se considera su significativa incapacidad –cuando no falta de voluntad– para promover distintas medidas tendientes a proteger a los usuarios y consumidores, mientras que reveló una gran fortaleza para garantizar y potenciar el elevado poder de mercado que adquirieron, así como los ingentes beneficios que internalizaron, las firmas que tomaron a su cargo la prestación de los diferentes servicios públicos transferidos al ámbito privado en el transcurso del decenio de los noventa. Sin duda, ello constituye un claro indicador de que en la década pasada se profundizó notablemente otro de los rasgos distintivos de la economía y la sociedad argentinas postdictadura: la creciente –y cada vez más evidente– subordinación estatal a los intereses del capital concentrado interno.

La captura institucional y los privilegios de las empresas privatizadas: ¿Premura inicial o una constante en los noventa?[*]

por Daniel Azpiazu

I. Introducción

La crisis hiperinflacionaria de fines de los años ochenta, la asunción anticipada de la administración Menem, y las nuevas políticas públicas de los noventa han devenido, en su perspectiva histórica, en un nuevo punto de quiebre en el sendero evolutivo de largo plazo de la Argentina signado, en este caso, por profundas –y regresivas– transformaciones estructurales, en el plano económico, social e institucional.

El *shock* neoliberal que ha sustentado, en última instancia, tales mutaciones estructurales retomó y profundizó muchos de los lineamientos estratégicos de la política económica de la última dictadura militar (apertura y desregulación asimétricas de la economía, privatización, liberalización financiera, ajuste y precarización del mercado laboral), avanzando sustancialmente en la intensidad, las formas de articulación y la funcionalidad de las políticas públicas respecto, por un lado, del programa de estabilización implementado a principios de 1991 y, por otro, y fundamentalmente, de los objetivos refundacionales perseguidos: la consolidación de un nuevo sendero de acumulación y reproducción del capital sobre distintas bases económico-sociales.

Ello se ha visto potenciado ante la irreversibilidad de parte importante de los cambios derivados o inducidos por las nuevas políticas públicas. Así, por ejemplo, el mayor nivel de exposición a la competencia externa, la reestructuración y subrogación del Estado, la valori-

* Se trata de una versión corregida y actualizada de la ponencia presentada en el VI Congreso Internacional del CLAD sobre Reforma del Estado y de la Administración Pública, Buenos Aires, 5 al 9 de noviembre de 2001.

zación financiera del capital como eje ordenador de la economía, las elevadas –ya de carácter estructural– tasas de desempleo y subempleo, los desconocidos niveles de pobreza e indigencia y, como síntesis funcional de todo ello, la creciente concentración del poder económico en un núcleo acotado de grandes agentes son, sin duda, algunos de los fenómenos sobre los que –parece– continuarán estructurándose los escenarios futuros de la economía argentina.

La resolución de muchas de las "asignaturas pendientes" de la dictadura, bajo gobiernos democráticos (si bien, claro está, con la recurrencia sistemática a decretos de "necesidad y urgencia" y/o con la complacencia no desinteresada) se tradujo en una creciente fragmentación económica y social, y en el fortalecimiento de un conjunto de conglomerados nacionales y extranjeros, núcleo básico de un poder económico cada vez más concentrador y excluyente. La consolidación del mismo (donde pueden reconocerse nuevos y viejos actores, tanto de capital nacional como extranjero) y del modelo socioeconómico regresivo que fueran objetivos centrales de la dictadura militar emergen, así, como las bases sustantivas del proceso de transformaciones radicales al que asisten la economía y la sociedad argentina desde los inicios de los años noventa.

En ese marco, el programa de privatizaciones desarrollado en el país constituye, atento al impacto económico-social de sus realizaciones, uno de los ejes centrales de esas políticas públicas y de la estrategia refundacional que las sustentan. Basta considerar, al respecto, algunas de sus principales resultantes estructurales: la consolidación y preservación de mercados mono u oligopólicos con, incluso, garantías de internalización de rentas extraordinarias; la transferencia de activos –subvaluados– y, fundamentalmente, de un poder regulatorio decisivo en términos de la conformación de la estructura de precios y rentabilidades relativas de la economía; la profundización del proceso de concentración y centralización del capital y la consiguiente reconfiguración del poder económico local.

La trama normativa y regulatoria en que se inserta la operatoria de las empresas prestadoras de los servicios públicos privatizados explica, en

gran medida, esa recomposición del perfil del poder económico local[1].
Se trata, en su casi totalidad, de acciones –y omisiones– que han terminado por construir –y consolidar– un escenario privilegiado por las políticas públicas, acotado a un escaso –pero muy diversificado– número de
agentes económicos. En esa dirección, la debilidad y precariedad
regulatoria que caracteriza a la experiencia privatizadora en la Argentina
(inexistencia o formulación –tardía, limitada y, cuando no, precaria– de
marcos regulatorios, constitución de débiles agencias reguladoras –en la
casi totalidad de los casos, con posterioridad a la transferencia de los
activos y, en no pocos casos, con claros signos de captura por parte de la/
s empresa/s reguladas y/o del Poder Ejecutivo Nacional–, recurrentes
renegociaciones contractuales, desatención –derivada de la despreocupación– oficial por la defensa de la competencia y el consumidor, sistemática subordinación de los intereses sociales frente a los de los consorcios que resultaron adjudicatarios de las empresas privatizadas, etc.), los
llamados "defectos" o "problemas de diseño" normativos y regulatorios
que se manifiestan en el campo de los servicios privatizados, han resultado plenamente *funcionales* a los intereses de los grandes conglomerados locales y extranjeros que, a partir de su activa presencia en los distintos procesos de privatización, han pasado a constituirse en el núcleo hegemónico del poder económico en el país y, por tanto, en referente obligado en la propia formulación de las políticas públicas[2].

II. La celeridad privatizadora

Atento a sus impactos políticos, institucionales, económicos y sociales, el vasto y acelerado programa de privatización desarrollado en
la Argentina emerge como una de las realizaciones más trascendentes
–y "exitosas", en términos de los objetivos perseguidos– de la administración Menem. En efecto, la priorización de determinadas metas polí

1 Basualdo (2000).
2 Un análisis de la subordinación que mantiene el sistema político respecto de los
  sectores dominantes puede consultarse en Basualdo (2001).

ticas y económicas de largo plazo (estructuradas a partir de la convergencia entre los intereses de los acreedores externos y los del capital concentrado interno[3], con el beneplácito y la complacencia de los organismos multilaterales de crédito) conllevó, entre otras, la consolidación de actividades beneficiadas con rentas extraordinarias o de privilegio bajo condiciones de nulo riesgo empresario, la "precariedad" y/o "debilidad" –cuando no, desnaturalización– regulatoria, la conformación de reservas legales de mercados mono u oligopólicos sumada a una escasa preocupación oficial por la defensa de la competencia, la subordinación sistemática de los derechos de usuarios y consumidores frente al mantenimiento –o acrecentamiento– de tales beneficios extraordinarios. En ese marco, los efectos de las privatizaciones sobre, por ejemplo, la competitividad de la economía y la equidad distributiva no han sido variables tenidas en cuenta en el desarrollo del acelerado programa implementado a partir de la sanción, en agosto de 1989, de la Ley Nº 23.696 de Reforma del Estado.

Ello no resulta casual ni sorprendente frente a las urgencias que debía afrontar el gobierno justicialista que, con una historia partidaria conflictiva frente a determinados segmentos del poder económico, asumiera en plena crisis hiperinflacionaria. En efecto, las propias modalidades que adoptó el programa de privatizaciones se inscriben, como parte constitutiva esencial, en la necesidad *político-institucional* de

3 De forma de revertir los conflictos entre ambos tipos de agentes económicos que, incluso, habían hecho eclosión en agosto de 1988, cuando la Argentina anunció la cesación de pagos de los servicios de la deuda externa (Azpiazu y Schorr, 2001a; y Basualdo, 1999).

4 Al decir de Gerchunoff (1992), "la sed de reputación frente a la comunidad de negocios,... impulsaban y aceleraban su acción privatizadora". En realidad, tal actitud gubernamental –y, consiguientemente, del poder económico local– desempeñó –y continúa haciéndolo– un papel protagónico en procura de los necesarios apoyos político-institucionales-corporativos que viabilizan (cuando no sustentan) las políticas públicas. Ello parece trascender la "acción privatizadora" de la administración Menem para involucrar, cuando menos, la posterior relación del gobierno de la Alianza con las empresas prestadoras de los servicios privatizados y, como tal, con parte sustantiva del actual poder económico en la Argentina.

obtener la confianza plena de la "comunidad de negocios"[4], nacional (los grandes grupos económicos locales) e internacional (la banca acreedora, los organismos multilaterales de crédito, y los conglomerados de capital extranjero y las empresas transnacionales que actúan a nivel doméstico). La administración Menem comprendió muy bien que para lograr un cambio radical en la imagen del gobierno, y para dirimir el agudo enfrentamiento de intereses existente en el seno del *establishment*, nada mejor que transferir –en el más breve plazo posible– a esa "comunidad de negocios" parte sustantiva del Estado o, más precisamente, su porción más rica –por sus potencialidades– como eran las empresas públicas. De allí lo acotado de los plazos que se autoimpuso el gobierno en su afán por obtener el apoyo pleno de los sectores más concentrados del capital y de la banca acreedora, con la consiguiente recomposición de los conflictos preexistentes y la reconfiguración de nuevas alianzas entre las fracciones más poderosas del bloque hegemónico[5].

Ese cambio de actitud hacia un gobierno de origen justicialista, sustentado en la confluencia de los intereses de los acreedores externos (vía la capitalización de títulos de la deuda pública a su valor nominal –cuyo valor real de mercado resultaba ya casi insignificante– en la compra de activos públicos, subvaluados y muy rentables), los conglomerados de capital local y los de origen extranjero (que contaron con condiciones de acceso preferenciales a este nuevo escenario privilegiado por las políticas públicas), sólo se podía obtener con un programa de privatizaciones con las características del que se desarrolló en el país. En otras palabras, con procesos que denotan múltiples deficiencias en

---

5 Atento al mencionado objetivo de enviar señales claras al *establishment* en relación con la orientación que adoptaría la política económica, no resulta casual que las primeras privatizaciones que encaró la administración Menem hayan sido las de Aerolíneas Argentinas y ENTel. En efecto, se trata de las dos principales empresas públicas que el radicalismo había intentado transferir al sector privado en los últimos años de su gestión (proyecto que, cabe destacar, no pudo concretarse por la fuerte oposición que encontró en el –en ese momento opositor– bloque de diputados peronistas). Al respecto, véase Azpiazu (1998).

muy diversos planos, pero muy fructífero en lo *político-institucional y estructural*, en cuanto a la consecución efectiva de los objetivos perseguidos. El mismo contribuyó de manera decisiva a afianzar esa procurada confianza de la "comunidad de negocios" favoreciendo, en especial, en la primera mitad de la década, el ingreso de capitales externos –asociado, en buena parte, con la repatriación de transferencias previas al exterior–, el crecimiento del consumo doméstico, la renegociación de la deuda externa y, fundamentalmente, la consolidación de nuevas bases y condiciones refundacionales del desenvolvimiento económico y social del país.

En consecuencia, la celeridad privatizadora[6] devino en, por un lado, un éxito rotundo en términos de la reconfiguración de la estructura del poder económico y, por otro, como era dable esperar, una multiplicidad de improvisaciones y de debilidades normativas (sólo en el ámbito de la energía eléctrica y el gas natural se recurrió a la sanción de sendas leyes, mientras que las restantes privatizaciones se efectivizaron a partir de decretos del Poder Ejecutivo) y regulatorias (en especial, en materia tarifaria, de promoción y defensa de la competencia, de protección de los derechos de usuarios y consumidores, de universalidad de los servicios, de diseño del propio sistema, etc.). Tales debilidades se han ido tornando claramente funcionales desde la perspectiva de la "comunidad de negocios", en tanto terminaron por resultar, también, plenamente articuladas a los mismos intereses que se procuraba conquistar con el programa privatizador. Las mismas han tendido a transfor-

6 Al respecto, cabe destacar que en tan solo cuatro años se privatizaron: una porción mayoritaria de la petrolera estatal (la firma más grande del país en términos de facturación y una de las líderes en materia de exportaciones); los ferrocarriles de carga y de pasajeros; la empresa gasífera estatal; las compañías estatales de generación, transporte y distribución de energía eléctrica; la Empresa Nacional de Telecomunicaciones; Aerolíneas Argentinas; los astilleros y las plantas siderúrgicas y petroquímicas de propiedad estatal; la administración de los sistemas portuarios; canales de radio y TV; etc. Un tratamiento detenido de las principales características que presentó el proceso privatizador encarado en el país puede consultarse, entre otros, en Abeles (1999); Azpiazu (1995 y 2001a); y Basualdo (1994).

marse en condicionantes y determinantes institucionales de largo plazo que, en última instancia, han permitido potenciar el poder económico del *establishment*, y su consiguiente capacidad de internalizar porciones crecientes del excedente generado en el ámbito nacional. Al respecto, a título ilustrativo, basta resaltar que, como se puede apreciar en el cuadro N° 1, entre 1993 y 1999, la tasa media de beneficios sobre ventas de las empresas privatizadas que forman parte de las 200 firmas más grandes del país se elevó a 10,8%, dos veces y media por encima de la registrada, de conjunto, por esas 200 empresas (4,3%), y más de siete veces superior a la obtenida por el subgrupo de firmas líderes que no están vinculadas con los distintos procesos de privatización (1,5%).

Cuadro N° 1
Elite empresaria local. Evolución de las ventas, las utilidades y la tasa de rentabilidad sobre ventas según el vínculo de las firmas con el proceso de privatizaciones, 1993-1999 (millones de pesos y porcentajes)

	Privatizadas	Vinculadas a las privatizaciones*	No vinculadas a las privatizaciones	Total
1993				
Ventas	13.629,4	8.049,5	40.327,7	62.006,5
Utilidades	1.502,1	273,0	1.034,1	2.809,2
Rentabilidad s/ ventas (%)	11,0	3,4	2,6	4,5
1994				
Ventas	15.746,4	10.796,7	47.028,6	73.571,7
Utilidades	1.647,6	567,7	1.919,6	4.134,9
Rentabilidad s/ ventas (%)	10,5	5,3	4,1	5,6
1995				
Ventas	17.543,5	12.499,6	49.663,1	79.706,2
Utilidades	2.253,6	1.223,5	1.161,0	4.638,1
Rentabilidad s/ ventas (%)	12,8	9,8	2,3	5,8
1996				
Ventas	19.430,7	13.979,3	51.769,8	85.179,8
Utilidades	2.181,7	890,6	564,2	3.636,4
Rentabilidad s/ ventas (%)	11,2	6,4	1,1	4,3
1997				
Ventas	19.778,2	16.675,7	58.411,9	94.865,8
Utilidades	2.415,9	1.528,4	484,2	4.428,5
Rentabilidad s/ ventas (%)	12,2	9,2	0,8	4,7
1998				
Ventas	20.749,1	18.396,8	64.631,6	103.777,5
Utilidades	2.166,8	1.139,3	591,1	3.897,3
Rentabilidad s/ ventas (%)	10,4	6,2	0,9	3,8
1999				
Ventas	22.650,0	17.781,0	61.127,6	101.558,5
Utilidades	1.771,3	782,1	-164,9	2.388,4
Rentabilidad s/ ventas (%)	7,8	4,4	-0,3	2,4
Totales 1993-1999				
Ventas	129.527,3	98.178,6	372.960,3	600.666,0
Utilidades	13.939,0	6.404,6	5.589,3	25.932,8
Rentabilidad s/ ventas (%)	10,8	6,5	1,5	4,3

* Se trata de aquellas firmas que participan en el capital de algunas de las empresas privatizadas.
Fuente: Área de Economía y Tecnología de la FLACSO en base a Memorias y Balances de las empresas.

Las recurrentes y opacas renegociaciones contractuales con un único denominador común: la preservación o el acrecentamiento de las rentas de privilegio de las firmas privatizadas; la sistemática y unilateral recurrencia a la figura de la "seguridad jurídica" de las empresas prestadoras de los servicios públicos subordinando por completo la de los usuarios y consumidores; las facilidades de captura de los entes reguladores, y/o de instancias del poder político que los subordinan y desplazan, por parte de las empresas reguladas; el despliegue de comportamientos oportunistas tendientes al aprovechamiento pleno de esas debilidades normativas, regulatorias e institucionales son, entre otras, claras manifestaciones de esa funcionalidad o "captura institucional" que, incluso, como lo demuestra la experiencia, trascendió a la administración Menem e involucró, también, al gobierno de la Alianza.

Asimismo, en ese marco se inscriben las diversas formas bajo las que, incluso, se han ido alterando y/o vulnerando –a través de decretos y resoluciones del Poder Ejecutivo Nacional–, los alcances efectivos de distintas leyes nacionales (en particular, aunque no exclusivamente, la Ley de Convertibilidad), no sólo en términos del "espíritu del legislador" sino, también, respecto de la propia letra de las mismas.

Si bien las urgencias político-institucionales (sumadas a las fiscales de corto plazo) emergen como uno de los rasgos distintivos del programa de privatizaciones que, a la vez, por su propia naturaleza, permean, moldean y/o definen muchas de las restantes características dinámicas del proceso desestatizador, no es menos cierto que las privatizaciones argentinas revelan una serie de peculiaridades que en poco las asemejan a otras experiencias internacionales en la materia.

III. La concentración de la propiedad

Uno de los elementos sustantivos –y distintivos– del programa privatizador desarrollado en la Argentina es el que se relaciona con su muy activo papel como propulsor del proceso de concentración y centralización del capital. Tanto por las modalidades que adoptó la privatización de la mayor parte de las empresas públicas, como por las debilidades y omisiones en materia de defensa de la competencia –no sólo en el plano normativo sino, también, en la propia acción reguladora–, el programa desestatizador emerge como un hito fundamental en la dinámica y en los alcances de la concentración del capital en el país.

En consonancia con esa premura –política, institucional, fiscal– privatizadora, y contraponiéndose a las recomendaciones y a las mejores prácticas internacionales en la materia, la despreocupación por difundir y fragmentar la propiedad de las empresas privatizadas (por ejemplo, a través del mercado de capitales o, incluso, de la entrega gratuita de acciones u ofertas preferenciales para los usuarios de los distintos servicios)[7] constituye uno de los componentes esenciales del programa de privatizaciones. Así, en la casi totalidad de los procesos, el propio llamado a licitación favoreció la presencia de pocos oferentes; lo que se reforzó, en la generalidad de los casos, por la coordinación y el *lobbying* empresario en torno de sus respectivas ofertas[8]. Es más, no sólo no se establecieron restricciones temporales a la posible reventa

7   El ejemplo que brinda la experiencia británica es claramente ilustrativo. En las privatizaciones realizadas en la década de los ochenta durante el gobierno de M. Thatcher, la fragmentación de la propiedad de las empresas privatizadas aparece como un elemento constitutivo esencial de la estrategia política de legitimación de las transformaciones encaradas por el Partido Conservador. En efecto, "en las privatizaciones... de British Telecom y British Gas se intentó deliberadamente democratizar la propiedad.... Por ejemplo, en el caso de la emisión de acciones de British Gas, el 16,6 % de las familias que tienen una conexión de gas (a propósito, la vasta mayoría) también tiene una participación accionaria en British Gas. Con su emisión lanzada en noviembre de 1984 British Telecom atrajo dos millones de inversionistas, de los cuales alrededor de la mitad nunca había comprado acciones antes.... Según una encuesta realizada por encargo de la Bolsa de Valores y el Tesoro, el número de accionistas del Reino Unido ha aumentado de tres millones en 1979 a 8,5 millones, que representan casi el 20% de la población adulta" (Walters, 1988).

8   A punto tal que, en general, en la mayor parte de los procesos de privatización, la inexistencia de futura competencia "en el mercado" se trasladó, también, a la competencia "por el mercado".

de participaciones accionarias que pudieran conllevar una creciente concentración de la propiedad, sino que se fijaron patrimonios mínimos –muy elevados– como requisito para poder participar de las licitaciones y concursos o, en su defecto, tales montos patrimoniales fueron una de las variables principales a considerar al momento de la precalificación y/o la adjudicación. En otras palabras, la capacidad patrimonial de los potenciales interesados se constituyó en una de las principales barreras de ingreso al "mercado" privilegiado de las privatizaciones. A favor de ello, algunas de las grandes firmas integrantes de los consorcios adjudicatarios han transferido, posteriormente, sus respectivas tenencias accionarias, obteniendo ingentes beneficios financieros en un muy corto plazo[9].

Esa desatención oficial por distribuir o atomizar la propiedad de las empresas privatizadas trajo aparejada, en realidad, una clara inducción a la centralización y concentración del capital y, con ello, a la consolidación de un creciente poder de negociación en manos de conglomerados que a partir de allí pasaron a controlar una muy diversa gama de actividades –en muchos casos integradas vertical y/u horizontalmente–, y al consiguiente debilitamiento del papel regulador del Estado. Ello se conjugó, a la vez, con la supervivencia y el reforzamiento de monopolios –u oligopolios– legales, bajo condiciones que no sólo aseguran nulos riesgos empresarios sino, fundamentalmente, tasas de retorno muy elevadas, así como con la transferencia –a un núcleo sumamente acotado de grandes agentes económicos– de un poder decisivo en lo que respecta a la determinación de la estructura de precios y rentabilidades relativas del conjunto de la economía argentina y, por

---

9 A simple título ilustrativo, cabe mencionar que algunas de tales transferencias conllevaron la obtención de rendimientos sobre los montos invertidos originalmente superiores al 80% anual, en el caso de las telecomunicaciones, y de casi el 85% anual, en el sector gasífero. Ver, respectivamente, Abeles, Forcinito y Schorr (2001); y Azpiazu y Schorr (2001b). Para una interpretación analítica del fenómeno de la venta de tenencias accionarias en las empresas privatizadas, que se manifestó con particular intensidad durante la segunda mitad de los años noventa, consultar Basualdo (2000).

esa vía, de variables de ostensible significación económico-social como, por ejemplo, la distribución del ingreso o la competitividad de los distintos sectores de actividad. Se trata, en síntesis, de un aporte sustantivo a la obtención de esa procurada confianza de la "comunidad de negocios" y, con ello, a la creciente centralización del poder económico local.

Así, como resultado esperable de las propias modalidades de las privatizaciones, en la experiencia argentina quedó claramente de manifiesto, al momento de la transferencia al sector privado de las distintas empresas públicas, un triple nivel de concentración del capital. Por un lado, en cuanto a la propiedad en cada una de las compañías privatizadas: las tenencias accionarias quedaron concentradas en, a lo sumo, tres o cuatro firmas o grupos que conformaban los respectivos consorcios adjudicatarios[10].

Se verifica, asimismo, otro muy elevado grado de concentración de la propiedad en el plano sectorial. Si se analizan los consorcios adjudicatarios en el campo de la electricidad (generación, transmisión y distribución) se constata que, por ejemplo, el grupo Pérez Companc pasó a controlar una porción decisiva del mercado. Lo propio sucede

10 Las posteriores transferencias de participaciones accionarias en el interior de los consorcios adjudicatarios han tendido a profundizar, aún más, tales niveles de concentración de la propiedad. Ver, nuevamente, Abeles, Forcinito y Schorr (2001); y Azpiazu y Schorr (2001b), para los ejemplos que brindan las telecomunicaciones y el sector gasífero, respectivamente. En el caso de Aguas Argentinas S.A. (monopolio proveedor de agua y servicios cloacales en el ámbito de la ciudad de Buenos Aires y 17 partidos del conurbano bonaerense), el grupo Soldati transfirió sus tenencias accionarias al socio mayoritario (Suez Lyonnaise des Eaux-Dumez); en el ámbito de la electricidad, entre otros, el grupo Techint vendió su participación en Edelap S.A. a la empresa estadounidense AES Corporation, como producto de lo cual esta última firma pasó a ejercer el control de la distribuidora. También, en el ámbito de los ferrocarriles de pasajeros se asistió al mismo fenómeno. En el caso de Transportes Metropolitanos S.A., las empresas Román S.A., EACSA y Electrónica S.A. le vendieron sus tenencias accionarias a Ormas S.A. que, así, pasó a controlar el 50% del consorcio adjudicatario de las líneas Belgrano Sur, Roca y San Martín (el otro 50% quedó en manos de Trainmet S.A. –una firma que nuclea a importantes empresas de transporte colectivo de pasajeros–).

Daniel Azpiazu

en el caso del transporte y distribución del gas natural, así como en el complejo petrolero donde, más allá del ejemplo que ofrece Repsol-YPF, los conglomerados Pérez Companc, Techint y Soldati resultaron adjudicatarios de empresas gasíferas, así como de áreas centrales y secundarias de explotación petrolera y gasífera –y de otros activos de YPF–[11]. Idénticas consideraciones cabe realizar respecto de las estrategias desplegadas por Telefónica de Argentina y Telecom Argentina, que se han posicionado sólidamente (a partir de una agresiva política de absorciones y adquisiciones) en el mercado ampliado de las telecomunicaciones. Asimismo, en el ámbito de las concesiones viales, ocupa un papel destacado la presencia de *holdings* empresarios como, entre otros, Techint, Macri y Benito Roggio. Este último grupo controla uno de los principales ramales del transporte ferroviario de pasajeros (la línea Urquiza y la red urbana de subterráneos); mientras que el grupo Macri controla el servicio de correos; al igual que el grupo Eurnekian con los aeropuertos y otras actividades estrechamente vinculadas con la aeronavegación comercial. En otras palabras, no sólo hay un marcado grado de concentración a nivel de cada una de las empresas privatizadas sino, también, en cada uno de los distintos sectores/áreas de actividad involucrados en el programa de privatización.

Finalmente, considerando a este último en su conjunto, también se manifiesta un elevado nivel de concentración de la propiedad. En efecto, un muy acotado número de grandes conglomerados económicos (y de asociaciones de capital con firmas extranjeras) pasó a controlar un amplio y diversificado grupo de ex empresas públicas. Tal es el caso de, por ejemplo, Techint, Pérez Companc, Soldati, Macri y el CEI Citicorp Holdings a los que se les transfirió un poder regulatorio decisivo –sino determinante– sobre la estructura de precios y rentabilidades relativas de la economía argentina. Como resultado de las principales modalidades que asumió el proceso privatizador, este conjunto reducido de grandes grupos económicos logró, adicionalmente, incrementar

11 Al respecto, consultar Proyecto "Privatización y Regulación en la Economía Argentina" (1999).

en forma considerable el grado de integración vertical y/u horizontal de sus actividades y, en algunos casos, diversificar sus inversiones hacia áreas/sectores en los que, hasta entonces, no tenía una presencia activa.

La creciente centralidad del poder económico surge, así, como una resultante previsible de las modalidades –y los objetivos sustantivos– del programa privatizador. En función de ello, y atento a las características que adoptó y a sus resultados finales, cabría preguntarse si una de las argumentaciones –no explicitada– de las formas bajo las que se concretaron y convalidaron las transferencias de los ex activos públicos fue la de que "los grupos son mecanismos eficientes para solucionar problemas asociados con el desarrollo" que, por tanto, "tendrían una función social positiva, que habría que alentar y promover"[12]. En ese caso, cabe incorporar una breve digresión en cuanto a los interrogantes que quedarían planteados:

- si la *eficiencia* microeconómica en general, y la de los grupos económicos en particular, tiene una "función social positiva", cuando no existen mecanismos de mercado o de regulación que trasladen a los precios y a las tarifas las reducciones de costos;
- si las decisiones privadas aseguran *per se* –especialmente en mercados altamente imperfectos– beneficios sociales; y, si así fuese, por qué los beneficios privados de los grupos económicos tienden a coincidir con beneficios sociales en una instancia superior de la correspondiente a los restantes agentes económicos; y, por último,
- si la conformación de grupos económicos es *per se* más eficiente desde el punto de vista de la asignación de los recursos independientemente de las actividades que desarrollan dichos actores (por ejemplo, ¿es igualmente eficiente en términos de asignación de recursos que un grupo económico se oriente predominantemente hacia sectores dinámicos a escala internacional o que lo haga – como ocurre en la Argentina– hacia sectores escasamente diná-

---

12 Ver Sánchez y Paredes (1994).

micos o en retroceso en el plano internacional o, en su defecto, hacia la valorización financiera de sus capitales?).

Esa profundización del proceso de concentración y centralización del capital asociado con las modalidades de las privatizaciones refleja, asimismo, la consolidación de una tendencia que se remonta a mediados de la década de los años setenta: la asociación entre los grandes grupos económicos locales con firmas de capital extranjero. En la generalidad de los casos, los consorcios adjudicatarios de la mayor parte de las empresas privatizadas incluyeron grandes grupos económicos de capital nacional que aportaron el conocimiento previo de la infraestructura (en su condición de tradicionales contratistas del Estado), capacidad gerencial administrativa y, fundamentalmente, de *lobbying* doméstico, bancos extranjeros y locales que capitalizaron títulos de la deuda –externa y/o interna–, y empresas transnacionales sobre la base de sus aportes en términos de capacidad y experiencia tecnológica y de gestión.

Asimismo, la creciente polarización del poder económico se ha visto potenciada frente a la debilidad –y/o inacción– en materia de legislación *anti-trust* e, incluso, de defensa de los derechos de usuarios y consumidores[13]. En ese marco cabe resaltar, en especial, la escasa preocupación –normativa y regulatoria– que ha merecido la llamada defensa de la competencia.

El introducir competencia, el promover –y, aun, forzar– patrones de comportamiento empresario que se asemejen, en todo lo posible, a los esperables en mercados –más o menos– competitivos, constituyen mecanismos ineludibles en materia de regulación de monopolios naturales. Lo relativo a la propiedad emerge, en ese sentido, como un componente insoslayable. Si bien se trata de principios elementales de la re-

13 Incluso, el articulo 25 de la Ley Nº 24.240 (de Defensa del Consumidor) señala, en el capítulo vinculado con los usuarios de servicios públicos domiciliarios, que: "Los servicios públicos domiciliarios con legislación específica y cuya actuación sea controlada por los organismos que ella contempla, serán regidos por esas normas, aplicándose la presente ley *supletoriamente*" (cursivas propias).

gulación pública, en la experiencia argentina sólo han sido contemplados –insuficiencias y debilidades regulatorias implícitas mediante–, en el campo de las privatizaciones realizadas en la provisión de gas natural y de energía eléctrica (las únicas concretadas al amparo de leyes específicas, y que contemplan ciertas restricciones en materia de defensa de la competencia).

En ambos casos, la desintegración vertical y horizontal de las ex empresas públicas en varias unidades de negocios –tanto a nivel de generación (en el caso eléctrico), como de transporte y distribución (en los dos sectores)– procuraba segmentar las correspondientes actividades y, con ello, introducir ciertos niveles de competencia "por comparación". En ese sentido, en ambos casos se establecieron diversas restricciones o limitaciones en cuanto a posibles vínculos de capital entre empresas que operaran en las distintas fases de las respectivas cadenas así como, en el caso eléctrico, en un mismo segmento de la misma (en particular, en los ámbitos de la transmisión y de la distribución), tendientes a evitar la reconcentración y la reintegración de los respectivos sectores, y sus consiguientes impactos sobre la posibilidad de introducir algún grado de competencia en tales mercados.

Sin embargo, también en estos dos únicos ejemplos en el campo de las privatizaciones en los que, en principio, se atendió la problemática de la regulación de la propiedad del capital y la concentración de los mercados, las imprecisiones, "debilidades" e, incluso, las modificaciones introducidas respecto de la normativa original –sumadas a la escasa predisposición oficial por regular efectivamente en la materia–, han ido desvirtuando los lineamientos originales.

Así, por ejemplo, en el caso del marco regulatorio gasífero (Ley Nº 24.076), se dispone, en su artículo 34, que: "Ningún productor, almacenador, distribuidor, consumidor que contrate directamente con el productor o grupo de ellos, o empresa controlada o controlante de los mismos, podrán tener una participación controlante, de acuerdo con lo definido en el Art. 33 de la Ley Nº 19.550, en una sociedad habilitada como transportista". Asimismo, se establece que "ningún productor o grupo de productores, ningún almacenador, ningún prestador habilitado como transportista o grupo de los mismos o empresa controlada por, o controlante de los mismos, podrán tener una participación controlante, de acuerdo con lo definido en el Art. 33 de la Ley N° 19.550, en una sociedad habilitada como distribuidora"[14].

Tales restricciones se vieron morigeradas en sus alcances reales a partir de las disposiciones del Decreto N° 1.738/92 por el que se reglamentó la ley sectorial. En efecto, en el mismo se señala que: "no se considerarán incluidos en la restricción... los grupos en los cuales la participación controlante se alcance sólo mediante la suma de las participaciones de *dos* o más de las diferentes categorías de sujetos" (por ejemplo, productor más distribuidor o gran usuario con contrato, o productor más transportista). Tampoco quedan comprendidos en tales restricciones a la propiedad "los grupos de productores, de almacenadores, de distribuidores o de consumidores que contraten directamente con productores, aunque posean en conjunto más del 50% del capital o de los votos de la sociedad inversora controlante de un transportista o distribuidor, si no suministra o reciben en conjunto más del 20% del gas transportado o comprado, computado mensualmente, del transportista o distribuidor respectivamente". Se trata, en ambos casos, de disposiciones mucho más laxas y permisivas que las originales en tanto, en el primer caso, viabilizan la posibilidad de ejercer el control (de la transportista o la distribuidora, según sea el caso) a través de empresas con-

---

14 Cabe resaltar que el artículo 33 de la Ley N° 19.550 define la situación de empresas controladas en los siguientes términos: "Se consideran sociedades controladas aquellas en que otra sociedad, en forma directa o por intermedio de otra sociedad a su vez controlada: 1) posea participación, por cualquier título, que otorgue los votos necesarios para formar la voluntad social en las reuniones sociales o asambleas ordinarias; 2) ejerza una influencia dominante como consecuencia de acciones, cuotas o partes de interés poseídas, o por los especiales vínculos existentes entre las sociedades". Ello sugiere que para ejercer una situación de control en una empresa no es necesario contar con el 50% o más del capital accionario de la misma; lo cual es particularmente importante en el ámbito de los sectores privatizados donde, por las propias modalidades que adoptó el proceso desestatizador, la mayoría de las firmas que integran los distintos consorcios adjudicatarios accedió a menos del 50% de las acciones, aunque tuvo un ostensible poder de determinación sobre la "voluntad social" de la compañía.

troladas que operen en las distintas fases de la cadena gasífera y, en el segundo, condicionan tales restricciones a los volúmenes comercializados entre los distintos agentes potencialmente involucrados.

De todas maneras, muy particularmente en el caso de las dos transportadoras de gas existentes en el país (Transportadora de Gas del Norte S.A. y Transportadora de Gas del Sur S.A.), el control accionario de las mismas denota la presencia de los principales productores gasíferos del país e, incluso, de grandes usuarios industriales de dicho insumo energético. Así, por ejemplo, la Transportadora de Gas del Norte S.A. es controlada (67,5%) por Gasinvest S.A., empresa en la que los grupos Soldati (a través de la Compañía General de Combustibles S.A. y de Transcogas S.A.) y Techint (a través de Inversora Catalinas S.A. y de Techint Argentina Overseas S.A.) tienen una participación agregada de 54,4% tratándose, en ambos casos, de importantes productores gasíferos (a partir de la propia Compañía General de Combustibles S.A. y de Tecpetrol S.A., respectivamente) en la región norte del país y, a la vez, muy particularmente en el caso de las plantas siderúrgicas del grupo Techint, de grandes usuarios industriales.

Por su parte, en el caso de la Transportadora de Gas del Sur S.A., el control accionario de la misma (67%) recae en la Compañía de Inversiones de Energía S.A. (CIESA), resultado de un *joint venture* entre Enron (de EE.UU.) y el grupo Pérez Companc (a través de Pecom Energía S.A. y de Pérez Companc International S.A.) que, también, al igual que Techint, tiene una muy importante presencia como productor de gas natural en la zona sur del país –el cuarto a nivel nacional– y, a la vez, cuenta con diversas plantas industriales grandes usuarias de gas.

A pesar de ese claro relajamiento de las restricciones originales, las más laxas disposiciones del decreto reglamentario también se han visto violadas, sistemáticamente, ante la pasividad del ente regulador (el ENARGAS). En este sentido, resulta suficientemente ilustrativo el ejemplo que ofrece Repsol-YPF (principal productor gasífero del país), que le provee casi el 90% del gas a la Distribuidora Gas Natural BAN S.A.[15],

---

15 Ver Kozulj (2000).

empresa en la que Gas Natural SDG Argentina posee el 19% del capital e Invergas S.A. el 51%. Esta última es controlada (71%) por Gas Natural Internacional S.A. (operador técnico de Gas Natural BAN) que, al igual que Gas Natural SDG Argentina, integra el grupo español Gas Natural que, a su vez, es controlado por su socio mayoritario (45,3%): Repsol-YPF.

Por su parte, en el ámbito de la energía eléctrica y en el marco de la desintegración vertical y horizontal de las unidades de negocios transferidas al sector privado, la Ley N° 24.065 (Marco Regulatorio Eléctrico) fijó una serie de limitaciones a la propiedad de las mismas. Al respecto, el artículo 30 establece que "ningún generador, distribuidor, gran usuario ni empresa controlada por algunos de ellos o controlante de los mismos, podrá ser propietario o accionista mayoritario de una empresa transportista o de su controlante". Por otro lado, el artículo 32 dispone que "sólo mediante la expresa autorización del ente, dos o más transportistas, o dos o más distribuidores, podrán consolidarse en un mismo grupo empresario o fusionarse".

Al igual que en el ámbito del sector gasífero, el Decreto reglamentario de la ley (N° 1.398/92) tornó mucho más flexibles las restricciones originales. En efecto, al reglamentar el artículo 9 de la ley, se establece que "el titular de una concesión de distribución no puede ser propietario de unidades de generación. De ser éste una forma societaria, sí pueden serlo sus accionistas, como personas físicas o constituyendo otra persona jurídica con ese objeto". Se trata, en este último caso, de una preocupación que se limita a la separación jurídica de ambas actividades, más allá de sus connotaciones reales en términos de integración vertical del sector y de la morfología de los mercados. De allí que en función de esta por demás laxa regulación, y en el contexto de un muy acelerado proceso de reintegración vertical e, incluso, horizontal de la cadena eléctrica, pueda identificarse una muy amplia gama de ejemplos que plantean serios interrogantes en cuanto a la vulneración –o no– del decreto reglamentario de la ley pero que, sin duda, contravienen lo dispuesto en la ley marco original.

Así, la firma francesa Electricité de France (EDF) detenta el control de firmas insertas en los tres eslabones de la cadena. En generación, controla el capital de la Hidroeléctica Los Nihuiles S.A. (a través de Inversora Los Nihuiles S.A. –51%–, donde EDF posee el 61,4% de las tenencias accionarias), y de la Hidroeléctrica Diamante S.A. (a partir del control accionario –53,9%– de Inversora Diamante S.A. que, a su vez, es socio mayoritario de la central). Por su parte, en transmisión, la empresa Distrocuyo S.A. es controlada (51%) por Electrigal S.A., firma en la que EDF posee el 20,9% de las acciones, junto a otras empresas presuntamente vinculadas con la misma –tal el caso de Nucleamiento Inversor S.A. (23,6%) y de Santamera S.A. (20,7%)– en tanto participan en otras empresas de distribución o generación controladas por EDF. Por último, en el ámbito de la distribución, y además de la asunción del control de Edenor S.A. (donde posee el 85% de las tenencias accionarias; 34,1% directamente y 51% a través de Electricidad Argentina S.A., en la que EDF posee el 92% de las acciones), la firma de origen francés controla el capital de EDEMSA (distribución en Mendoza), a través de Sodemsa –51%–, en la que EDF es socio mayoritario –45%– y, presuntamente, en forma indirecta, controla casi las dos terceras partes del capital.

Otro ejemplo destacable lo brinda el grupo económico local Pérez Companc, que también participa en posiciones dominantes en las tres fases de la cadena eléctrica. Así, en materia de generación, es único propietario de la central hidroeléctrica Pichi Picún Leufú S.A. y de la Central Termoeléctrica Genelba S.A. En el campo de la transmisión, Citelec S.A. (empresa en la que Pérez Companc detenta la mitad de las acciones) controla el 65% del capital de Transener S.A. y de Transba S.A. Asimismo, a través de Maipú Inversora S.A. controla el capital (70%) de Enecor S.A. y participa como socio minoritario en Yacylec S.A. Finalmente, en el ámbito de la distribución, cabe destacar que el conglomerado posee el 48,5% del capital accionario de Distrilec S.A. que, a su vez, controla el 56,3% de Edesur S.A.

Por su parte, la empresa estadounidense AES International tiene una participación decisiva en el campo de la generación y de la distribución (en este último caso, fuertemente focalizada en la provincia de Buenos

Aires). En efecto, en el primer caso, AES controla, directa o indirectamente, el 100% del capital de AES Caracoles S.R.L., y de la Central Dique S.A.; el 98% de la Hidrotérmica San Juan S.A. y de la Hidroeléctrica Río Juramento S.A.; y el 63% de la Central Térmica San Nicolás S.A. Por su parte, en el ámbito de la distribución, controla –a través de diversas subsidiarias– el capital de Edelap S.A. y de la Empresa Distribuidora de Energía Norte S.A. y de la Distribuidora de Energía Sur S.A. de Buenos Aires, a partir de AESEBA S.A. –en ambas es socio mayoritario (57%)–.

Otro ejemplo interesante, en este caso de integración vertical plena, lo brinda el grupo Aluar que controla la Hidroeléctrica Futaleufú S.A. (59%) –de donde proviene el principal insumo energético de la planta productora de aluminio propiedad de este grupo económico, emplazada en la ciudad de Puerto Madryn–, y comparte con Camuzzi Argentina S.A. (40% cada uno) el control de Transpa S.A. (Transportadora Patagónica), responsable de la transmisión de energía eléctrica en la región.

De todas maneras, más allá de las laxas disposiciones bajo las que se reglamentó la ley por la que se sancionó el marco regulatorio eléctrico, y de los distintos ejemplos que plantean complejos interrogantes en cuanto al grado de vulnerabilidad de aquéllas, el llamado caso Endesa resulta por demás ilustrativo de la inacción –o prolongada demora regulatoria– en la materia. El mismo denota no sólo una escasa o nula preocupación oficial al respecto sino, incluso, una clara subordinación del ente de control frente a ciertos intereses empresarios, propulsores de prácticas que poco tienen que ver con la "competencia".

En efecto, en clara contravención a la normativa vigente, el grupo español Endesa tuvo –hasta principios de 2001, en que vendió sus tenencias en Edenor S.A. a la francesa EDF– posiciones de privilegio en el capital de las dos principales distribuidoras del país (Edesur S.A. y Edenor S.A., monopólicas en sus respectivas áreas), que prestan el servicio en el ámbito de la ciudad de Buenos Aires y del conurbano bonaerense. Claro está, a favor de las omisiones y demoras regulatorias del ENRE (Ente Nacional Regulador de la Electricidad).

En el mes de septiembre de 1997 el conglomerado español Endesa pasó a ejercer la mayoría accionaria del grupo chileno Enersis. A partir de allí, Endesa accedió al control de algunas de las principales centrales de generación de energía eléctrica, como son los casos de la Central Costanera S.A., la Central Dock Sur S.A., la Central Termoeléctrica Buenos Aires S.A. y la Hidroeléctrica El Chocón S.A. (empresas que, de conjunto, concentran casi el 20% de la capacidad generadora instalada en el país). Por su parte, en la fase del transporte, el grupo Endesa tiene el control absoluto de la Cía. de Transmisión del Mercosur S.A. y una participación minoritaria (12,8%) en Yacylec S.A. Por último, en el campo de la distribución eléctrica, donde la normativa prohíbe que una misma compañía tenga participaciones importantes en el capital de los dos monopolios en los que se subdividió la prestación del servicio en la ciudad de Buenos Aires y el Gran Buenos Aires, el grupo Endesa pasó a detentar el 90,0% del capital de Edesur S.A., al tiempo que compartía el de Edenor S.A. con la francesa EDF.

El acelerado proceso de concentración y centralización del capital en el sector eléctrico, la reintegración vertical y horizontal de las unidades de negocio creadas en el marco de la privatización de la actividad tuvieron, así, en el grupo Endesa a uno de sus principales actores, y en el ENRE a uno de sus más que permisivos "reguladores".

En efecto, en el último trimestre de 1997, poco después que se concretara la absorción de Enersis (hasta allí, controlante de Edesur S.A.) por parte del grupo Endesa, el ENRE inició un expediente (Nº 4.408/97) sobre el tema, cuando ya el grupo español había anunciado públicamente la toma del control accionario del *holding* chileno. Recién casi dos años después, "luego de un análisis de la situación", en septiembre de 1999, el ente decidió instruir un sumario a "los efectos de analizar" el caso. Sin duda, dada la simplicidad del mismo (un ejemplo de concentración horizontal, no permitido por la legislación vigente), la demora regulatoria del ENRE resultó plenamente funcional a los intereses empresarios.

El tema recién se reactivó a mediados del año 2000, cuando la Secretaria de Defensa de la Competencia elaboró un dictamen "no vinculante" en el que se recomendaba la separación de ambas empresas o, más precisamente, que Endesa debía desprenderse de sus tenencias accionarias en Edesur S.A. o en Edenor S.A., de forma de desvincular ambas firmas en consonancia con lo dispuesto en la normativa sectorial. Tal dictamen operó como disparador de la "capacidad de análisis" del ENRE que, finalmente, a mediados de agosto de 2000, emitió la Resolución N° 480 que retoma, en lo sustantivo, la recomendación de la Secretaría de Defensa de la Competencia, al ordenar que Endesa se desprenda de todas las tenencias accionarias en una de las dos sociedades controlantes de Edenor S.A. y Edesur S.A.

La demora regulatoria por parte del ENRE (más de tres años analizando el caso) se torna inexcusable cuando en los propios considerandos de la Resolución N° 480/2000 se hace mención al artículo 32 de la Ley N° 24.065. En realidad, en consonancia con lo dispuesto en dicho artículo, el ENRE debería haber objetado tal transferencia de capitales, obligando a Endesa a desprenderse de las tenencias accionarias en Edesur S.A. o Edenor S.A. en septiembre de 1997 y no recién en agosto de 2000 (dicho traspaso, a favor de EDF en Edenor S.A. se concretó, finalmente, a principios de 2001).

Del conjunto de las consideraciones precedentes se infiere que, en los dos únicos casos de procesos de privatizaciones en los que se incorporaron ciertas restricciones en materia de regulación antimonopólica, las mismas se han ido tornando mucho más permisivas, tanto en el plano normativo como, más aún, en lo relativo a la acción reguladora oficial. En suma, la captura institucional parecería comprender –e involucrar– diversas instancias de la regulación pública.

La inexistencia de normas antimonopólicas específicas en los restantes servicios públicos privatizados conlleva la preservación de mercados fuertemente imperfectos y, a la vez, el consiguiente fortalecimiento de aquellas fuerzas centrípetas que favorecen o inducen el acceso a crecientes niveles de concentración –vertical u horizontal– de tales mercados.

Ello se ha visto agravado frente a las manifiestas debilidades e imprecisiones de la legislación local de defensa de la competencia. En efecto, a lo largo de los años noventa, al tiempo que se transferían monopolios naturales desde la esfera pública a la privada, continuó vigente el Decreto-ley N° 22.262, sancionado por la dictadura militar a mediados de 1980. Recién en agosto de 1999, y luego de más de ocho años de tratamiento parlamentario de diversos proyectos, fue sancionada la Ley N° 25.156 que introduce una serie de mejoras sobre aquél (en particular, en lo referido al control previo de las fusiones y adquisiciones).

De todas maneras, en el ámbito de aquellos mercados sujetos a regulación pública (como los de los servicios privatizados), las diferencias entre ambas normas no resultan ser tan sustantivas o, por lo menos, plantean ciertos interrogantes en cuanto a la respectiva interpretación de las mismas. En efecto, bajo la vigencia del Decreto-ley N° 22.262, una conceptualización sesgada de su artículo 5 (que establecía que quedaban exceptuadas de la aplicación de la norma aquellas actividades "que se atengan a normas generales o particulares o a disposiciones administrativas dictadas en virtud de aquéllas") derivó en su no aplicación en el ámbito de los servicios públicos privatizados[16].

Por su parte, la nueva y demorada ley de defensa de la competencia no incorpora mayores precisiones al respecto. Por el contrario, el texto de dos de sus artículos alienta –o podría devenir en– interpretaciones contradictorias. Así, en el artículo 16, inserto en el capítulo vinculado con concentraciones y fusiones, se señala que: "Cuando la concentración económica involucre a empresas o personas cuya actividad económica esté reglada por el Estado nacional a través de un organismo de control regulador, el Tribunal Nacional de Defensa de Competencia, previo al dictado de su resolución, deberá requerir a dicho ente estatal un informe opinión fundada sobre la propuesta de concentración económica en cuanto al impacto sobre la competencia en el mercado respectivo o sobre el cumplimiento del marco regulatorio respectivo". Por su parte, el artículo 59 establece que "queda derogada toda atribución de competencia relacionada con el objeto finalidad de esta ley otorgada a otros organismos o entes estatales".

16 García (2000).

Si bien este último artículo parecería concentrar todo el poder regulatorio antimonopólico en el –demorado en su constitución– Tribunal Nacional de Defensa de la Competencia, la experiencia reciente muestra que a más de dos años de vigencia de la ley, y ante la no conformación de dicho Tribunal, se han registrado muy pocas intervenciones de la actual Secretaría de la Competencia, la Desregulación y la Defensa del Consumidor (el dictamen *no vinculante* referido a las tenencias accionarias del grupo Endesa en Edenor S.A. y Edesur S.A.; el rechazo –contemporáneo a las propias decisiones empresarias– de la fusión entre Correo Argentino S.A. y S.A. OCA; y el elaborado respecto de las tenencias en empresas eléctricas locales por parte del grupo chileno Gener controlado –ahora– por The AES Corporation).

Las debilidades e imprecisiones de la legislación antimonopólica se conjugan, así, con la despreocupación oficial por introducir competencia en los servicios públicos privatizados, tanto en el plano normativo como regulatorio. Ello ha asumido un papel protagónico en el ejercicio pleno del poder de *lobbying*, y en el despliegue de estrategias y prácticas abusivas por parte de los grandes grupos económicos –concordantes con sus posiciones dominantes en los mercados–; en otras palabras, el desenvolvimiento natural de las asimétricas "fuerzas de mercado".

En síntesis, el reconocimiento implícito de las fuerzas de coerción del poder económico y político devino, naturalmente, en una amplia gama de acciones –y no menos importantes omisiones– en materia normativa y regulatoria, que no parecen ser meras consecuencias de las urgencias e improvisaciones sino, por el contrario, de una estrategia institucional plenamente funcional a los intereses de las actuales fracciones hegemónicas del capital concentrado local.

IV. LA REGULACIÓN TARIFARIA

Ello se ve claramente reflejado en el campo de la regulación tarifaria de los servicios públicos privatizados donde, también, las aparentes improvisaciones y/o "errores" y/o "defectos" adjudicables a la premura privatizadora no hacen más que revelar, en toda su intensidad, tal funcionalidad. En la misma subyace, en realidad, una suerte de captura institucional por parte de la "comunidad de negocios" que trasciende sobremanera las urgencias privatizadoras iniciales.

En la Argentina, en la generalidad de los servicios privatizados, se ha venido aplicando –en su atípica versión doméstica– el sistema de regulación conocido como de *price cap,* o de precio tope o máximo[17].

El mismo, desarrollado en la experiencia privatizadora inglesa, concentra la acción reguladora en los precios máximos que pueden percibir las empresas monopólicas por la prestación de los respectivos servicios; contraponiéndose a los criterios aplicados usualmente en los EE.UU., donde el control regulatorio se ha focalizado, histórica y preponderantemente, sobre las tasas de ganancias obtenidas por las empresas (mecanismo de *cost plus* o de tasa de retorno). En tal sentido, en el sistema inglés, el eje de la regulación se centra en la evolución y los ajustes de precios (y no los precios mismos, que son revisados periódicamente contemplando, ahora sí, las tasas de ganancias que se derivan de los mismos)[18]. Se trata, en última instancia, de garantizar tarifas reales decrecientes a los –en su mayoría cautivos– consumidores de los servicios públicos.

17 Las únicas excepciones, muy parciales y acotadas en su significación real, las brindan los ejemplos de la regulación inicial de las telecomunicaciones, y la de la concesión del servicio de agua potable y saneamiento. En el primer caso, originalmente, el Pliego de Bases y Condiciones contemplaba un mecanismo de determinación tarifaria por el que la tarifa básica de inicio de la gestión privada debía garantizar a las licenciatarias (Telefónica de Argentina S.A. y Telecom Argentina S.A.) una tasa de retorno mínima del 16%. Dicha cláusula no fue incorporada en los contratos de transferencia de la ex ENTel, pasando a aplicarse directamente el sistema *price cap.* Por su parte, en el caso de la concesión a Aguas Argentinas S.A., dicho sistema fue aplicado (también, con muy diversos matices), hasta fines de 1999, cuando las Resoluciones N° 601 y 602 de la Secretaría de Recursos Naturales y Medio Ambiente modificaron los criterios de regulación tarifaria de dicha concesión.

18 Al respecto, en la experiencia británica, la revisión periódica de las tarifas asume un papel decisivo en el marco del mecanismo de *price cap.* En efecto, si bien, en términos generales, las revisiones tarifarias debían realizarse cada cinco años, las

Daniel Azpiazu

Bajo este último sistema, se fija un precio tope de las tarifas que es donde se concentra, a partir de allí, la regulación pública. En forma estilizada o simplificada, a ese precio máximo se lo pondera, periódicamente, por un factor que conjuga, por un lado, la evolución de los precios domésticos (IPD) y, por otro, un llamado factor de ajuste ("X", que se sustrae de aquél) asociado con la eficiencia empresaria[19]. Con ello se procura satisfacer diversos objetivos como, entre otros, que las ganancias de productividad de los monopolios se transfieran (por lo menos, en parte), vía reducciones tarifarias (a partir de los ajustes derivados de la aplicación de ese coeficiente "X"), a los usuarios y consumidores; y que las respectivas tarifas acompañen –con una cierta tasa de "descuento"– el comportamiento general de los índices de precios locales.

A partir de estas consideraciones introductorias cabría referirse a, cuando menos, tres aspectos sustantivos de la regulación tarifaria en la Argentina: la fijación inicial de los "precios tope" –aquellos correspondientes al momento de la transferencia de las empresas públicas al sector privado–, la revisión periódica de los mismos –atento a su impacto sobre la razonabilidad de las tasas de rentabilidad empresaria–, y los factores de ajuste tarifario por índices de precios.

Es vastamente conocido en la regulación que, como bien señalan Vickers y Yarrow al referirse al mecanismo de regulación por precio tope[20], muy difícilmente *("excepto tal vez por casualidad")* puedan

---

distintas agencias reguladoras han adelantado tales revisiones al constatar la presencia de tasas de beneficios superiores a las previstas. Los ejemplos que ofrecen, entre otros, British Telecom –el factor de eficiencia fue modificado de 3% a 4,5%, y a 6,25% durante el transcurso del quinquenio 1989-1993–, British Gas y British Airport, resultan suficientemente ilustrativos. Véase Villar Rojas (1993).

19 Adicionalmente, en algunos casos (como, en la Argentina, en la regulación tarifaria del mercado de gas natural) se incorpora, como sumatoria, un factor "K" (o sea IPD - X% + K%), que procura estimular la inversión por parte de las empresas, en tanto las mismas son financiadas (de así considerarlo el ente regulador) a través de la aplicación de un coeficiente (el factor "K") de aumento de las tarifas (es decir, son los usuarios los que financian, vía mayores precios, las obras que la empresa se compromete a realizar).

20 Vickers y Yarrow (1991).

establecerse parámetros de la fórmula de precios correctos, desde sus inicios. Tal afirmación se ve magnificada en casos como el argentino, donde la celeridad por privatizar y la generación de condiciones propicias para consolidar determinadas relaciones de poder económico y político fueron priorizadas respecto de casi cualquier otro tipo de consideración. Ello derivó, entre otros, en la fijación de precios topes que desde los mismos inicios de la actividad de las empresas en manos privadas les garantizaron elevadas rentas de privilegio.

El ejemplo que ofrece la privatización de ENTel emerge, en tal sentido, como uno de los casos más emblemáticos. Al cabo de los diez meses previos a la transferencia de la empresa, el valor del pulso telefónico se incrementó, medido en dólares estadounidenses, más de siete veces (período en el que los precios mayoristas se incrementaron un 450%, y el tipo de cambio –apenas– un 235%). Así, los precios de partida de la actividad privada superaban holgadamente a los establecidos, incluso, al momento del llamado a licitación pública. De todas maneras, no se trata de un ejemplo aislado sino un denominador común en las privatizaciones argentinas.

Así, en la privatización de Gas del Estado, concretada a fines de 1992, se verifica idéntico fenómeno, donde en realidad la "casualidad" de la que hablan Vickers y Yarrow se transforma en *causalidad* de fijación de precios tope iniciales que garanticen, desde el mismo inicio de la gestión privada de los servicios, elevados ingresos y tasas de rentabilidad. En este caso, basta confrontar los volúmenes comercializados y la facturación de Gas del Estado en 1992, respecto de los correspondientes en 1993 a las ocho distribuidoras en las que se segmentó la última fase de la cadena gasífera, para inferir la presencia de incrementos sustantivos en el precio medio del gas natural. Los mismos, enmarcados en los cambios introducidos en la estructura tarifaria y en los propios criterios de tarifación, trajeron aparejada la fijación de precios tope que aseguraron a los consorcios adjudicatarios la obtención de muy elevados márgenes de beneficios e ingresos por ventas holgadamente superiores a los registrados por Gas del Estado antes de su transferencia al capital concentrado. En efecto, mientras el volumen

Daniel Azpiazu

consumido de gas natural por redes se incrementó, entre 1992 y 1993, el 5,1%, la facturación agregada de las ocho distribuidoras en 1993 creció un 23,0% respecto de la correspondiente a Gas del Estado en el año anterior, al tiempo que el precio medio resultante se incrementó un 17,0%, siempre entre 1992 y 1993, coincidente con el traspaso de la empresa a manos privadas.

Esta usual y generalizada práctica local de fijar precios tope de partida que conllevan y garantizan elevados márgenes de rentabilidad desplazaría –teóricamente– a un segundo plano la incidencia que pudieran ejercer los posteriores ajustes, según sean las variaciones en los índices de precios domésticos. En última instancia, tales ajustes no modificarían sustancialmente la privilegiada situación original. En realidad, en el esquema teórico, sólo al momento de concretarse –de estar prevista en la normativa– una revisión tarifaria, cabría considerar, para el recálculo de los nuevos precios tope, las tasas de retorno obtenidas por la/s empresa/s regulada/s durante el período precedente.

Al respecto, como una nueva manifestación de esa funcionalidad regulatoria respecto de los intereses del capital concentrado interno, la demora regulatoria en la materia es por demás significativa. En efecto, en la normativa no está contemplada la revisión de las tarifas, o la misma puede realizarse recién después de transcurridos varios años de prestación de los servicios (y de internalización empresaria de cuantiosas masas y tasas de beneficio). Ello no hace más que minimizar o anular el "riesgo regulatorio" asociado con la consideración de las tasas de rentabilidad y, naturalmente, garantiza la persistencia temporal de elevados márgenes de beneficio para los consorcios que se hicieron cargo de las empresas privatizadas.

Por ejemplo, en el caso del servicio básico telefónico no está contemplado ningún tipo de revisión tarifaria (sólo ajustes por factores de eficiencia preestablecidos, que tampoco se cumplieron en tiempo y forma). En el caso del gas, la primera revisión tarifaria se concretó recién a los cinco años de la transferencia del servicio, sin mayores evidencias de consideración alguna de los muy elevados márgenes de rentabilidad de las empresas del sector (en especial, los de las transportistas que recuperaron su inversión original en poco más de tres años de actividad). En el caso de la energía eléctrica, la primera revisión tarifaria se efectuará recién a los diez años de inicio de la concesión del servicio (la Ley N° 24.065 la fijaba a los cinco años, pero su decreto reglamentario –N° 1.398/92– extendió dicho plazo a diez años, sin argumentación ni justificación alguna). En las concesiones viales no está prevista la realización de revisiones tarifarias; mientras que en el servicio de agua potable y saneamiento originalmente se estableció que se realizaría para el segundo quinquenio de la prestación del servicio (aunque la primera revisión –incrementando las tarifas– se produjo a los pocos meses de otorgada la concesión, y al margen de toda previsión normativa o regulatoria).

Sin duda, la fijación de elevados "precios tope" de partida, y la demora regulatoria han tendido a configurar un escenario de privilegio para un muy reducido –aunque muy sólido e influyente– núcleo hegemónico del capital concentrado. Esos privilegios (muy difícilmente adjudicables a la *casualidad*) se vieron potenciados ante la aplicación de atípicas cláusulas de ajuste periódico de las tarifas que, incluso, convirtieron a la experiencia argentina en un caso único a nivel internacional, en tanto los "precios" correctores en la utilización del mecanismo del *price cap* devienen de la evolución de índices de precios ajenos a la económica local.

En efecto, a partir de la sanción de la Ley de Convertibilidad N° 23.928, que prohibió todo tipo de "indexación por precios, actualización monetaria, variación de costos o cualquier otra forma de repotenciación de las deudas, impuestos, precios o tarifas de los bienes, obras o servicios", quedaron congeladas las tarifas de los servicios hasta allí privatizados (esencialmente, la telefonía básica y las concesiones viales). Sin embargo, ello se vio rápidamente alterado dado que los privilegios de que gozan las empresas privatizadas se harían extensivos a este componente esencial del plan de estabilización y del sustento jurídico del mismo (la Ley de Convertibilidad).

A través de una antojadiza interpretación del texto de la misma, diversos decretos y resoluciones del Poder Ejecutivo fueron considerando (explícita o implícitamente) que tal prohibición sólo era aplicable a aquellos precios y tarifas fijados en moneda local[21].

A partir de esa sesgada interpretación normativa, la regulación tarifaria aplicada a la casi totalidad de los servicios públicos privatizados (telefonía, electricidad, gas natural, redes de acceso a la Ciudad de Buenos Aires, y algunas de las concesiones de las rutas nacionales) ha incorporado este peculiar mecanismo elusivo de las disposiciones emanadas de la Ley de Convertibilidad: la dolarización de las tarifas como paso previo al establecimiento de cláusulas de indexación de las mismas, asociadas con las variaciones en índices de precios al consumidor, mayoristas, o una combinación de ambos, de los EE.UU.

En ese sentido, como se señala en la Presentación del presente libro, resulta decisiva la sanción del Decreto N° 2.585/91, por el que se dolarizaron las tarifas telefónicas y se las pasó a indexar por índices de precios estadounidenses.

Esa dolarización de las tarifas como mecanismo elusivo para su posterior indexación constituye un denominador casi común en los servicios públicos privatizados. Tal es el caso de, por ejemplo, las privatizaciones en el ámbito de la energía eléctrica y el gas natural, las únicas efectivizadas a partir de la sanción de sendas leyes nacionales. En ambos casos, la dolarización previa de las tarifas y la adopción, en ese marco, de cláusulas de ajuste periódico de las mismas –vinculadas con índices de precios estadounidenses– fueron incorporadas en decretos reglamentarios de las mismas y/o en los distintos contratos de concesión celebrados en el marco de las respectivas leyes. Así, en el caso de la energía eléctrica, el *Subanexo II de los Contratos de Concesión del Servicio de Distribución* dispuso que las tarifas estén expresadas en

---

21 Al respecto, el Dictamen N° 153 de la Procuración del Tesoro (de mayo de 2000), por el que se dispone que las cláusulas de ajuste por variaciones de precios estadounidenses contenidas en los contratos de concesión de las redes de acceso a la ciudad de Buenos Aires "devienen inaplicables frente a lo dispuesto por el artículo 7° de la Ley N° 23.928", emerge como un importante antecedente sobre el imprescindible respeto jurídico de la normativa legal y de la seguridad jurídica, en su sentido más amplio y profundo.

dólares y, a partir de ello, que las mismas pasen a actualizarse semestralmente según sean las variaciones que registre una fórmula polinómica que combina la evolución de los precios al consumidor (CPI) y el índice de precios al por mayor de productos industriales (PPI) –promedio ponderado con un 33% y un 67%, respectivamente– de los Estados Unidos de América.

Por su parte, en el caso del gas natural, el *Anexo B del Decreto N° 2.255/92, Subanexo I* sobre *Reglas Básicas de la Licencia de Distribución, Capítulo IX –Reglamento del Servicio y Tarifas–, Punto 9.2*, establece que las tarifas serán fijadas en dólares y, a partir de ello, se dispone que corresponde ajustarlas de acuerdo con la evolución semestral del PPI (Producer Price Index de los EE.UU.).

En ambos casos, sin que exista disposición alguna al respecto en las leyes que fueran sancionadas por el Poder Legislativo, se han ido incorporando cláusulas de indexación de las tarifas –previa dolarización de las mismas– que, como tales, contravienen las taxativas normas dispuestas en la Ley de Convertibilidad.

Una situación relativamente similar quedó configurada, también, en el ámbito de las concesiones viales que conforman la Red de Accesos a la Ciudad de Buenos Aires (Accesos Norte, Oeste, Ricchieri-Ezeiza-Cañuelas y la Autopista Buenos Aires-La Plata) entregadas en concesión en 1994. En estos casos, al momento de la transferencia (ya en el marco de la Ley de Convertibilidad), las tarifas tope para recorrer los respectivos tramos fueron fijadas en dólares estadounidenses, contemplando un ajuste anual (en enero de cada año) de acuerdo con la evolución del Índice de Precios al Consumidor (CPI - All Items) de Estados Unidos.

Esa generalizada adopción –en el ámbito de los servicios públicos privatizados– del mecanismo elusorio de fijar las tarifas en dólares como mecanismo previo a la aplicación de cláusulas de ajuste periódico que, supuestamente, no quedarían comprendidas en las generales de la ley que prohíbe todo tipo de indexación de precios (incluyendo, obviamente, a los salarios), encuentra ciertas excepciones, casi sorprendentes en cuanto a las formas que adopta la contravención de las normas jurídicas vigentes. Se trata, más específicamente, de los criterios adoptados por la Secretaría de Recursos Naturales y Desarrollo Sustentable que, a mediados de 1999, mediante la *Resolución Nº 602/99 (Addenda A)*, dispuso que las tarifas de la concesionaria del servicio de agua potable y saneamiento –*fijadas en moneda local*– se ajustarán anualmente, a partir del 1º de febrero de 2000, según las variaciones que se registren, como promedio simple, entre el Producer Price Index - Industrial Commodities y el Consumer Price Index - Water & Sewerage Maintenance (Bureau of Labor Statistics Data, EE.UU.).

Al margen de las especificidades que ha ido adoptando la elusión de la normativa legal en cada uno de los distintos servicios públicos privatizados, queda en evidencia un claro denominador común: la priorización sistemática de los intereses de los consorcios responsables de la prestación de los respectivos servicios por sobre los de la sociedad en su conjunto –afectando negativamente la competitividad de la economía y la distribución del ingreso–. Así, la preservación de los elevados márgenes de rentabilidad de tales consorcios se ha venido anteponiendo, permanentemente, frente a la seguridad jurídica y a los derechos adquiridos por consumidores y usuarios (la dolarización de precios y tarifas, la incorporación y recurrente modificación *ad hoc* de sus respectivas cláusulas de ajuste son, entre otros, algunos claros ejemplos de la *inseguridad jurídica* de consumidores y usuarios, y de la funcionalidad de la regulación tarifaria frente a los intereses de la "comunidad de negocios").

Se trata de una doble atipicidad –única en el mundo– de la regulación tarifaria aplicada en la Argentina. Por un lado, por su dudosa legalidad, en tanto a partir de decretos y resoluciones se eluden y contravienen las taxativas disposiciones derivadas de una norma de superior *status* jurídico, como lo es una ley de orden público. Por otro, por cuanto las tarifas de los servicios públicos privatizados pasaron a ser actualizadas periódicamente por índices de precios ajenos a la economía doméstica.

Naturalmente, ello deviene en, también, una doble situación de privilegio para las empresas responsables de la prestación de los servicios públicos privatizados. En primer lugar, porque contaron con un seguro de cambio que les permitió quedar a cubierto de cualquier tipo de contingencia en la política cambiaria o, más explícitamente, sus ingresos estuvieron "dolarizados". Por otro lado, porque a partir de una interpretación "interesada" de las disposiciones de la Ley de Convertibilidad, ajustaron sus tarifas de acuerdo con la evolución de índices de precios de los EE.UU. que, como privilegio adicional, crecieron muy por encima de sus similares en el ámbito local.

En efecto, por ejemplo, entre el mes de enero de 1995 y diciembre de 2001, en la Argentina, los precios minoristas y mayoristas registraron, en ambos casos, una disminución acumulada del orden del 3%. En idéntico período, el índice de precios al consumidor (CPI) de los EE.UU. (que determina o pondera en las actualizaciones aplicadas en la mayor parte de los servicios públicos en el país) tuvo un incremento acumulado de casi el 18%, al tiempo que los precios mayoristas (PPI) lo hicieron en alrededor del 7%.

En ese marco, el acceso a tarifas reales decrecientes, una de las ventajas intrínsecas del *price cap* como mecanismo de regulación tarifaria de los monopolios naturales, se ha visto más que erosionado –en realidad, negado– para los usuarios y consumidores locales (en especial, los residenciales y, dentro de los mismos, los de menor poder adquisitivo). Así, no sólo no han sido decrecientes en términos reales sino que, por el contrario, en un contexto de deflación de precios y, más aún, de los salarios domésticos, las tarifas de los servicios públicos privatizados se incrementaron sistemática y persistentemente, al amparo de normas de más que dudosa juricidad. En buena medida, se puede afirmar que, en la Argentina, la matizada adopción del *price cap* devino en la antítesis de lo que enseña la teoría de la regulación pública.

En síntesis, estos tres aspectos cruciales y/o "errores de diseño" de la regulación tarifaria en la Argentina (la fijación de "precios base" que tendieron a garantizar altos ingresos y rentas de privilegio; la "demora regulatoria" que limitó y/o puspuso indefinidamente la transferencia a los usuarios y consumidores de los incrementos de productividad de las empresas privatizadas; y, fundamentalmente, la dudosa legalidad de las formas bajo las que se efectivizaron los ajustes periódicos de las tarifas por índices ajenos a la economía local) ponen de manifiesto, nuevamente, la plena funcionalidad normativa y, en este caso, regulatoria respecto del capital concentrado interno. Ello se traduce en la generación de condiciones de contexto operativo de privilegio y de determinantes estructurales que tienden a definir y delimitar, por un lado, un nulo riesgo empresario para las firmas prestatarias de los servicios públicos; por otro, la generación de condiciones que garantizan y consolidan las tasas de beneficio extraordinarias de que gozan las mismas; y, en función de todo ello, una clara reconfiguración del perfil del poder económico en la Argentina que tiene, así, en los consorcios adjudicatarios de las empresas privatizadas –y en quienes participan de los mismos– a una de sus fracciones hegemónicas.

V. LAS RECURRENTES RENEGOCIACIONES CONTRACTUALES

Otro de los elementos que, por su sistematicidad, ha tendido a constituirse en uno de los rasgos distintivos de las privatizaciones en la Argentina es el que se deriva de las recurrentes renegociaciones contractuales con las empresas prestatarias. Las mismas, rara vez han estado vinculadas con la necesidad de resolver y/o superar determinadas imprecisiones o imprevisiones normativas, asociadas con la propia premura privatizadora. Por el contrario, todas ellas han tendido a garantizar a las empresas prestadoras de los distintos servicios un nulo grado de exposición a cambios en las condiciones de contexto y/o a preservar (cuando no, acrecentar) sus rentas extraordinarias de privilegio.

La renegociación de los contratos de concesión, así como los cambios introducidos en diversas cláusulas contractuales y/o en la propia normativa regulatoria, emergen como una constante del período post-privatización. Las mismas se han centrado, en la mayoría de los casos, en modificaciones que han alterado las tarifas de los distintos servicios, las respectivas cláusulas de ajuste periódico, los compromisos de inversión de las empresas –convalidando los generalizados incumplimientos en la materia–, las fuentes de financiamiento de las mismas, los índices de calidad de los servicios que debían satisfacerse y/o los plazos de concesión de los servicios. Incluso, se ha visto modificado el propio objeto o alcance de las concesiones originales[22].

Al respecto, cabe identificar los elementos esenciales que caracterizan la recurrente –y casi generalizada– introducción de cambios regulatorios que, en muchos casos, resultan violatorios de normas de superior rango legal.

Un primer denominador común remite a la consideración de las formas y las metodologías que han adoptado tales renegociaciones. Las mismas se han desarrollado, en todos los casos, entre funcionarios del Poder Ejecutivo (marginando a –incluso desconociendo la opinión de– las propias agencias reguladoras, así como la del Poder Legislativo y, naturalmente, la de las asociaciones de usuarios y consumidores), y *cada una* de las empresas concesionarias o licenciatarias. Sus resultados se han visto plasmados en decretos, resoluciones o simples actas-acuerdo –en muchos casos, de dudosa legalidad como, a simple título ilustrativo, los vinculados con la dolarización e indexación de las tarifas– que, en general, se adecuaron plenamente a las inquietudes y propuestas de las empresas prestadoras de los servicios.

En tal sentido, basta recordar, entre otras, la primera renegociación del contrato con Aguas Argentinas S.A., por la que se dispuso un aumento tarifario (13,5%), a los ocho meses de inicio de la concesión (a pesar de que, taxativamente, la tarifa inicial constituía el techo tarifario para los primeros diez años de la misma) legitimando la conducta oportunista del consorcio adjudicatario; o la del corredor vial N° 18 (rutas nacionales 12 y 14), al que al sexto año de la concesión se le extendió el

---

22 Un claro ejemplo de ello lo ofrece el acuerdo (Decreto N° 82/2001) con los concesionarios de los Accesos Norte, Oeste, Ricchieri y de la Autopista La Plata-Buenos Aires, por el que se les autoriza la "explotación de servicios accesorios", como el inmobiliario-comercial de los "terrenos remanentes de las expropiaciones" realizadas al momento de "liberar las trazas de los Accesos" (viejo interés de los concesionarios viales, tendiente a acceder a nuevos ingresos y beneficios extraordinarios provenientes de actividades totalmente ajenas a la que fuera objeto de la concesión original).

plazo por 15 años adicionales, al tiempo que se dolarizaron las tarifas de peaje, que pasaron a actualizarse por índices de precios de los EE.UU.; o el cuestionado "rebalanceo" (para nada neutral) de las tarifas telefónicas; o la "Quinta Adecuación del Contrato de Concesión del Acceso Norte a la Ciudad de Buenos Aires" (en otras palabras, la "quinta" renegociación contractual con Autopistas del Sol S.A., transcurridos apenas seis años de la concesión)[23].

En todos los casos, la opacidad de las renegociaciones o, en otros términos, la nula transparencia de las mismas permitieron satisfacer demandas empresarias a costa de, naturalmente, los intereses de los usuarios y consumidores, a los que ni tan siquiera se les brindó la posibilidad de participar en audiencias públicas que, aun cuando no fueran vinculantes, podrían haber dejado reflejada su opinión respecto de esas *discrecionales* negociaciones encaradas entre el Poder Ejecutivo Nacional y las empresas privatizadas[24].

En consecuencia, esa nula transparencia terminó por tornar convergentes a, por un lado, la marginación de los distintos entes reguladores, mucho más la de los usuarios y consumidores, así como la del propio Poder Legislativo, y, por otro, atento a los resultados reales de tales renegociaciones contractuales y/o normativas, la presunción de prácti-

---

23 Ver, en tal sentido, el Decreto Nº 1.221/2000, por el que se dispone el aumento de las tarifas de peaje, la extensión del plazo de concesión (cuatro años adicionales), la postergación de los mencionados ajustes tarifarios asociados con la evolución de índices de precios estadounidenses (igualmente prohibidos por el dictamen de la Procuración del Tesoro), frente al compromiso empresario de adelantar algunas inversiones.

24 Las mismas, incluso, trascienden a más de una gestión gubernamental. A título ilustrativo, basta con señalar los ejemplos que ofrecen las renegociaciones del gobierno de la Alianza con Aguas Argentinas S.A. (por la que se le autorizaron aumentos extraordinarios de las tarifas de agua y servicios cloacales, al tiempo que se convalidaron los marcados retrasos en la expansión de las redes), y la de ferrocarriles de pasajeros (donde, en el marco del esquema desarrollado bajo la administración Menem, se acordó un aumento escalonado de las tarifas destinado a saldar las deudas oficiales en concepto de subsidios atrasados, y a financiar parte de las obras a ejecutar por las empresas, al tiempo que se prorrogó el plazo de concesión de los distintos ramales).

cas oficiales claramente desventajosas para los intereses sociales en juego (no así para los de las empresas privadas involucradas).

Otro de los denominadores comunes de las diversas renegociaciones contractuales concretadas hasta el presente es, sin duda, el de la preservación (o acrecentamiento) de las ganancias extraordinarias de que gozan los consorcios adjudicatarios de las privatizaciones. En efecto, cualquiera sea la renegociación que se considere (hasta aquellas que, como la primera celebrada con los concesionarios viales de las rutas nacionales, conllevaban la reducción de las tarifas de peaje –las mismas se vieron cubiertas por subsidios, o "compensaciones indemnizatorias"[25]–), la rentabilidad empresaria se ha visto asegurada o acrecentada, al privilegiar unilateralmente una por demás dudosa interpretación de la "seguridad jurídica" de las empresas prestadoras de los servicios privatizados. Las metodologías de renegociación, su propia dinámica y el contexto macroeconómico –y político– en el que las mismas se inscriben, terminaron por confluir en la garantía de, por un lado, un nulo riesgo empresario –rasgo característico del *mercado de las privatizaciones*– y, por otro, un contexto regulatorio que viabiliza la obtención de tasas de rentabilidad extraordinarias, holgadamente superiores a las que se registran en el resto de las actividades económicas.

Así, sistemáticamente, las estrategias oficiales de negociación han partido de una concepción en la que la "seguridad jurídica" ha quedado circunscripta a mantener inalterada la ecuación económico-financiera original de las empresas, aun cuando ello suponga contravenir normas jurídicas de superior rango legal. Indudablemente, el ejemplo más ilustrativo lo brinda la dolarización de las tarifas y la incorporación de

---

25 Esas "compensaciones indemnizatorias", y el consiguiente costo fiscal derivado de las mismas, se convirtieron en el factor determinante de la última renegociación contractual con tales concesionarios (formalizada en el Decreto N° 92/2001), la cual conllevó el reconocimiento oficial de más de 400 millones de pesos de deudas, al tiempo que los concesionarios se comprometieron a ejecutar sus postergados planes de inversión. Asimismo, se sustituyó la cláusula de ajuste tarifario asociada con la tasa LIBO por otra, igualmente ilegal en términos de las disposiciones de la Ley de Convertibilidad, vinculada con la evolución combinada de los precios mayoristas y de los costos de la construcción.

cláusulas de indexación por índices de precios de los EE.UU. que, naturalmente, violan las taxativas disposiciones de la Ley de Convertibilidad. Idénticas consideraciones cabe realizar respecto de la renegociación de los contratos con los concesionarios viales de las rutas nacionales que, también, contraviene lo dispuesto explícitamente en las leyes N° 17.520 (de peaje) y 23.696 (de Reforma del Estado) en cuanto a la "razonabilidad" de las tarifas de peaje.

Un tercer denominador común de las renegociaciones es el que se vincula con la priorización sistemática –y excluyente– de los intereses privados por sobre los sociales, al margen de toda consideración sobre los derechos *adquiridos* por los consumidores y usuarios de los servicios públicos. La dolarización de precios y tarifas, la incorporación y modificación *ad hoc* de sus respectivas cláusulas de ajuste, el diferimiento de obras e inversiones comprometidas contractualmente, el no cumplimiento de los índices de calidad de la prestación son, entre otros, algunos claros ejemplos de la *inseguridad jurídica* a la que se somete a los usuarios y consumidores. En ese marco, la usual preocupación empresaria por la seguridad jurídica (de unos pocos) y por la eliminación de la incertidumbre normativa parecería no tener correlato alguno cuando se afectan los intereses de los consumidores y usuarios. La "seguridad jurídica" tendría, en realidad, un único parámetro analítico, independiente de toda otra connotación económico-social: el mantenimiento de las rentas de privilegio de las prestadoras de los servicios privatizados. Las formas que finalmente adoptó el rebalanceo de las tarifas telefónicas, la renegociación de los incumplimientos en materia de inversiones (como en el caso de las concesiones viales, en el de ferrocarriles, y en el de aguas y servicios cloacales), emergen como algunos de los tantos ejemplos de desconocimiento de la seguridad jurídica de los usuarios y consumidores.

En ese marco, cabe incorporar algunos comentarios específicos sobre las renegociaciones contractuales realizadas por el gobierno de la Alianza que, en términos generales, comparten los elementos más sustantivos con las realizadas bajo la administración Menem. En efecto, tales renegociaciones (concesionarios viales de las rutas nacionales y de las redes de acceso a la ciudad de Buenos Aires, ferrocarriles de pasajeros, aguas y servicios cloacales, etc.) han replicado a las precedentes, tanto en sus formas (nula transparencia, negociación "a puertas cerradas" con cada una de las empresas, etc.), como por sus características esenciales (consolidar las garantías de nulo riesgo empresario, preservar –cuando no, incrementar– los beneficios extraordinarios y de privilegio de las empresas, subordinar por completo los intereses y los derechos de los usuarios y consumidores, encarecer el costo argentino "no laboral", etcétera).

Sin embargo, más allá de esos múltiples (y centrales) denominadores comunes, las renegociaciones contractuales impulsadas por la administración De la Rúa denotaron algunas nuevas preocupaciones oficiales. Ello, por cuanto se trató de atender el impacto de los subsidios sobre las alicaídas arcas fiscales y de intentar impulsar la no menos retraída formación de capital en la economía argentina. En ambos casos, a través de un mismo mecanismo: el incremento de las tarifas. Los usuarios y consumidores fueron, así, quienes compensaron a las empresas privatizadas por los menores subsidios oficiales, y quienes financiaron las inversiones, incluso aquéllas que deberían haberse realizado. Es más, las empresas privatizadas tendieron a transformarse en meras administradoras (claro que a un alto costo social) de ingresos excedentes, donde el aporte de recursos propios se convirtió en un componente en desuso.

El saneamiento de las cuentas públicas, el recorte de los subsidios al capital, el aliento de la inversión son, sin duda, objetivos importantes en materia de política económica. No obstante, si la consecución de los mismos se realiza a costa exclusiva de los usuarios y consumidores de los servicios públicos privatizados, preservando –o acrecentando– los beneficios extraordinarios de las empresas prestatarias, la regresividad implícita torna muy poco deseables tales objetivos.

En síntesis, la escasa o nula transparencia de las negociaciones, la permanente preservación de las rentas de privilegio de las compañías privatizadas, y la asimétrica conceptualización de la seguridad jurídica han sido elementos constitutivos de esas recurrentes renegociaciones que, en su convergencia, no hacen más que reflejar, por un lado, la plena funcionalidad de las acciones –y omisiones– normativas y regulatorias respecto de los intereses del bloque hegemónico y, por otro, la sistematicidad de nuevos y crecientes condicionantes jurídico-institucionales que trascienden las problemáticas de corto plazo que fueron priorizadas por más de una administración gubernamental[26].

VI. Síntesis y reflexiones finales

En la casi totalidad de las caracterizaciones analíticas del programa de privatizaciones desarrollado en la Argentina a partir de la sanción de la Ley Nº 23.696 de Reforma del Estado, bajo la administración Menem, pueden reconocerse ciertos elementos comunes. Se trata de una de las principales transformaciones estructurales de los años noventa; su celeridad obedeció a la necesidad de emitir una señal político-institucional de trascendencia; sus insuficiencias normativas y regulatorias son una resultante de esa misma premura; su desarrollo ha traído aparejados cambios sustantivos en los liderazgos económico-políticos del país, así como en la calidad y precios –y en sus respectivas interrelaciones– de los servicios públicos privatizados; y las agencias reguladoras están llamadas a cumplir un papel muy importante –si no decisivo– en la fase postprivatización. Éstas son, entre otras, algunas de las principales consideraciones comunes a la casi totalidad de los análisis –globales o sectoriales– de las privatizaciones en la Argentina.

Sin duda, a partir de esos relativos consensos –que igualmente reconocen profundos e, incluso, divergentes matices en cuanto a la identifi-

---

26 La renegociación tarifaria del gobierno de la Alianza con las empresas gasíferas (aprobada a través del Decreto Nº 669/2000) inclinó nuevamente la balanza hacia la persistencia de la opacidad negociadora, la preservación de las rentas de privilegio, y la inseguridad jurídica de los usuarios y consumidores; en otras palabras, hacia la no reversión estructural de los determinantes y/o condicionantes de –parte sustantiva de– la relación Estado/poder económico local que se consolidó bajo la administración Menem. Ver Azpiazu y Schorr (2001b).

cación de sus reales implicancias–, se perfilan muy distintas interpretaciones sobre buena parte de las problemáticas involucradas. En ese marco, ciertos temas suelen ser soslayados (como, entre otros, el acelerado proceso de concentración y centralización del capital que conllevaron los distintos procesos de privatización y/o el de los criterios bajo los que se fijaron los "precios tope" al momento de la transferencia de los activos), otros son transfigurados (como, por ejemplo, la unilateral y antojadiza consideración de la seguridad jurídica o los sesgos implícitos en las distintas renegociaciones contractuales), otros suelen ser indecorosamente eludidos (como, por caso, los de las atípicas cláusulas de ajuste periódico de las tarifas en el marco del *price cap*), y, finalmente, muchos otros son ignorados (como, entre otros, el de las interdependencias y funcionalidades que subyacen en muy diversos planos).

A partir de una muy extensa gama de ejemplos, los análisis precedentes permiten inferir que, en realidad, los privilegios de los que gozan las empresas privatizadas están estrechamente relacionados con las principales singularidades del entorno normativo en el que se ha inscripto su accionar y/o, según los casos, del propio incumplimiento de la legislación vigente. Cabe destacar, entre otras "debilidades" y/o "errores de diseño", la permisividad –o, incluso, aliento original– oficial frente a la concentración del capital; la fijación de elevados "precios base" de inicio de la operatoria privada; la "demora regulatoria" para transferir a los precios las importantes ganancias de productividad de las empresas prestatarias; la dolarización de las tarifas como paso previo a su indexación en función de la evolución de precios ajenos a la economía doméstica y, por esa vía, la elusión de las taxativas disposiciones que, en tal sentido, emanan de la Ley de Convertibilidad; la política empresaria de promover –y la estatal de convalidar– sistemáticas renegociaciones en las cláusulas contractuales, etcétera.

En suma, la premura privatizadora, la amplitud de sus realizaciones, los elevados niveles de concentración de la propiedad de las empresas privatizadas, las garantías –estatales e institucionales– de internalización de beneficios extraordinarios, la transferencia de capacidades decisivas en cuanto a la delimitación de la estructura de precios y rentabilidades relativas de la economía doméstica, las discontinuidades normativas y regulatorias, las fragilidades institucionales son, en última instancia, algunos de los componentes esenciales y funcionales –en el campo normativo, regulatorio e institucional– al exitoso intento de conformar y afianzar sólidas articulaciones de intereses hegemónicos en la reconfiguración de los sectores de poder en la Argentina, como expresión de un régimen de acumulación del capital crecientemente concentrador en lo económico, y excluyente en lo social.

BIBLIOGRAFÍA GENERAL

- Abeles, M: "La privatización de ENTeL. Regulación estatal y ganancias extraordinarias durante la etapa monopólica", en Abeles, M., Forcinito, K. y Schorr, M.: *El oligopolio telefónico argentino frente a la liberalización del mercado. De la privatización de ENTel a la conformación de los grupos multimedia*, FLACSO/ Universidad Nacional de Quilmes/IDEP, 2001.
- Abeles, M.: "El proceso de privatizaciones en la Argentina de los noventa: ¿reforma estructural o consolidación hegemónica?", *Revista Época*, Año I, N° 1, 1999.
- Abeles, M., Forcinito, K. y Schorr, M.: *El oligopolio telefónico argentino frente a la liberalización del mercado. De la privatización de ENTel a la conformación de los grupos multimedia*, FLACSO/Universidad Nacional de Quilmes/IDEP, 2001.
- Abeles, M., Forcinito, K. y Schorr, M.: "La liberalización del mercado argentino de telecomunicaciones. Un análisis crítico", *Realidad Económica*, N° 164, 1999.
- Abeles, M., Forcinito, K. y Schorr, M.: *Regulación del mercado de telecomunicaciones: límites e inconsistencias de la experiencia argentina frente a la liberalización*, Documento de Trabajo N° 5 del Proyecto "Privatización y Regulación en la Economía Argentina", FLACSO/SECYT/CONICET, 1998.
- Alexander, M.: "Privatizaciones en Argentina", en Banco Mundial: *Privatizaciones e impacto en los sectores populares*, Editorial de Belgrano, 2000.
- Altimir, O. y Beccaria, L.: *Efectos de los cambios macroeconómicos y de las reformas sobre la pobreza urbana en la Argentina*, Universidad Nacional de General Sarmiento, Serie Informes de Investigación, N° 4, 1998.
- American Chamber of Commerce: "Estudio de las tarifas telefónicas", Informe final (segunda versión), abril 1995, mimeo.
- Arceo, E. y Basualdo, E.: "Las tendencias a la centralización del capital y la concentración del ingreso en la economía argentina durante la década del noventa", *Cuadernos del Sur*, N° 29, 1999.
- Arza, C.: *El impacto social de las privatizaciones. El caso de los servicios públicos domiciliarios*, Documento de Trabajo N° 3 del Proyecto "Privatización y Regulación en la Economía Argentina", BID 1201/OC-AR PICT 99-02-07523, FLACSO-Sede Argentina, 2002.
- Arza, C. y González García, A.: "La privatización del sistema vial: Historia de un fracaso", *Realidad Económica*, N° 156, 1998a.
- Arza, C. y González García, A.: *Transformaciones en el sistema vial argentino. Las concesiones por peaje*, Documento de Trabajo N° 3 del Proyecto "Privatización y Regulación en la Economía Argentina", FLACSO/SECYT/CONICET, 1998b.
- Azpiazu, D.: "Las privatizaciones en la Argentina. ¿Precariedad regulatoria o regulación funcional a los privilegios empresarios?", *Ciclos*, N° 21, 2001a.

- Azpiazu, D.: "Privatizaciones y regulación pública en la Argentina. Captura institucional y preservación de beneficios extraordinarios", ponencia presentada en el VI Congreso Internacional del CLAD sobre Reforma del Estado y de la Administración Pública, Buenos Aires, 5 al 9 de noviembre de 2001b.
- Azpiazu, D.: "Las renegociaciones contractuales en los servicios públicos privatizados. ¿Seguridad jurídica o preservación de rentas de privilegio?", *Realidad Económica*, N° 164, 1999.
- Azpiazu, D.: "Las privatizaciones en la Argentina y la concentración del poder económico", ponencia presentada en el Seminario "Economía, Tecnología y Gestión", Facultad de Ingeniería (UBA), Buenos Aires, julio-agosto 1998.
- Azpiazu, D.: *Elite empresaria en la Argentina. Terciarización, centralización del capital, privatización y beneficios extraordinarios*, Documento de Trabajo N° 2 del Proyecto "Privatización y Regulación en la Economía Argentina", FLACSO/SECYT/CONICET, 1996.
- Azpiazu, D.: "El programa de privatizaciones. Desequilibrios macroeconómicos y concentración del poder económico", en Minsburg, N. y Valle, H. (comps.): *Argentina hoy: crisis del modelo*, Ediciones Letra Buena, 1995.
- Azpiazu, D., Bang, J. y Nochteff, H.: *Privatización, desregulación y precios relativos en la Argentina de los noventa*, FLACSO-Sede Argentina, Serie Documentos e Informes de Investigación, N° 195, 1995.
- Azpiazu, D., Basualdo, E. y Schorr, M.: "La industria argentina durante los años noventa: profundización y consolidación de los rasgos centrales de la dinámica sectorial post-sustitutiva", Área de Economía y Tecnología de la FLACSO, mayo 2001, mimeo.
- Azpiazu, D. y Forcinito, K.: "La renegociación permanente, los incumplimientos empresarios y las rentas de privilegio. La regulación pública del sistema de agua y saneamiento en el Área Metropolitana", en Azpiazu, D., Forcinito, K. y Schorr, M.: *Privatizaciones en la Argentina. Renegociación permanente, consolidación de privilegios, ganancias extraordinarias y captura institucional*, Documento de Trabajo N° 2 del Proyecto "Privatización y Regulación en la Economía Argentina", BID 1201/OC-AR PICT 99-02-07523, FLACSO-Sede Argentina, 2001.
- Azpiazu, D., Forcinito, K. y Schorr, M.: *Privatizaciones en la Argentina. Renegociación permanente, consolidación de privilegios, ganancias extraordinarias y captura institucional*, Documento de Trabajo N° 2 del Proyecto "Privatización y Regulación en la Economía Argentina", BID 1201/OC-AR PICT 99-02-07523, FLACSO-Sede Argentina, 2001.
- Azpiazu, D. y Schorr, M.: *Privatizaciones, rentas de privilegio, subordinación estatal y acumulación del capital en la Argentina contemporánea*, Instituto de Estudios y Formación de la Central de los Trabajadores Argentinos (CTA), 2001a.
- Azpiazu, D. y Schorr, M.: *Desempeño reciente y estructura del mercado gasífero argentino: asimetrías tarifarias, ganancias extraordinarias y concentración del capital*, Documento de Trabajo N° 1 del Proyecto "Privatización y Regulación en

Bibliografía

la Economía Argentina", BID 1201/OC-AR PICT 99-02-07523, FLACSO-Sede Argentina, 2001b.

- Banco Mundial: *Privatizaciones e impacto en los sectores populares*, Editorial de Belgrano, 2000.
- Banco Mundial: "Reforma de Empresas Públicas", Préstamo Banco Mundial 3292-AR, Informe de Avance, 1992.
- Basualdo, E.: *Modelo de acumulación y sistema político en la Argentina. Notas sobre el transformismo argentino durante la valorización financiera*, FLACSO/Universidad Nacional de Quilmes/IDEP, 2001.
- Basualdo, E.: *Concentración y centralización del capital en la Argentina durante la década de los noventa. Una aproximación a través de la reestructuración económica y el comportamiento de los grupos económicos y los capitales extranjeros*, FLACSO/Universidad Nacional de Quilmes/IDEP, 2000.
- Basualdo, E.: *Acerca de la naturaleza de la deuda externa y la definición de una estrategia política*, FLACSO/Universidad Nacional de Quilmes/*Página 12*, 1999.
- Basualdo, E.: "El nuevo poder terrateniente: una respuesta", *Realidad Económica*, N° 132, 1995.
- Basualdo, E.: "El impacto económico y social de las privatizaciones", *Realidad Económica*, N° 123, 1994.
- Basualdo, E.: *Deuda externa y poder económico en la Argentina*, Editorial Nueva América, 1987.
- Basualdo, E. y Khavisse, M.: *El nuevo poder terrateniente. Investigación sobre los nuevos y viejos propietarios de tierras de la provincia de Buenos Aires,* Planeta, 1993.
- Basualdo, E. y Kulfas, M.: "Fuga de capitales y endeudamiento externo en la Argentina", *Realidad Económica*, N° 173, 2000.
- Beccaria, L. y Quintar, A.: "Reconversión productiva y mercado de trabajo. Reflexiones a partir de la experiencia de Somisa", *Desarrollo Económico,* N° 139, Vol. 35, 1995.
- Bonifacio, J.: *El empleo en la Administración Pública Nacional entre 1959-1985. Características generales*, Instituto Nacional de la Administración Pública (INAP), Informe de Investigación, 1986.
- Braun, O. y Joy. L.: "Un modelo de estancamiento económico. El caso de la economía argentina", *Desarrollo Económico*, N° 80, Vol. 20, 1968.
- Cimillo, E., Khavisse, M., Lifschitz, E. y Piotrkowski, J.: "Un proceso de sustitución de importaciones con inversiones extranjeras: el caso argentino", en CONADE: *El desarrollo industrial en la Argentina: sustitución de importaciones, concentración económica y capital extranjero (1950-1970)*, 1972.
- Delfino, L.: *La renegociación del contrato de agua potable y desagües cloacales*, CECE, Serie Notas, N° 6, 1997.
- Diamand, M.: *La estructura productiva desequilibrada y la doble brecha*, CERE, Cuaderno N° 3, 1988.

- Dromi, R.: *Empresas públicas. De estatales a privadas*, Ediciones Ciudad Argentina, 1997.
- Duarte, M.: "Los efectos de las privatizaciones sobre la ocupación en las empresas de servicios públicos", *Realidad Económica*, N° 182, 2001.
- Ferro, G.: *El servicio de agua y saneamiento en Buenos Aires: privatización y regulación*, UADE, Centro de Estudios Económicos de la Regulación, Texto de Discusión N° 17, 2000.
- Ferro, G.: *Evolución del cuadro tarifario de Aguas Argentinas: financiamiento de las expansiones en Buenos Aires*, UADE, Centro de Estudios Económicos de la Regulación, Texto de Discusión N° 11, 1999.
- FIEL: *La distribución del ingreso en la Argentina*, Fundación de Investigaciones Económicas Latinoamericanas, 1999a.
- FIEL: *La regulación de la competencia y de los servicios públicos. Teoría y experiencia argentina reciente*, Fundación de Investigaciones Económicas Latinoamericanas, 1999b.
- García, A.: "¿Habrá una política antimonopólica?", *Realidad Económica*, N° 170, 2000.
- García, A.: "La renegociación del contrato de Aguas Argentinas (o cómo transformar los incumplimientos en mayores ganancias", *Realidad Económica*, N° 159, 1998.
- Geldstein, R.: "Gender Bias and Family Distress: The Privatization Experience in Argentina", *Journal of International Affairs*, 1997.
- Gerchunoff, P. (edit.): *Las privatizaciones en la Argentina. Primera etapa*, Instituto Torcuato Di Tella, 1992.
- Giustiniani, R. y otros: *Propuesta de dictamen sobre el actual sistema de concesiones por peajes de la red vial argentina*, 1998.
- Gorenstein, S., Cerioli, L. y Scudelati, M.: "Repercusiones laborales de los procesos de privatización en Bahía Blanca", *Estudios del Trabajo*, N° 17, 1999.
- Gutiérrez, A.: "Crónica de una renegociación anunciada. La historia 'no oficial' de la concesión de los servicios ferroviarios suburbanos de pasajeros", *Realidad Económica*, N° 158, 1997.
- INDEC: *Grandes empresas en la Argentina. 1999*, 2001.
- INDEC: *Grandes empresas en la Argentina. 1998*, 2000.
- INDEC: *Grandes empresas en la Argentina. 1993-1997*, 1999.
- INDEC: *Encuesta nacional de gastos de los hogares 1996/97. Región metropolitana del Gran Buenos Aires. Resultados definitivos*, Vol. 3, 1998a.
- INDEC: *Encuesta nacional de gastos de los hogares 1996/97. Total del país*, Vol. 2, 1998b.
- INDEC: *Comparación entre distintas estructuras de gastos de los hogares. Encuesta de gastos de los hogares 1985-1986*, Serie Documentos de Trabajo, N° 13, 1990.

Bibliografía

- INDEC: *Encuesta de gastos e ingresos de los hogares*, Serie Estudios, N° 11, 1988.
- INDEC: *Indec Informa*, varios números.
- INDEC: *Anuario Estadístico de la República Argentina*, varios números.
- Kozulj, R.: *Resultados de la reestructuración de la industria del gas en la Argentina*, CEPAL, Serie Recursos Naturales e Infraestructura, N° 14, 2000.
- Marx, K.: *El Capital*, Fondo de Cultura Económica, 1968.
- Navajas, F.: "El impacto distributivo de los cambios en los precios relativos en la Argentina entre 1988-1998 y los efectos de las privatizaciones y la desregulación económica", en FIEL: *La distribución del ingreso en la Argentina*, Fundación de Investigaciones Económicas Latinoamericanas, 1999.
- Nochteff, H.: "Los senderos perdidos del desarrollo. Elite económica y restricciones al desarrollo en la Argentina", en Azpiazu D. y Nochteff H.: *El desarrollo ausente. Restricciones al desarrollo, neoconservadorismo y elite económica en la Argentina. Ensayos de economía política*, Tesis Norma/FLACSO, 1994.
- O'Donnell, G.: "Estado y alianzas en la Argentina, 1956-1976", *Desarrollo Económico*, N° 64, Vol. 16, 1977.
- Paiva, J. y Cariño, L.: *Increasing social access to basic services*, United Nations/UNICEF, 1983.
- Peñalba, S.: "Retirada del Estado, flexibilidad neoliberal y desintegración social a la luz de un enfoque institucionalista, efectos y consecuencias sociales del proceso privatizador a partir de una revisión del caso de Somisa", en Banco Mundial: *Privatizaciones e impacto en los sectores populares*, Editorial de Belgrano, 2000.
- Phillips C.: *The Regulation of Public Utilities*, Public Utilities Reports, 1993.
- Proyecto "Privatización y Regulación en la Economía Argentina": *Privatizaciones en la Argentina. Regulación tarifaria, mutaciones en los precios relativos, rentas extraordinarias y concentración económica*", Documento de Trabajo N° 7, FLACSO/SECYT/CONICET, 1999.
- Proyecto "Privatización y Regulación en la Economía Argentina": *Privatizaciones en la Argentina. Marcos regulatorios tarifarios y evolución de los precios relativos durante la convertibilidad*, Documento de Trabajo N° 4, FLACSO/SECYT/CONICET, 1998.
- Romero, C.: *Regulación e inversiones en el sector eléctrico argentino*, CEPAL, Serie Reformas Económicas, N° 5, 1998.
- Sánchez, J. y Paredes, R.: *Grupos económicos y desarrollo: el caso de Chile*, CEPAL/CIID, 1994.
- UADE/ADESPA: *Las empresas privadas de servicios públicos en la Argentina. Análisis de su contribución a la competitividad del país*, 2001.
- Vickers, J. y Yarrow, G.: *Un análisis económico de las privatizaciones*, Fondo de Cultura Económica, 1991.
- Villar Rojas, F.: *Privatización de servicios públicos*, Tecnos, 1993.
- Vispo, A.: *Los entes de regulación. Problemas de diseño y contexto. Aportes a un*

necesario debate en la Argentina de fin de siglo, FLACSO/Grupo Editorial Norma, 1999.

- Walters, A.: "La privatización en el Reino Unido", en AA.VV.: *Privatización. Experiencias mundiales*", Ediciones Cronista Comercial, 1988.

Este libro fue impreso por CaRol-Go Universo Gráfico
en julio de 2002
Tucumán 1484 3º "F" I (C1050AAD) I Buenos Aires I Argentina
Telefax: (54-11) 4372-2067 I 4371-6709 I e-mail: carolgo@carolgo.com.ar
<mailto.carolgo@carolgo.com.ar>